# Dicionário de gêneros textuais

Sérgio Roberto Costa

ABCDE
FGHIJK
LMNOP
QRSTU
VWXYZ

# Dicionário de gêneros textuais

Sérgio Roberto Costa

3ª edição revista e ampliada
4ª reimpressão

autêntica

Copyright © 2008 Sérgio Roberto Costa

Todos os direitos reservados pela Autêntica Editora Ltda. Nenhuma parte desta publicação poderá ser reproduzida, seja por meios mecânicos, eletrônicos, seja via cópia xerográfica, sem a autorização prévia da Editora.

EDITORA RESPONSÁVEL
*Rejane Dias*

CAPA E PROJETO GRÁFICO
*Patrícia De Michelis*

REVISÃO
*Ana Carolina Lins*
*Cecília Martins*

DIAGRAMAÇÃO
*Carolina Rocha*
*Christiane Morais*

---

**Dados Internacionais de Catalogação na Publicação (CIP)**
**(Câmara Brasileira do Livro, SP, Brasil)**

Costa, Sérgio Roberto
 Dicionário de gêneros textuais / Sérgio Roberto Costa.
– 3. ed. rev. ampl.; 4. reimp. – Belo Horizonte : Autêntica,
2022 .

 Bibliografia.
 ISBN 978-85-7526-317-4

 1.Português - Gêneros - Dicionários I. Título.

08-03687                    CDD-469.503

Índices para catálogo sistemático:
1. Dicionários : Gêneros textuais :
Português : Linguística    469.503
2. Gêneros textuais :  Dicionários :
Português : Linguística    469.503

---

**Belo Horizonte**
Rua Carlos Turner, 420
Silveira . 31140-520
Belo Horizonte . MG
Tel.: (55 31) 3465 4500

**São Paulo**
Av. Paulista, 2.073, Conjunto Nacional,
Horsa I. Sala 309 . Cerqueira César
01311-940 . São Paulo . SP
Tel.: (55 11) 3034 4468

www.grupoautentica.com.br
SAC: atendimentoleitor@grupoautentica.com.br

# Sumário

Prefácio – 1ª Edição..................................................................7
Apresentação – 3ª Edição........................................................11
Apresentação – 1ª e 2ª Edições..............................................15
Introdução.............................................................................19
Verbetes................................................................................33
Referências..........................................................................230
Sítios/ *Sites*........................................................................234
Adendo................................................................................235

# Prefácio | 1ª edição

Neste momento de mudança de paradigma que atualmente domina o ensino do português em nosso país, é extremamente oportuna e valiosa a contribuição que Sérgio Roberto Costa oferece aos professores e aos formadores de professores, com a publicação deste *Dicionário de gêneros textuais*, exaustiva compilação e criteriosa caracterização de gêneros, feitas com a precisão e a clareza que só um competente pesquisador na área da Linguística Aplicada e um experiente professor e formador de professores poderia produzir.

Contribuição extremamente oportuna e valiosa porque, no quadro daquilo que aqui estou denominando "mudança de paradigma" no ensino do português, embora estejam presentes outros elementos além da recente inclusão do conceito de gênero, esse conceito é, sem dúvida, um dos componentes essenciais dos novos pressupostos teóricos, e dos princípios pedagógicos deles decorrentes, que, nas últimas décadas, vêm reformulando e reconfigurando o ensino não só do português, em nosso país, mas, mais amplamente, das línguas maternas em vários países do mundo ocidental. Entretanto, embora componente essencial dos novos pressupostos teóricos e decorrentes princípios pedagógicos do ensino da língua, é conceito ainda pouco compreendido e ainda mal assimilado por professores e formuladores de currículos e programas para o ensino da língua.

São duas as principais causas da recente mudança de paradigma no ensino do português no Brasil. A primeira delas é o desenvolvimento, a partir sobretudo da segunda metade do século passado, das ciências linguísticas, que enfim dotaram o ensino da língua de fundamentos teóricos e substrato científico; a segunda, contemporânea da primeira, é a democratização do ensino, que enfim deu às camadas populares pleno acesso à escola e à educação formal. Os principais elos de articulação entre a primeira e a segunda causa são a Sociolinguística e a teoria dos gêneros.

Por um lado, a Sociolinguística obrigou ao acolhimento, no ensino da língua, das variedades linguísticas, tanto como objeto de estudo quanto, e certamente mais importante, como denúncia e controle de manifestações de preconceitos linguísticos contra os alunos provenientes de contextos sociais, culturais e linguísticos diferentes dos contextos das camadas médias e altas da população de que provinham, quase exclusivamente, os alunos, antes da democratização do ensino. Os estudos e as pesquisas sobre dialetos, variantes, registros vieram esclarecer o real papel e a real função do ensino da norma culta, reformular o conceito de "erro", relativizar os critérios de aceitação de modalidades de expressão oral e escrita.

Por outro lado, a teoria dos gêneros, no quadro da teoria do discurso, trouxe para o ensino da língua o reconhecimento e a prática de *gêneros textuais* e/ou *discursivos*, que vieram acrescentar-se aos *tipos* textuais, até então dominantes na leitura e na escrita escolares: punha-se o foco na natureza linguística de segmentos textuais – descrição, narração, dissertação, argumentação –, ignorando-se aquilo que verdadeiramente institui e constitui o texto: os aspectos sócio-históricos e interativos que definem seu funcionamento e resultam de seu contexto de produção e recepção, ou seja: ignorando-se o *gênero* do texto. Acolhendo o conceito de textos como representando *gêneros*, e não apenas *tipos*, o ensino da língua materna passa a reconhecer e desenvolver diferentes práticas discursivas – aos gêneros literários, únicos admitidos até então nas salas de aula, e aos gêneros de circulação exclusivamente escolar, acrescentam-se aqueles muitos outros gêneros pertencentes a outros domínios discursivos, gêneros que circulam nas práticas sociais fora das paredes da escola.

No entanto, como sempre ocorre em momentos de mudança de paradigma pela emergência de novos conceitos e, consequentemente, exigência de novos comportamentos, problemas e dificuldades se interpõem.

Em relação aos novos conceitos e, sobretudo, aos novos comportamentos decorrentes da contribuição da Sociolinguística, problemas e dificuldades têm sido de difícil solução, porque se enfrenta a resistência ao reconhecimento da legitimidade das variedades linguísticas – resistência não propriamente linguística, mas essencialmente ideológica e política, calcada em séculos de uma concepção elitista da língua e de seu uso.

Em relação aos novos conceitos trazidos pela teoria dos gêneros para o ensino da língua, problemas e dificuldades são de outra natureza (e de mais fácil enfrentamento); são dúvidas teóricas e pragmáticas provenientes da ainda precária socialização, entre os professores, da teoria dos gêneros, que vem sendo construída e difundida, entre nós, muito recentemente: a quase totalidade da produção brasileira sobre gêneros surge a partir da metade dos anos 90 do século passado. Assim, embora o conceito e a prática de gêneros textuais e discursivos venham sendo incluídos em diretrizes curriculares e programas de ensino, é ainda uma lacuna na formação dos professores a compreensão desse conceito e a orientação para o trabalho adequado com gêneros no ensino da língua. Vêm daí as mencionadas dúvidas teóricas e pragmáticas: o que é gênero? quantos e quais são os gêneros? com que gêneros se deve trabalhar no ensino de português? como ensinar tomando como diretriz os gêneros?

E aqui volto à minha afirmação inicial: é no quadro atual de mudança paradigmática no ensino do português, acima rapidamente esboçado, que a produção, por Sérgio Roberto Costa, deste *Dicionário de gêneros textuais* se revela extremamente oportuna e valiosa. Pesquisador em Linguística Aplicada e professor de Língua Portuguesa, Sérgio Roberto, combinando precisão analítica e comprometimento pedagógico, constrói um dicionário que é, ao mesmo tempo, um estudo sério e exaustivo de gêneros e um instrumento fundamental para o ensino. Na Introdução, de forma clara, equilibrada e didática, esclarece conceitos e analisa classificações de gêneros; nos verbetes, registra quase 500 gêneros, caracterizados, exemplificados, incluindo desde os gêneros mais corriqueiros até os mais sofisticados, desde os mais "tradicionais" até os mais recentes e inovadores – aqueles muitos que vêm surgindo com as novas tecnologias e que ele precursoramente analisa com amplitude e profundidade. Oferece, assim, aos professores uma obra de referência fundamental para a utilização competente de gêneros, tanto orais quanto escritos, como objeto e objetivo essenciais no ensino da língua. Oportuna e valiosa contribuição – fruto (tão raro!) do compromisso de um pesquisador e professor universitário com a educação e o ensino.

*Magda Soares*

# Apresentação | 3ª edição

Estamos na 3ª edição de nosso *Dicionário de Gêneros Textuais*, o que aumenta nossa responsabilidade (e nosso orgulho também) frente aos leitores e leitoras desta obra de consulta e pesquisa. Novamente, colegas e diversos leitores e leitoras "provocaram" discussões sobre o dicionário e certos verbetes ou nos fizeram sugestões de acréscimo de novos artigos.

Os questionamentos geralmente se referem a certos verbetes em que há polêmica teórica sobre se seriam gêneros, suportes, veículos, eventos discursivos ou ambientes. Nessa linha, achamos que Marcuschi, em "A questão do suporte dos gêneros textuais", disponível em http://bbs.metalink.com.br, abriu uma ótima discussão sobre o tema, deixando muito claro como muitas vezes é complicado, teoricamente, decidir se determinados verbetes são gêneros ou suportes ou ambos, dependendo do ponto de vista dos pesquisadores.

Há casos, diz o autor, em que não se sabe ao certo como tratar um determinado fenômeno. O "fôlder", por exemplo, poderia ser "ao mesmo tempo um suporte para vários gêneros como volante, resumo, esquema, etc., mas já foi (e é tratado, afirmamos) como gênero. Um seminário e uma mesa-redonda certamente não devem ser tratados como gênero e sim como eventos ou talvez até mesmo como suportes". Foi o que fizemos, por exemplo, não colocando *Workshop* como gênero, mas considerando-o na mesma linha de seminário e mesa-redonda, um evento.

Portanto, "Fôlder", "Bâner", "Livro didático", "Cartaz", "Outdoor" e outros seriam exemplos clássicos dessa polêmica, embora para Marcuschi "Outdoor" seja claramente um suporte de vários gêneros. Diz ele que se trata de um suporte e não de um gênero, mesmo que ele próprio já o tenha classificado anteriormente como gênero. Completa Marcuschi: dada a "diversidade que esse 'suporte' veio assumindo quanto aos gêneros que alberga e quanto à função desses gêneros, eu o classifico hoje como suporte".

Contudo, como para Marcuschi o *outdoor* "tem peculiaridades muito interessantes e mereceria um estudo à parte", mantivemos esse verbete (e outros) como gênero (e/ou suporte), pelas características que descrevemos dele(s) (v. *outdoor*, painel, encarte/separata neste dicionário). Mesmo porque, assim como a cartolina pode ser um suporte do cartaz, uma chapa de ferro (ou de outro material) o seria do *outdoor* ou do painel.

Por causa dessa polêmica, nas edições anteriores e nesta, sempre fazemos observações no próprio verbete ou em notas de rodapé sobre alguns artigos, mas não deixamos de registrá-los em nosso dicionário, justamente para que sejam objeto de discussão dos pesquisadores e professores. Para leitores leigos que fazem deste dicionário apenas um "manual" de consulta, essa polêmica não teria tanta importância. Mas valem as informações.

A partir, pois, dos debates e das sugestões, fizemos algumas modificações, retiramos ou acrescentamos novos verbetes, não necessariamente todos os sugeridos, principalmente os gêneros orais que demandariam pesquisa de campo mais demorada. A primeira edição de 2008 trazia em torno de 400 verbetes; a segunda, 500, e esta, mais de 600.

Quanto às modificações, além de revisões e correções textuais diversas, resolvemos continuar "aportuguesando" alguns artigos ou verbetes, termos ou expressões de língua estrangeira, a maioria de origem inglesa, sem nenhum preconceito linguístico ou atitude purista. Como há divergências sobre o "aportuguesamento", e fazê-lo no corpo da obra dificultaria bastante, por ser um trabalho de garimpo, e atrasaria a 3ª edição, resolvemos fazer uma lista de sugestões em forma de ADENDO (v. final do dicionário). Quando esse "aportuguesamento" acontece no corpo do texto, procuramos fazer referência às sugestões já existentes, ou mesmo sugerir alguma nova forma de escrita portuguesa aos estrangeirismos. Quanto aos novos verbetes acrescidos ao dicionário, nossa pesquisa se concentrou em várias obras de consulta e sítios da Internet (v. Referências).

Acima de tudo, gostaríamos ainda de destacar que o espírito das edições anteriores se mantém nesta edição (v. Apresentação – 1ª. e 2ª. edições), no que concerne às questões teóricas – nossas concepções ou posições –, às propostas práticas do uso pedagógico dos gêneros textuais e a outros quejandos. E, como já salientamos anteriormente, nosso dicionário continua aberto a discussões e sugestões.

*Sérgio Roberto Costa*

# Apresentação | 1ª e 2ª edições

Este pequeno *Dicionário de Gêneros Textuais*, que ora publicamos, é fruto de vários anos de nossa experiência em pesquisas linguísticas e em ensino de Linguística aplicada à Língua Materna (LM, daqui em diante) e de Língua Portuguesa no ensino superior, médio e fundamental de rede pública e particular. Esta nossa experiência de longos anos se deu (e se dá) em disciplinas que abordam teorias e práticas sociais de produção e recepção de textos, nos nossos cursos de Letras, Extensão e de Pós-Graduação, stricto e *lato sensu*, na FEPI (Itajubá), na UFU (Uberlândia), na UFJF (Juiz de Fora), na FAFISM (Muriaé) e na UNINCOR (Três Corações).

Ao tratar desses temas, pudemos perceber quanto os professores, nossos alunos, que atuam principalmente no ensino fundamental e médio, precisariam de um "manual" de consulta (não de receitas), que contivesse preliminarmente uma pequena discussão teórica sobre Gêneros Discursivos e Textuais (v. Introdução). Além disso, uma obra que, ao mesmo tempo, lhes apresentasse um rol dos principais gêneros escritos e orais, com suas definições e características, e lhes deixasse mais claro o que são essas práticas sociais de oralidade, escrita e leitura que podem ser "transpostas" como objetos didáticos para as salas de aula de LM do ensino fundamental, médio e superior.

Selecionamos em torno de 500 verbetes ou artigos e procuramos, na medida do possível, dar-lhes a origem, fazer-lhes a definição ou a descrição temática, composicional e estilística, apresentar-lhes o espaço de circulação, o domínio discursivo, interlocução... (e, de alguns, procuramos dar exemplos e ilustrações, coisa que pretendemos fazer mais profundamente numa próxima edição). Contudo manter um equilíbrio entre as informações discutidas em cada verbete (v.) ou artigo (v.) nem sempre foi possível totalmente, pois há gêneros totalmente consagrados pela tradição e outros ainda carecem de pesquisas para que se possa detalhá-los com mais precisão. Trata-se de uma limitação que nos cerceou o aprofundamento das informações sobre alguns verbetes.

A escolha dos verbetes ou artigos se pautou no princípio da diversidade ou heterogeneidade dos gêneros, princípio teórico básico bakhtiniano. Por isso este dicionário traz gêneros escritos e orais clássicos, já consagrados pelo discurso literário, jurídico, religioso, cotidiano e outros e traz também verbetes ou artigos de gêneros emergentes como os do discurso eletrônico/digital, ainda geradores de polêmica classificatório-tipológica.

Mas essa polêmica se estende também, por um princípio metonímico da linguagem, a determinados verbetes (v.) ou artigos (v.) que podem ser lidos ora como gêneros ora como suportes ou portadores de textos, como o cartaz, o *banner*, o *outdoor*, etc. Outros ainda podem ser ambientes (v. NR 17), ou seja, domínios de produção e processamento de textos onde emergem novos gêneros textuais aí abrigados ou condicionados. Neste caso, optamos por inseri-los no Dicionário, sempre discutindo a questão ou chamando a atenção para a polêmica, ou no próprio corpo do texto ou remetendo o leitor para uma nota de rodapé (NR, daqui em diante).

E mais... Como se trata de um dicionário que tem certo caráter pedagógico, tomamos a liberdade de, algumas vezes, oferecer pequenas orientações ou fazer pequenos comentários que talvez possam ajudar no ensino de leitura e produção de textos de línguas materna e estrangeira. Esse caráter pedagógico também nos deu a liberdade de oferecer informações teóricas, referências bibliográficas e outras em forma de NRs, tanto nos textos introdutórios (Apresentação e Introdução) como no desenvolvimento dos verbetes ou artigos. Essas informações, achamos, podem ajudar os leitores deste dicionário a aprofundar seus conhecimentos de teorias de gêneros e de referências sobre o tema.

Em síntese: entendendo os gêneros como formas heterogêneas, sociodiscursivo-enunciativas, orais e escritas, dadas pela tradição e pela cultura – ontem e hoje –, é que escrevemos a primeira versão deste dicionário, que, embora limitado em quantidade de verbetes ou artigos, procura compensar essa limitação pela qualidade dos verbetes selecionados e pela extensão temporal, social e discursiva que procura abranger. Este dicionário traz definições, características, informações, correlações dos principais gêneros escritos e orais que circulam nas várias esferas sociais e culturais, passadas e presentes. Contudo, por se constituir um dicionário inédito, está aberto a discussões e sugestões para uma possível nova edição.

É justamente esta a segunda edição que ora colocamos no mercado, devido à boa procura que este dicionário teve. Em função de debates com colegas em vários eventos de que participei e das sugestões que recebi, faço uma edição ampliada com mais de setenta novos verbetes, além de "burilar" e ilustrar outros que já compunham a lista de artigos. Também fiz uma revisão geral para que a 2ª edição já fosse publicada segundo a nova ortografia. Mais uma vez, salientamos que o dicionário continua aberto a discussões e sugestões.

*Sérgio Roberto Costa*

# Introdução

Esta introdução, mais do que uma explicação do dicionário, pois já a fizemos na Apresentação, traz uma discussão teórica sobre "gêneros" e põe em destaque um princípio básico da teoria: a compreensão das práticas de oralidade, escrita e leitura como atividades enunciativo-discursivas presentes em várias instituições e em várias esferas sociais, isto é, em vários domínios discursivos, mediadas por enunciados – os gêneros discursivos e textuais[1] orais e escritos – (sendo que estes últimos circulam em suportes/portadores diversos: livros, revistas, jornais, painéis (*outdoors*), cartazes, telas de TV e de computador, panfletos, orelhas de livro ou de fichários, embalagens,[2] etc.).

A compreensão e o domínio teóricos desses conceitos são fundamentais. Assim, embora os conceitos de gêneros sejam bastante diversificados e os gêneros sejam de grande e imensa heterogeneidade, vamos tentar defini-los e

---

[1] Sem entrar na polêmica das tipologias de "gêneros", é-nos importante, neste dicionário, considerar os dois conceitos: seja o de gêneros discursivos, seja o de gêneros textuais. É isso que estamos expondo nesta introdução, para maior clareza do manuseio desta obra. Uma boa discussão epistemológica sobre a questão gêneros discursivos e gêneros textuais pode ser vista em ROJO, in: MEURER; BONINI; MOTTA-ROTH, 2005. p. 184-207.

[2] V. NR 12, p. 56.

caracterizá-los aqui de uma maneira simples e objetiva, sem banalizá-los, para que o uso deste dicionário possa ser útil na práxis cotidiana de estudantes, profissionais e diletantes que dele fizerem uso. Iremos tratar dos gêneros tanto sob o enfoque discursivo de Bakhtin (1953/1973) quanto textual de Bronckart (1999, p. 69-77).

Comecemos com o conceito de *Gêneros Discursivos de Bakhtin*. Inicialmente, observemos nosso dia a dia. Há atividades ou práticas discursivas, principalmente orais, como a conversação, que usamos na relação imediata com nossos interlocutores. Dialogamos diariamente com pessoas a nosso redor, respondendo a perguntas, opinando, contando casos, piadas, dando ordens, etc. São atos conversacionais diversos à nossa disposição, desde há muito tempo. Ou seja, o ato de conversar – a conversação – é um dos gêneros primários da oralidade humana. Gênero primário porque apareceu primeiro, é primitivo, original; não porque é elementar, superficial ou limitado e, por ser oral, poderia ser interpretado como mal construído ou inferior a outro escrito, principalmente porque vivemos numa sociedade grafocêntrica. Bakhtin o chama de *enunciado de gênero primário*. Nesse enfoque enunciativo-discursivo, um enunciado de gênero primário vai ser compreendido por sua relação com o contexto imediato, onde acontece a ação comunicativa. Nessa situação privada, imediata e injuntiva de interlocução face a face de produção, há um autocontrole dos textos que os falantes produzem e esses tipos de enunciados são considerados primários (mais "simples"?) por isso.

Agora observemos os diálogos – escritos ou orais – em outros tipos de gêneros, como as conversas de personagens em um romance, em um conto, em uma novela, em uma peça de teatro; uma entrevista publicada em um jornal, em uma revista, ou a entrevista realizada, ao vivo, no rádio ou na televisão. Nesses casos, os atos de conversar foram "tomados emprestados" da esfera do cotidiano por uma esfera mais complexa, pública, em que a interlocução não é mais imediata e, portanto, as condições de produção do discurso se tornam secundárias, mais complexas. A conversação (gênero primário) do cotidiano se transforma em um diálogo (gênero secundário) de personagens de um discurso literário em um romance, conto ou novela ou em um diálogo assimétrico de uma entrevista jornalística, radiofônica ou televisiva.

Temos, então, o que Bakhtin chama de *enunciado de gênero secundário* que constitui uma ação em si mesmo e vai ser compreendido pelas (co)referências entre os enunciados dentro do próprio texto, que deve ter sua própria rede de indicações coesas e coerentes. Um gênero primário – a conversação – se transforma em um secundário – o diálogo entre personagens ou a entrevista. Nesse processo de transformação, o secundário traz características do primário, acrescenta novas características da nova esfera discursiva em que circula e se realiza como um novo gênero. Há semelhanças, sim, entre eles, mas são gêneros diferentes. Não podemos estabelecer claramente as fronteiras entre eles, contudo, por suas características individuais, constituem-se um objeto sempre único, resultado de transformações histórico-sociais.

Outros exemplos de gêneros secundários emergentes, bem atuais, podem ser encontrados na internet. Muitos pesquisadores de textos produzidos na internet apontam, por exemplo, o nascimento de alguns gêneros que, embora tenham semelhança com gêneros já existentes, não são os mesmos, devido a novas finalidades discursivas que remetem a novas práticas sociais. Assim, mesmo usado na comunicação interindividual, o *bate-papo virtual* (*chat*) é diferente de uma *conversa face a face* (ou *telefônica*, que também é transformação de uma conversação). Ou seja, as conversas diretas, em grupos ou privadas, na internet, são diferentes dos seus gêneros correspondentes já consagrados, historicamente, no cotidiano. Ou ainda podemos acrescentar: *blog* não é *diário pessoal* ou *agenda*; *endereço eletrônico* possui características/categorias diferentes de *endereço postal*, etc. (v. Costa, 2006). Isso porque os gêneros ditam o que dizer e como dizer por suas coerções,[3] já que são formas relativamente estáveis de enunciado, tanto em relação ao conteúdo temático-figurativo quanto à estrutura textual e ao estilo. Além disso, circulam em novos espaços e em novos suportes.

Essa classificação de Bakhtin, que expusemos acima, teve o grande mérito de reavaliar o conceito de gênero, que ele chamou de *gêneros do discurso*, mudando o enfoque de análise do campo da Linguística para o da

---

[3] Segundo Discini (2005, p. 38-39), "as coerções genéricas são regras que respondem pela especificidade de cada gênero (correspondência comercial, publicidade, etc.) e pela estabilidade do sentido dos enunciados. Pertencer ao gênero publicidade faz com que o texto a ser criado tenha o significado dos seus elementos orientado de maneira própria. As coerções genéricas consolidam convenções para o que dizer e como dizer. O discurso se utiliza delas para fazer saber, fazer crer, fazer fazer (no caso do discurso publicitário, fazer comprar)".

Pragmática, estendendo essa noção para o conjunto das práticas discursivas. O falante disporia, então, além das *formas da língua* (= recursos linguísticos: lexicais, fraseológicos, gramaticais...), das *formas dos enunciados* (= construção/estruturação composicional de gênero: *narração, relato, argumentação, explicação*...) na comunicação discursiva do conteúdo cujos sentidos determinam as escolhas que o sujeito concretiza a partir do conhecimento empírico que tem dos gêneros à sua disposição (por exemplo, conversa, carta, palestra, entrevista, resumo, notícia...).

Em outras palavras, todo gênero, segundo Bakhtin, é definido por três dimensões essenciais:

a) os *conteúdos*, que são e se tornam dizíveis pelo gênero (conversa, carta, palestra, entrevista, resumo, notícia...) e não por frases ou orações;

b) a *estrutura/forma* específica dos textos (narrativo, argumentativo, descritivo, explicativo ou conversacional) pertencentes a ele e

c) as *configurações específicas das unidades de linguagem* (*estilo*): os traços da posição enunciativa do locutor e os conjuntos de sequências textuais e de tipos discursivos que constituem a estrutura genérica (por exemplo, construir um texto instrucional – ensinar a jogar xadrez – é diferente de construir um texto argumentativo – defender o jogo de xadrez como atividade importante para o desenvolvimento mental).

Tudo isso, pois, refere-se ao domínio:

(i) da *diversidade discursiva* (narração, explicação, argumentação, descrição, diálogo...);

(ii) do *gênero discursivo* (conversa, conto de fadas, relato de experiência, lenda, relato histórico, carta, etc.) e

(iii) das *dimensões textuais* (uso dos tempos verbais; uso dos organizadores textuais; progressão anafórica; esquema dos actantes – papel dos personagens –; interlocução; organização narrativa, argumentativa, expositiva...; pontuação, etc.).

Nesse sentido, na produção de um gênero, vai haver sempre uma interação determinada, regulada pela organização enunciativa da situação de produção, que é definida por alguns parâmetros sociais:

(i) o *lugar social da interação* (sociedade, instituição, esfera cultural, tempo histórico);

(ii) os *lugares sociais dos interlocutores ou enunciadores* (relações hierárquicas, relações interpessoais, relações de poder e dominação, etc.) e

(iii) finalidades da interação (intenção comunicativa do enunciador). Além disso, a forma composicional e as marcas linguísticas (gramática) dependem do gênero a que pertence o texto e esse gênero operante dependerá da situação da enunciação em curso na operação.

Nessa mesma linha, segundo Dolz, Pasquier e Bronckart (1993), o aprendiz, na produção de um gênero em determinada interação, deve adaptar-se às características do contexto e do referente (*capacidades de ação*) e dominar as operações psicolinguísticas e as unidades linguísticas necessárias (*capacidades discursiva* e *linguística*). Assim, por exemplo, em um gênero como "artigo de opinião", em que vai usar a argumentação (a favor ou contra), tendo como conteúdo a "descriminação das drogas", o aprendiz deve identificar e levar em conta o destinatário real ou virtual do texto, o veículo em que seria publicado (representação do contexto social: *capacidade de ação*) e aprender a hierarquizar a sequência de argumentos ou produzir uma conclusão coerente com os argumentos construídos (estruturação discursiva do texto: *capacidade discursiva*), além de reconhecer e utilizar expressões de construção enunciativa de uma opinião a favor ou contra, ou ainda distinguir os organizadores que marcam argumentos dos que marcam conclusão (escolha de unidades linguísticas: *capacidade linguístico-discursiva*).

No primeiro enfoque, exposto acima, os estudos sobre gêneros centram-se no discurso e consideram-nos tipos mais ou menos estáveis de enunciados, marcados pelas especificidades de cada esfera comunicativa. No segundo enfoque, que vamos expor agora, os estudos sobre gênero centram-se no texto e tentam organizar a variedade textual, propondo diversas tipologias envolvendo tanto o conceito de *gênero* (realização empírica de texto – carta, conversa, palestra, relatório, resumo...) quanto o de *tipo* (determinação de formas básicas e globais para a constituição de texto, que pode ser narrativo, argumentativo, descritivo, explicativo, conversacional...). Isso porque, segundo Bezerra (2001, p. 36-37), o conceito clássico de *descritivo*, *narrativo* e *dissertativo* não atende à variedade atual ou passada de textos a qual construiu de acordo com as necessidades comunicativas dos grupos sociais e suas culturas.

Neste segundo enfoque, centramo-nos na teoria dos gêneros textuais de Bronckart (1999, p. 69-77). Ele pressupõe que – confirmando a teoria de Bakhtin – a dimensão textual se subordina à dimensão discursiva produzida/construída na *interação verbal*, realidade fundamental da língua (BAKHTIN,

1953/1994). Neste caso, os gêneros textuais – quaisquer que sejam as produções de *linguagem situada*, oral ou escrita – são produtos histórico-sociais e, portanto, existem diferentes tipos de gênero textual de acordo com os interesses e as condições de funcionamento das formações sociais.

Em ambos os enfoques, portanto:

a) os gêneros textuais, orais e escritos, são produtos histórico-sociais de grande heterogeneidade, em função dos interesses e das condições de funcionamento das formações sociais;

b) a emergência de novos tipos pode estar ligada:

(i) à aparição de novas motivações sociais (por exemplo, a elaboração do romance no fim da Idade Média ou o surgimento dos artigos científicos no século XIX);

(ii) a novas circunstâncias de comunicação (por exemplo, os textos de propaganda) ou

(iii) a novos suportes de comunicação (por exemplo, textos que são veiculados em jornais, TV, rádio, tela de computador...);

c) os gêneros textuais estão em movimento perpétuo: alguns desaparecem, outros voltam sob formas parcialmente diferentes, ou ainda, surgem outros gêneros (v. exemplos acima);

d) não se podem estabelecer claramente as fronteiras entre eles. Entretanto – resultado histórico-social de transformações de tipos precedentes – os gêneros textuais possuem características individuais, constituindo-se um objeto sempre único (v. exemplos acima e mais: o *correio eletrônico* (*e-mail*), por exemplo, é diferente da *carta* (correspondência epistolar), do telegrama e mesmo do *bilhete*; o bâner (*banner*) não é *anúncio*; *hoax* não é *boato*, embora, respectivamente, possuam semelhanças).

Dessas duas conceituações teóricas básicas (*Gêneros Discursivos* e *Gêneros Textuais*), podemos inferir uma tipologia discursiva e textual para os gêneros. Não fugindo da perspectiva tipológico-conceitual enunciativo-discursiva[4] que estamos desenvolvendo, podemos dizer com Adam (1992, p. 15) que existem formações discursivas (domínios discursivos) religiosa,

---

[4] Bakhtin (1953/1992/1994, p. 280) diz que cada esfera da atividade humana produz textos com algumas características comuns e, por isso, pertencem a um determinado domínio discursivo, isto é, o lugar onde os textos ocorrem/circulam (são produzidos e consumidos).

jornalística, política, literária ou cotidiana nas quais se produzem, entre outros gêneros do *discurso*

    (i) religioso, a prece, o sermão, a parábola, etc.;
    (ii) jornalístico, a notícia, a reportagem, o editorial, etc.;
    (iii) literário, a tragédia, o romance, o conto, etc.;
    (iv) cotidiano, a conversação e seus tipos, etc.

Podemos, pois, organizar os tipos de gênero num quadro (QUADRO 1), para se ter uma melhor visão de conjunto. Claro que essa tipologia não esgota a diversidade e a heterogeneidade dos gêneros existentes, mas se trata apenas de um quadro exemplificativo, com alguns Discursos e alguns de seus Gêneros.[5]

**QUADRO 1**

| Discursos (formações discursivas/ domínio discursivo) | Gêneros do discurso/Gêneros textuais |
|---|---|
| RELIGIOSO | Hagiografia |
|  | Homilia |
|  | Ladainha |
|  | Parábola |
|  | Prece/oração |
|  | Reza |
|  | Sermão, etc. |
| JORNALÍSTICO | Artigo jornalístico |
|  | Breves/curtas |
|  | Carta de leitor |
|  | Crônica |
|  | Debate |

---

[5] Maingueneau (2002, p. 85) diz que "um texto não é um conjunto de signos inertes, mas o rastro deixado por um discurso em que a fala é *encenada*." E propõe (1999, p. 82-83), como elementos que compõem a cena da enunciação, a *englobante*, a *genérica* e a *cenografia*. A cena englobante corresponderia a essa divisão proposta por Adam, já que corresponde ao tipo de discurso, ou seja, o estatuto pragmático do discurso: discurso literário, religioso, filosófico, jornalístico...

**QUADRO 1 (CONTINUAÇÃO)**

| | |
|---|---|
| JORNALÍSTICO | Editorial |
| | Entrevista |
| | Manchete |
| | Notícia |
| | Reportagem |
| | Tirinha, etc. |
| ACADÊMICO | Abstrato |
| | Artigo científico |
| | Conferência |
| | Dissertação |
| | Ensaio |
| | Hand-out |
| | Resenha |
| | Resumo |
| | Palestra |
| | Paper |
| | Sumário |
| | Tese, etc. |
| LITERÁRIO | Autobiografia |
| | Biografia |
| | Comédia |
| | Conto |
| | Crônica |
| | Dedicatória |
| | Diário |
| | Epopeia |
| | Fábula |
| | Folhetim |
| | Lenda |
| | Romance |
| | Novela |
| | Poema |
| | Tragédia, etc. |

## QUADRO 1 (CONTINUAÇÃO)

| | |
|---|---|
| ELETRÔNICO/DIGITAL | Aula chat<br>Bâner/*Banner*<br>Barra<br>Blog<br>*Chat*/bate-papo virtual<br>*E-mail*/endereço eletrônico<br>*Fotoblog*, etc. |
| PUBLICITÁRIO | Anúncio<br>Cartaz<br>Filmete<br>*Jingle*<br>*Outdoor/Busdoor/Bikedoor/Taxidoor*<br>Panfleto<br>*Spot*, etc. |
| COTIDIANO | Conversação e seus tipos<br>Bilhete<br>Diário<br>Anedota<br>Piada<br>Anotação<br>Recado<br>Convite, etc. |
| ESCOLAR[6] | Aula<br>Prova (escrita/oral)<br>Ditado<br>Protocolo<br>Resumo, etc. |

---

[6] Estamos separando Discurso Acadêmico (de centros de ensino e pesquisa acadêmicos) de Discurso Escolar (ensino básico e médio), embora alguns gêneros textuais sejam comuns a ambos (prova, aula, resumo, etc.), aliás, como é muito comum em outras esferas (crônica, por exemplo, existe nos Discursos

Uma outra tipologia, proposta por Schneuwly, Dolz e colaboradores (2004, p. 60-61), agrupa os gêneros levando em conta as capacidades de linguagem dominantes dos indivíduos (v. QUADRO 2 abaixo, adaptado). A de RELATAR, que se liga ao domínio social da comunicação voltado à documentação e memorização de ações humanas, exigindo uma representação pelo discurso de experiências vividas situadas no tempo (relatos de experiência vivida, notícias, diários, etc. A de NARRAR, que se refere à cultura literária ficcional e caracteriza-se pela mimesis da ação através da criação da intriga no domínio do verossímil (contos de fada, contos maravilhosos, ficção científica, romance, etc. A de ARGUMENTAR, que se refere à discussão de problemas sociais controversos, e exige a sustentação, refutação e negociação de tomadas de posição (diálogo argumentativo, debate regrado, editorial, carta de reclamação, etc.). A de EXPOR, que se liga à transmissão e construção de saberes, com apresentação textual de diferentes formas dos saberes (texto expositivo, conferência, seminário, artigos, resenhas). E a de DESCREVER AÇÕES ou INSTRUIR/PRESCREVER AÇÕES, que se refere às instruções e prescrições e exige a regulação mútua de comportamentos (instruções diversas: de uso, de montagem, receitas, regulamentos, regras de jogo, etc.). A essas capacidades poderíamos acrescentar outras como AVALIAR, POETAR, etc.

---

Literário, Jornalístico, Policial, etc.). Segundo Schneuwly (1998), pode-se dividir o *gênero escolar* em dois grandes tipos: o primeiro (GÊNERO I) se constitui em gêneros que a escola constrói (protocolos, pautas...) para o ensino da linguagem oral, escrita e da leitura, quando da intervenção do professor em alguma atividade pedagógica. Ou seja, os meios usados como mediação entre professor, aluno e conteúdo e que facilitariam a apropriação dos gêneros sociais pelos alunos, em situações didáticas ocorridas em instituição escolar. Entre esses meios, podemos citar as palavras do professor, o que ele faz (escrever no quadro, mostrar objetos...) o que ele pergunta, suas sugestões orais e/ou escritas, as reformulações e esclarecimentos frente a uma tarefa mal compreendida, etc. O segundo (GÊNERO II) se refere a gêneros que são ensinados na escola, transpostos da cultura social para o currículo, com objetivos didáticos, como *objetos de ensino*. Em outras palavras, seriam os gêneros sociais (*não escolares*) – textos "autênticos" que circulam fora da escola –, produzidos em contextos sociais reais: nos meios de comunicação, nos espetáculos, no comércio, etc. (v. *textos sociais* x *textos escolares* dos livros didáticos – PASQUIER; DOLZ, 1996), que entram na escola numa transposição curricular e se transformam em objetos didáticos de ensino/aprendizado.

## QUADRO 2

| Capacidades de linguagem | Gêneros discursivos/textuais |
|---|---|
| ARGUMENTAR | Carta de reclamação<br>Carta de solicitação<br>Debate regrado<br>Discurso de acusação (advocacia)<br>Discurso de defesa (advocacia)<br>Editorial<br>Dissertação<br>Tese<br>Textos de opinião<br>Resenha<br>Texto expositivo, etc. |
| EXPOR | Artigo enciclopédico<br>Comunicação oral<br>Conferência<br>Exposição oral<br>Palestra<br>Resumo de texto expositivo ou explicativo<br>Relatório científico, etc. |
| RELATAR | Anedota<br>Caso<br>Curriculum Vitae<br>Diário íntimo<br>Notícia<br>Relato de experiência<br>Relato histórico<br>Relato policial, etc. |
| NARRAR | Autobiografia<br>Biografia<br>Contos de fadas<br>Contos maravilhosos |

## QUADRO 2 (CONTINUAÇÃO)

| | |
|---|---|
| NARRAR | Epopeia |
| | Fábula |
| | Ficção científica |
| | Lenda |
| | Novela |
| | Romance, etc. |
| DESCREVER/PRESCREVER AÇÕES ou INSTRUIR | Mandamento |
| | Manual de instrução |
| | Receita |
| | Regimento |
| | Regras de jogo |
| | Regulamento, etc. |

Tentando fazer uma síntese do que desenvolvemos acima, podemos dizer que temos os seguintes construtos:

1) discurso: linguagem em uso, manifestada/realizada empiricamente nos textos enunciados, assumidos por uma enunciação;[7]

2) gêneros discursivos que se agrupam com características comuns e supõem regras comunicacionais, que não se restringem ao que é dito, mas que remetem a um modo próprio de dizer, como a correspondência ou as receitas, etc. Uma carta de amor supõe regras de comunicação diferentes de uma receita de bolo de fubá.

3) gêneros textuais que se agrupam com um feixe de características comuns: a carta, o ofício, etc. na correspondência, ou as receitas de bolo ou carne assada, etc. nas receitas;

4) subgêneros de texto que possuem algumas características comuns às do gênero a que pertencem, mais algumas específicas: como a carta comercial de cobrança na correspondência comercial ou a receita de bolo de fubá nas receitas, o outdoor ou o busdoor, em anúncios publicitários, etc.;

---

[7] Compõe-se a enunciação de um enunciador, o sujeito "que fala" (eu/nós), e um enunciatário, o sujeito "que escuta" (tu/você/vocês). Em outras palavras, a enunciação compreende o sujeito do dizer, que se biparte entre enunciador, projeção do autor, e enunciatário, projeção do leitor (DISCINI, 2005).

5) os textos são unidades de sentido, dadas por recorrência daquilo que é dito e de um modo próprio de dizer, com unidades linguísticas empíricas e concretas, produtos legíveis ou audíveis, com objetivo comunicativo, como uma carta comercial de cobrança ou uma receita de bolo de fubá específicas;

6) tipos de discurso: narrativo, expositivo, argumentativo, instrucional, conversacional, etc. que organizam o texto;

7) o domínio discursivo: esfera/instância de atividade humana que produz textos com algumas características comuns, isto é, o lugar onde os textos ocorrem/circulam (lugar de produção e recepção), como o jurídico, o empresarial, o futebolístico, etc.;

8) comunidade discursiva: compartilha gêneros discursivos e textuais, como por exemplo, a comunidade internética, a empresarial, a estudantil, etc.

Entendemos, portanto, nesta introdução teórica, os gêneros como formas heterogêneas, sociodiscursivo-enunciativas, orais e escritas, dadas pela tradição e pela cultura – ontem e hoje. Embora limitados pelo espaço, tentamos compensar essa limitação pela extensão temporal, social e discursiva em que procuramos abranger, sucintamente, definições, características, informações e correlações de princípios teóricos que podem nortear certas concepções de gêneros discursivos e textuais.

Sérgio Roberto Costa

**ABAIXO-ASSINADO:** requerimento (v) ou petição (v.) subscrito(a) por várias pessoas, ou seja, documento (v.) coletivo, de caráter público ou restrito, que torna manifesta a opinião de grupo e/ou comunidade, ou representa os interesses dos que o subscrevem. O conteúdo requerido vem no início do documento, como uma espécie de cabeçalho, geralmente curto e objetivo, seguido da data e das assinaturas, com ou sem registro de documento de identidade dos subscreventes, dependendo do caráter público ou restrito do abaixo-assinado.

**ABERTURA (v. CABEÇA, LIDE):** faz parte dos chamados gêneros introdutórios, pois se trata de um texto de introdução ou de apresentação de um artigo (v.). Destaca-se a abertura, geralmente, usando-se um tipo de fonte diferente do resto da matéria jornalística.

**ABSTRATO/*ABSTRACT* (v. EMENTA, RECENSÃO, RESUMO, SINOPSE, SÍNTESE, SUMÁRIO):** colocado, em geral, antes/acima do texto principal, é um resumo (v.) conciso, coerente e objetivo dos pontos principais (objetivo, objeto, base teórica, metodologia [material e métodos], análise, resultados e conclusões) de um artigo científico (v.), dissertação (v.), tese (v.), relato de caso (v.), etc. Nestes tipos de trabalhos científicos, o *ABSTRACT* é redigido em língua diferente da do texto principal. Nos textos escritos em Língua Portuguesa, usa-se a palavra RESUMO (v.), enquanto *ABSTRACT* é usada para a síntese redigida em língua estrangeira (Inglês, geralmente).

**ADÁGIO (v. DITADO, FRASE, MÁXIMA, MOTE, PROVÉRBIO, SENTENÇA):** sentença (v.) moral de origem popular, curta, rimada ou não, como: *Deus ajuda quem madruga; Devagar se vai ao longe.*

**ADENDA:** sinônimo de ADENDO (v.).

**ADENDO (v. ADITAMENTO, ANEXO, APÊNDICE, POSFÁCIO, RABICHO, SUPLEMENTO):** acréscimo, ou seja, conjunto de anotações que corrige, explicita, ratifica ou complementa o corpo principal ou original de um determinado texto, livro ou obra. O adendo é uma seção de texto que se distingue como parte dele, pois geralmente se trata de uma contribuição do autor ao seu próprio texto, redigida a *posteriori*.

Na linguagem jurídica, conhecido como aditamento (v.), refere-se a um texto que se anexa a um pedido/petição (v.) judicial, queixa-crime (v.) ou libelo (v.), complementando e elucidando o documento (v.).

**ADITAMENTO (v. ADENDO, ANEXO, APÊNDICE, POSFÁCIO):** como termo jurídico, peça complementar, acrescentamento, adição à queixa-crime (v.) ou ao pedido da *inicial* (v.) numa ação jurídica, facultados pelo Ministério Público ou pela Promotoria. Trata-se de um acréscimo de informação a um documento com a finalidade de complementação ou esclarecimento. Exemplos: o acréscimo de novas cláusulas a um texto de contrato (v.); aditamento do pedido pelo autor, antes da citação (v.); aditamento da queixa (v.).

**ADIVINHA (v. ADIVINHAÇÃO, ENIGMA):** pergunta ou questão enigmática que geralmente exige resposta ou solução engenhosa. A questão-problema proposta, geralmente a guisa de brincadeira, não raro, é formulada em versos metrificados e/ou rimados. A enunciação da ideia, fato, objeto ou ser vem envolta numa alegoria, procurando-se dificultar-lhe a descoberta. A interpretação da linguagem metafórica e/ou comparativa pode levar à decifração da adivinha.

**ADIVINHAÇÃO (v. ADIVINHA, ENIGMA):** na ludologia, brincadeira popular em que os participantes apresentam enigmas (v.) simples para serem solucionados pelos parceiros do jogo, como o é a adivinha (v. acima).

No ocultismo, suposta arte de predizer o futuro e conhecer o que, no passado ou no presente, se encontra velado, encoberto. No baixo psiquismo, qualquer prática supersticiosa e ilusória destinada a explorar os crentes. Mas, em ambos os casos, a construção discursiva se faz com uso de modalizadores de hipóteses, suposições, numa linguagem não muito transparente.

**ADVERTÊNCIA (v. CHAMADA, letra c).**

**AFORAMENTO (v. Carta de aforamento, no verbete CARTA):** um contrato (v.) pelo qual ocorre a transferência do domínio útil e perpétuo de um imóvel por seu proprietário, sob o pagamento de um foro anual, certo e invariável. De acordo com o Código Civil (v. Código – tipos), o aforamento será também denominado enfiteuse ou emprazamento.

**AGENDA (v. *BROCHUREWARE*, CATÁLOGO VIRTUAL, DIÁRIO, LISTA, MEMORANDO, PAUTA):** registros escritos, geralmente em estilo objetivo, em frases curtas, de datas e/ou temas de compromissos, lembretes, temário ou programa (v.) de reuniões, conferências, congressos, etc. Esses registros são feitos, comumente, em portadores/suportes diversos de textos, como agendas, cadernetas/livros (datados) ou dispositivos computadorizados (agenda eletrônica) de tamanho reduzido, que armazenam esses e outros tipos de dados, como lista (v.) de pessoas, endereços ou coisas, obedecendo-se a uma sequência alfabética, numérica, temporal, cronológica, etc.

Adolescentes usam o termo "agenda" como sinônimo de diário (v.), por extensão, já que muitas vezes escrevem seus diários em suportes do tipo agenda (livro).

Na net, em livro ou lista de endereços ou pessoas, permitidos pelo correio eletrônico (v.), obedecendo-se também a uma sequência alfabética, numérica, temporal, cronológica, etc., como na agenda papel.

**AGRADECIMENTO:** declaração (v.), discurso (v.), palavra, enunciado que expressa a gratidão por algo dado ou feito por outrem. No trabalho científico, em folha opcional, expressa gratidão a pessoas ou instituições que efetivamente colaboraram na realização da pesquisa monográfica (v. dissertação, tese, monografia).

***ALIAS* (v. APELIDO, MÁSCARA, MÁSCARA DIGITAL, *NICK* ou *NICKNAME*):** nome-fantasia (fictício), geralmente curto, que o usuário de correio-eletrônico (v.) escolhe como abreviatura para seu endereço de *e-mail* (v.), quando o programa armazenador oferece a opção.

**ALMANAQUE (v. ANAIS):** obra de periodicidade anual que apresenta textos em estilo narrativo, geralmente de conteúdo informativo e recreativo, incluindo um calendário e as informações do período em foco.

**ALVARÁ:** documento (v.) que teve origem na corte e cujo conteúdo de interesse público ou privado era divulgado com a rubrica (v.) do soberano (*Eu el rei...*) ou da soberana (*Eu a rainha, faço saber...*). Hoje, documento (v.)

ou carta (v.), expedido por alguma autoridade judicial ou administrativa, que certifica, autoriza, aprova ou confirma algum ato, estado ou direito de um indivíduo ou de alguma corporação ou instituição. Por exemplo: Alvará de Licença de realização de algum evento, de funcionamento de ponto comercial, etc.; Alvará de Soltura de um preso, etc.

**ANAIS (v. ALMANAQUE):** registro da história de um povo, de uma instituição, etc., organizada ano por ano, em estilo narrativo. Como periódico, trata-se de uma publicação regular de caráter científico, literário ou artístico, que pode trazer resumos (v.) ou artigos (v.) completos.

**ANEDOTA (v. PIADA):** fatos curiosos ou jocosos que acontecem à margem dos eventos mais importantes de uma determinada personagem ou passagem históricas. Por extensão de sentido, narrativa (v.) breve de um fato engraçado ou picante sobre pessoas "públicas" de uma comunidade (v. Piada)

**ANEXO (v. ADENDO, ADITAMENTO, APÊNDICE):** são partes extensivas que se destacam do corpo do texto para evitar descontinuidade na sequência lógica das seções. Podem ser tabelas (v.), mapas (v.), fotografias, plantas, modelos de formulário (v.), etc.

**ANOTAÇÃO (v. APONTAMENTO, COMENTÁRIO, NOTA):** escritos breves, em estilo telegráfico e cheio de abreviações, como apontamentos (v.) de aulas (v), notas (v.), recados (v.), observações, em forma de rascunho.

Pode tratar-se também de uma série de comentários gerais sobre produção literária, artística ou científica.

**ANTETÍTULO (v. BONÉ, CHAPÉU, ENTRETÍTULO, INTERTÍTULO, LIDÃO, OLHO, SOBRETÍTULO, SUBTÍTULO, SUTIÃ e TÍTULO):** também conhecido como chapéu (v.), sobretítulo (v.) ou sutiã (v.), trata-se de enunciado (palavra, frase), que vem antes do título (v.), em corpo menor, cuja finalidade é introduzi-lo, indicar o assunto ou a pessoa nele localizada ou ainda localizar a posição geográfica e temporal. Exemplos: 1) Eleições (antetítulo); *Jovens se oferecem como mesários, movidos pelo espírito cívico e pela folga prevista em lei* (título), *in* Estado de Minas, 08/06/2008, p. 12. 2) *Supremo Tribunal Federal* (antetítulo); *Aborto de anencéfalos, união gay e cotas raciais na pauta* (título), *in* Estado de Minas, 08/06/2008, p. 14.

**ANTÍFONA (v. ESTRIBILHO, REFRÃO):** versículo (v.) que se diz ou se entoa antes de um salmo ou de um cântico religioso e depois se canta inteiro ou se repete alternadamente em coro, como estribilho (v.) ou refrão (v.).

**ANÚNCIO (v. BÂNER,** *BANNER,* *CIBERSPOT(E),* **CLASSIFICADO, COMERCIAL, E-ANÚNCIO, LUMINOSO,** *OUTDOOR,* **PAINEL, PROPAGANDA, RECLAMO):** notícia ou aviso por meio do qual se divulga algo ao público, ou seja, a criação de alguma mensagem de propaganda com objetivos comerciais, institucionais, políticos, culturais, religiosos, etc. Como publicidade, trata-se de uma mensagem que procura transmitir ao público, por meio de recursos técnicos, multissemióticos e através dos veículos de comunicação, as qualidades e os eventuais benefícios de determinada marca, produto, serviço ou instituição.

Os anúncios podem circular em vários meios de comunicação e suportes: imprensa escrita, falada, televisiva e internética, faixas, *outdoors*, autos (carros, ônibus, trens...), listas telefônicas, bâners, luminosos, letreiros, painéis, etc. Na internet, recebe o nome de e-anúncio (v.), *ciberspot(e)* (v.), usando-se muito os bâners. (V., neste dicionário, alguns desses verbetes – bâner, *outdoor*... – que podem também ser classificados como gêneros, e não apenas suportes.)

Conforme as características acima, (origem, objetivos, local de circulação, público visado, veículo que o transmite, etc.), o anúncio, segundo Rabaça e Barbosa (2002, 32-33) pode ser dividido em vários tipos. Entre outros:

- Anúncio aberto, que traz a assinatura (v.) ou rubrica (v.) do anunciante;

- Anúncio fechado, ao contrário do anterior, sem assinatura ou rubrica do anunciante;

- Anúncio aéreo: letreiro publicitário, apresentado em forma de faixa ou cartaz (v.), rebocado por avião ou similar, com texto breve e fontes (Letras/Algarismos) de grande dimensão, bem visíveis a grandes distâncias. Pode ser também uma peça publicitária estampada em veículos aéreos diversos: avião, zepelim, balão, parapente, etc.;

- Anúncio classificado (v. CLASSIFICADO);

- Anúncio de espaço: matéria paga veiculada em listas telefônicas, listas classificadas, etc., com regras de inserção e espaço bem determinados, com custos variados;

- Anúncio de informação: matéria paga, veiculada em listas telefônicas, ilustrada ou não, e inserida em lugar pré-determinado, obedecendo à sequência alfabética da lista;

- Anúncio luminoso: v. LUMINOSO;

- Anúncio-sanduíche: dois cartazes (v.), justapostos e presos, um à frente e outro às costas da pessoa (também chamada de sanduíche) que os transporta pelas ruas ou praças.

**APARTE:** no teatro ou em outros tipos de encenação, enunciado expressivo falado em voz alta por uma personagem. É ouvido pelo público, mas não pelos outros personagens em cena, pois o personagem faz de conta que fala consigo ou com o público.

**APELIDO (v. *ALIAS*, MÁSCARA, MÁSCARA DIGITAL, *NICK* ou *NICKAME*):** nomes-fantasia, ligados a um amplo leque de temas ou coisas/objetos (estado emocional, estado civil, personagem de filme ou desenho, sexo, mitologia, flora, fauna...). Por meio deles, o usuário pode ocultar-se, esconder seu nome verdadeiro, mantendo-se anônimo, principalmente quando tecla em *chats* ou *salas de bate-papo abertas*. Segundo Crystal (2002, p. 60), o *nick* seria também uma identidade eletrônica que diz algo sobre quem é e como age um usuário nos *chats*. É por meio do apelido ou *nick(name)* que o usuário passa a pertencer a determinada comunidade, determinado grupo ou tribo e assegura sua identidade a cada vez que acessar a internet. A escrita dos apelidos no suporte digital se materializa e se organiza como prática discursiva diferente da dos suportes mineral ou vegetal, por exemplo. Isso a torna, então, muito variada e criativa. Um mesmo símbolo, segundo Araújo (2007, p. 48-54), pode assumir funções de letras ou sinais distintos, de caracteres alfanuméricos, de sinais diacríticos, de desenhos diversos, scripts, etc., que formam enunciados de significados variados, o que garantiria o sucesso das interlocuções virtuais, como se pode ver nos exemplos abaixo:

| <°))))><.·´¯`·. | )$$(DrumnBoy | #Prodígio# |
|---|---|---|
| *BADNICK* | 20pk | -={ ganso }=- |
| bbb | ASCII4r11yLORD | BEBE.CHORÃO |
| baixistaMaluko | davinci | ð-;#8364;£øï°-ð |
| X-Man | Trinity | @frodite |
| SEXSABE | RET(SK8( | 100cueca |

(V. mais exemplos na internet, em Lista de usuários da http://www.istf.com.br/vb/showthread.php?t=401).

**APÊNDICE (v. ADENDA, ADENDO, ADITAMENTO, ANEXO):** matéria suplementar (anexo) que se junta ao texto de um livro como esclarecimento ou documentação, embora não constitua parte essencial da obra. Pode ter extensão e estilo variados, dependendo da matéria que se anexa.

**APOLOGIA (v. FELICITAÇÃO, LOUVAÇÃO, LOUVOR, SAUDAÇÃO):** na retórica, enunciado pomposo, em que se defende, justifica ou elogia alguma doutrina, ação, obra, etc. No cotidiano, defesa apaixonada, elogio, enaltecimento de alguém ou alguma coisa.

**APONTAMENTO (v. ANOTAÇÃO, COMENTÁRIO, NOTA):** resumo (v.), nota (v.) ou registro (v.) do que se lê, se ouve, se observa, se pensa, e que se guarda ou não para um determinado fim. Anotações, notas que os alunos registram durante uma aula acerca de determinada matéria, disciplina, etc. Geralmente os apontamentos são breves. Usa-se, muitas vezes, uma escrita taquigráfica para se registrá-los.

**APRESENTAÇÃO (v. COMUNICADO, COMUNICAÇÃO, CONFERÊNCIA, EXPOSIÇÃO, EXPOSIÇÃO ORAL, INTRODUÇÃO, PALESTRA, PREÂMBULO, PREFÁCIO, PRÓLOGO):** mensagem escrita, tipo *carta de apresentação* (v), com a qual se apresenta ou recomenda alguém para a ocupação de um cargo, ou serviço, etc.

Exposição oral (v.) em que se exibe, se relata, se dá a conhecer ou se submete algum trabalho, projeto, dissertação, tese, à apreciação de alguém.

Texto inicial (v. gênero introdutório na NR 31) de mensagem oral breve com que alguém se apresenta a si mesmo a outro(s) ou com que se apresenta ao público um conferencista, um ator, etc. ou uma peça de teatro, um programa de rádio, de televisão, etc.

Texto inicial de obra literária ou genérica, de um periódico ou de uma revista pelo qual se apresenta o conteúdo e/ou o seu autor ou autores (v. prefácio, preâmbulo, prólogo). Esse texto pode ser elaborado pelo autor ou por outra pessoa de reconhecida competência. Dele podem constar os objetivos do autor, os patrocínios recebidos, os agradecimentos, as circunstâncias de elaboração da obra, etc. Podem constar também a amplitude e a importância do tema, do assunto e os pontos de vista abordados, o perfil do público a que se destina, a filosofia adotada, comparações com outras publicações, etc.

No cinema, radiofonia, televisão, geralmente a parte inicial de filme cinematográfico, programa de rádio ou de TV, na qual se indicam o título e os nomes dos que participaram da elaboração e montagem da obra.

**ARGUMENTO (v. ENREDO, INTRIGA, ROTEIRO, TRAMA):** trata-se de um raciocínio que conduz à indução ou dedução de algo; também pode ser um recurso oral ou escrito usado para convencer alguém, para alterar-lhe a opinião ou o comportamento. Ou ainda uma frase síntese que constitui o assunto, a tese (v.) ou a temática de um texto de opinião. Na linguagem cinematográfica, seria a apresentação escrita, geralmente sucinta, de enredo (v.) ficcional, documental, didático, etc., a partir da qual se desenvolve, com maior detalhamento e indicações técnicas, roteiro (v.) para obra cinematográfica ou televisiva.

**ARROLAMENTO:** levantamento e enumeração prévia quantitativa, em forma de lista (v.), de atividades existentes em determinado local para uma pesquisa posterior mais apurada.

**ARTIGO (v. ARTIGO DE FUNDO, ARTIGO DE OPINIÃO, *CIBERPAPER*, COLUNA, COLUNÃO, CRÔNICA, EDITORIAL, *FEATURE*, NOTA, NOTÍCIA, *POST*, SUELTO, REPORTAGEM e VERBETE):** na linguagem jurídica, parte que forma divisão ou subdivisão (geralmente marcada por número) em uma constituição (v.), código (v.), regimento (v.), lei ou tratado (v.), etc. e tem relação de conjunto com a parte que precede ou com a que segue.

Num jornal, numa revista ou num periódico, ou na TV e no webjornalismo, trata-se de um texto de opinião, chamado ARTIGO DE OPINIÃO (v.), dissertativo (v. DISSERTAÇÃO) ou expositivo (v. EXPOSIÇÃO).

Pode ser usado ainda como sinônimo de verbete (v.), mas como texto teórico expandido, sem indicações de classe gramatical, características morfossintáticas, etimologia, etc., como é comum em dicionários (v.) de sinônimos ou de línguas e glossários (v.).

No discurso eletrônico-digital, artigo é sinônimo de *POST* (v.).

**ARTIGO CIENTÍFICO (v. ARTIGO, DISSERTAÇÃO, EXPOSIÇÃO, MONOGRAFIA, RELATÓRIO CIENTÍFICO, RELATO DE CASO, TESE):** exige planejamento, coleta e seleção de material e recorte de dados que serão analisados e relatados. A estrutura composicional mais comum utilizada para se redigir um artigo técnico ou científico apresenta três partes fundamentais: (i) *Introdução* (justificativas, diretrizes, delimitações e explicações necessárias, ou seja, um apanhado geral do conteúdo do artigo); (ii) *corpo ou texto principal* (descrição (v.) detalhada do objeto do relatório, análise e resultados) e (iii) *conclusões e/ou recomendações finais* (resultados práticos, sugestões de atividades ou medidas a serem tomadas, a partir do que foi apresentado, interpretado e analisado antes).

Além disso, há as seguintes partes que completam o artigo:

*Título* (v.): geralmente curto, deve refletir o tema principal do artigo.

*Nome do autor*: deve ser escrito de forma uniforme e sistemática em todas as publicações para que os artigos possam ser citados de forma correta por outros autores. O nome do autor começa pelo sobrenome, escrito em letra maiúscula, seguido do(s) prenome(s).

*Resumo* (v.) e *Abstract* (v.): como as pessoas se baseiam no Resumo (v.) e/ou no *Abstract* (v.) para decidirem ler ou não o restante de um artigo, é bom redigi-los segundo características constantes deste dicionário.

*Palavras-chave* (v.): editores costumam solicitar a inclusão de um conjunto de palavras-chave que caracterizem o artigo. Estas palavras podem ser usadas posteriormente para permitir que o artigo seja encontrado por sistemas eletrônicos de busca. Por isso, as palavras-chave devem ser abrangentes, mas ao mesmo tempo devem identificar o artigo.

*Agradecimentos* (v.): feitos a pessoas e organizações por qualquer suporte técnico e/ou financeiro recebido durante a realização do estudo ou da pesquisa.

*Referências Bibliográficas* (v.): devem seguir o estilo exigido pelo congresso ou periódico, isto é, seguir as normas de publicação específicas de cada publicação, com informações bibliográficas completas.

*Apêndices* ou *Anexos* (v.): informações que não são fornecidas no texto principal, como, por exemplo, questionários, *software*, etc. utilizados.

**ARTIGO DE FUNDO (v. ARTIGO e ARTIGO DE OPINIÃO):** o mesmo que EDITORIAL (v.).

**ARTIGO (DE OPINIÃO) (v. ARTIGO, ARTIGO DE FUNDO, *CIBERPAPER*, COLUNA, COLUNÃO, CRÔNICA, EDITORIAL, *FEATURE*, NOTA, NOTÍCIA, *POST*, SUELTO e REPORTAGEM):** num jornal, revista ou periódico, texto de opinião, dissertativo (v. DISSERTAÇÃO) ou expositivo (v. EXPOSIÇÃO) ou interpretativo, que forma um corpo distinto na publicação, trazendo a interpretação do autor sobre um fato ou tema variado (político, cultural, científico, etc.).

Na definição de Ferrari & Sodré (1977) "O projeto de todo artigo é a explicação de um fato segundo propósitos variados (informativos, interpretativos, persuasivos ou indutivos)." Ao contrário do editorial (v.), que nunca vem assinado e traz sempre a opinião do jornal, revista, etc. em que circula, o artigo geralmente vem assinado e não reflete necessariamente a opinião do órgão que o publica. Ainda segundo os autores citados acima, quanto ao estilo, "O tom dogmático do editorial dá lugar a uma composição analítica, que deve-se pautar pela naturalidade, densidade e concisão." Já a estrutura composicional do artigo varia bastante (não necessariamente terá uma estrutura canônica da dissertação tradicionalmente ensinada na escola: Tese inicial, na Introdução; Argumentação/Refutação, no Desenvolvimento, e Conclusão), mas sempre desenvolve, explícita ou implicitamente, uma opinião sobre o assunto, com um fecho conclusivo, a partir da exposição das ideias ou da argumentação/refutação construídas.

Em suma, a partir de uma questão polêmica e num tom/estilo de convencimento, o articulista (jornalista ou pessoa entendida no tema) tem como objetivo apresentar seu ponto de vista sobre o assunto, usando o poder da argumentação, defendendo, exemplificando, justificando ou desqualificando posições.

Quando um artigo (ou notícia – v.) tem importância secundária e ocupa "buracos" (falta de material editorial ou erro de cálculo de diagramação) nos jornais, recebe o nome de calhau (v.). Se a matéria não precisa ser publicada imediatamente por não ter compromisso com a atualidade recebe o nome de fria (v.). Contudo se as informações são inéditas e atualíssimas e devem ser publicadas de imediato, a matéria recebe o nome de quente (v.). Trata-se de um furo (v.), quando a notícia é importante e publicada em primeira mão.

**ASSINATURA (v. AUTÓGRAFO, RUBRICA):** nome ou marca firmada na parte inferior de um escrito (documento, contrato, cheque, etc.) ou em um trabalho de arte (gravura, escultura, pintura...), designando autoria ou aprovação do conteúdo, no caso dos escritos (v. Rubrica).

No jornalismo, nome do(a) autor(a) ou autore(a)s no início ou no final de uma matéria (v.) publicada.

Na *internet*, um arquivo (tipicamente de três ou quatro linhas) que inserido no fim das mensagens de correio eletrônico (v.), de *blog* (v.) para informar nome, endereço, telefone e, em alguns casos, o remetente acrescenta citações e desenhos com caracteres conhecidos como arte ASCII.[8]

Em documento eletrônico, trata-se de uma versão digital da assinatura escrita e recebe o nome de Assinatura Digital (v.), utilizada em comércio eletrônico, certificados e documentos oficiais. Como essa assinatura funciona como um atestado criptografado e vem protegido contra adulteração, permite a verificação da identidade de signatários e a autenticidade de mensagens.

Em mensagem publicitária, frase (v.) musical (geralmente pequeno trecho de *jingle* (v.)) que identifica determinada marca ou produto. Nesse caso, recebe o nome de Assinatura Musical (v.).

**ASSINATURA DIGITAL:** v. ASSINATURA.

**ASSINATURA MUSICAL:** v. ASSINATURA.

**ATA:** registro ou resenha (v.), geralmente em forma de relato (v.), de fatos ou ocorrências verificadas e resoluções tomadas numa assembleia ou numa reunião de corpo deliberativo ou consultivo de uma agremiação, associação, diretoria, congregação, etc. Geralmente, muito padronizada, de estilo formal e objetivo, traz uma parte inicial, onde constam data, local e nomes dos participantes da reunião, seguida das resoluções tomadas, a partir de uma pauta preestabelecida e, finalmente, um fecho com as assinaturas de quem secretariou a reunião e lavrou a ata e de todos os presentes.

**ATESTADO (v. CARTA, CERTIFICADO, CERTIDÃO, DECLARAÇÃO):** documento jurídico, passado por pessoa qualificada afirmando/atestando/declarando a veracidade de um fato ou de uma situação.

Tipos: atestado – certificado (v.), certidão (v.), carta (v.), declaração (v.) – de:

a) bons antecedentes: fornecido pelo registro criminal, assegura que o requerente não teve processos criminais;

---

[8] *American Standard Code for Information Interchange.* Código utilizado para representar arquivos somente-texto. Pronuncia-se "ás-qui". É um esquema de codificação que atribui valores numéricos às letras, números, sinais de pontuação e alguns símbolos especiais. Através da padronização dos valores usados para representar esses caracteres, o ASCII permite que os computadores e os programas de computadores troquem informações.

b) pobreza: isenta certa pessoa do pagamento de taxas escolares, custas judiciais, etc., por falta de recursos;

c) sanidade física e mental: conferido por médico, atesta que o portador goza de boa saúde física e mental;

e) saúde: conferido por médico, atesta que o portador não possui moléstia infecto-contagiosa.

**ATLAS (v. CARTA GEOGRÁFICA, MAPA):** nas Ciências Geográficas, trata-se de um volume que apresenta mapas (v.) ou cartas geográficas (v.), coloridos ou não, com informações geofísicas, hidrográficas ou estelares e localizações diversas detalhadas, dependendo do tema do atlas.

Também pode ser um volume sobre um assunto determinado (anatomia, botânica, zoologia, etc.), acompanhado de ilustrações com legendas (v.) e textos descritivo-narrativos sintéticos.

**AUDIOCONFERÊNCIA: (v. CIBERCONFERÊNCIA, COLÓQUIO, CONFERÊNCIA, CONVERSA/CONVERSAÇÃO, DEBATE, DIÁLOGO, DISCUSSÃO, *E-FÓRUM*, FÓRUM, FÓRUM DE DISCUSSÃO, FÓRUM ELETRÔNICO OU VIRTUAL, GRUPO DE DISCUSSÃO, LISTA DE DISCUSSÃO, LISTA DE DISTRIBUIÇÃO, *NEWSGROUP*, TELECONFERÊNCIA e VIDEOCONFERÊNCIA):** conferência telefônica, ou seja, debate, discussão, fórum de discussão (v.) realizada(o) via telefone fixo, móvel ou computador.

**AUDIOBÂNER (v. ANÚNCIO, *AUDIOBANNER*, BANDEIRA, BANDEIROLA, BÂNER, *BANNER*, CARTAZ, *CIBERSPOT(E)*, E-ANÚNCIO, *SPOT*, VIDEOBÂNER):** espécie de bâner sonoro que veicula spots publicitários (v. *spot*) radiofônicos e similares.

*AUDIOBANNER*: v. AUDIOBÂNER

*AUDIO-RELEASE* **(v. *RELEASE*, *VIDEO-RELEASE*):** *release* sonoro, gravado em fita magnética ou CD, ou mesmo transmitido via internet, que se usa na divulgação de lançamentos musicais.

**AULA (v. AULA *CHAT*, CONFERÊNCIA, EXPOSIÇÃO ORAL, LIÇÃO, PALESTRA):** preleção (v.), exposição oral (v.) sobre determinada área de conhecimento, feita por professor e dirigida a um ou mais alunos, geralmente em estabelecimento de ensino, por período de tempo específico.

Por extensão de sentido, explanação, elucidação ou exposição oral (v.), feita de maneira informal, mas professoral, por alguém que conhece bem o tema que aborda. Assim, por exemplo, em uma conversa num bar, na praia, na praça, alguém expõe um tema de tal forma que se pode dizer: deu uma aula de história, de futebol, etc.

Uma conferência (v.) ou palestra (v.) pode ser chamada de aula inaugural/magna, isto é, quando se refere à primeira aula solene de um curso, geralmente proferida por um especialista convidado.

**AULA *CHAT* (v. *CHAT*):** aula (v.) que ocorre em *sala-chat* (sala de aula virtual) dos chamados *chats educacionais* (v. Chat e seus tipos) que diferem das *salas abertas dos chats virtuais* (*bate-papos* – v. – na internet), pois os interactantes se conhecem, fazem parte de um mesmo grupo de alunos, geralmente em número reduzido, que são identificados por seus nomes reais (não usam Apelido (v.) ou *nickname* (v.). Contudo, pelo caráter virtual, na prática, mantém as características das salas de bate-papo convencionais, já que o professor não tem o controle presencial como o que existe numa sala de aula comum. Predomina nesse tipo de aula, que dura em torno de uma hora a uma e meia, a função instrucional que faz do professor alguém na interação que orienta, aconselha ou tira dúvidas. Ao mesmo tempo, os alunos participantes exercem uma função essencialmente colaborativa, desaparecendo a figura do professor centralizador do processo interativo de aprendizagem, embora ele tenha o maior número de turnos e mais tempo para as respostas, como monitor que é, podendo responder às questões do assunto/tema estudado em blocos.

**AUTOBIOGRAFIA (v. BIOGRAFIA):** narração (v.) sobre a vida de um indivíduo, escrita pelo próprio, sob forma documental, ou seja, é uma prosa que uma pessoa real faz de sua própria existência, acentuando a vida individual, em particular, sobre a história de sua personalidade. Como as "propriedades discursivas" definem um gênero discursivo, seja ele literário, seja ele não literário, a autobiografia se distingue do romance (v.) pelo fato de o autor pretender contar fatos e não ficções. Outra propriedade discursiva importante é a coincidência entre "autor e narrador e do autor com a personagem principal". A identidade autor-narrador distingue todos os "gêneros referenciais" ou "históricos" de todos os "gêneros ficcionais". A verdade ou o testemunho do sujeito histórico não se aplica à ficção que joga com o critério da verossimilhança em contraposição ao critério da verdade aplicado aos gêneros referenciais. Assim, como no diário (v.), há uma identidade entre autor, narrador e personagem na autobiografia, havendo uma fusão entre autor e narrador (o sujeito da enunciação é o mesmo sujeito do enunciado). Contudo outros elementos que caracterizam o diário (v.), discursivamente, acabam por diferenciá-lo da autobiografia.

**AUTÓGRAFO (v. ASSINATURA, RUBRICA):** assinatura ou rubrica de pessoa célebre, oferecida a admiradores como lembrança de um contato pessoal, antecedida ou não de uma dedicatória (v.). Geralmente os autógrafos são escritos em pedaços de papel, agendas, livros, roupas, etc. dos fãs.

**AUTÓPSIA (v. NECROPSIA, NECROSCOPIA):** texto, altamente técnico, em que se descreve o exame minucioso de um cadáver, realizado por especialista qualificado, para determinar o momento e a *causa mortis*. Mesmo que necropsia (v.) ou necroscopia (v.).

**AUTORIZAÇÃO:** documento (v.) pessoal ou oficial em que se dá permissão ou poder particular, corporativo ou institucional a outrem para que realize alguma ação ou faça alguma coisa para a qual normalmente não teria poder ou autoridade. Além do conteúdo detalhado da permissão, o documento deve conter local, data e assinatura (v.) de quem emite a autorização.

**AUTORRETRATO (v. AUTORRETRATO VIRTUAL, PERFIL VIRTUAL, RETRATO):** descrição (v.) escrita ou falada, real ou fictícia, que se faz de si próprio, com características conceituais, físicas ou psicológicas.

**AUTORRETRATO VIRTUAL (v. AUTORRETRATO, PERFIL VIRTUAL, RETRATO):** na rede, a produção de um autorretrato, em que o usuário traça seu próprio perfil físico e/ou psicológico e passa seus dados pessoais, será mais/menos detalhada dependendo do objetivo. Se for apenas para se identificar, são poucos os detalhes físicos e/ou psicológicos e as informações ou dados pessoais. Mas se for para interagir e se relacionar com alguém, a construção do autorretrato se fará de acordo com o objetivo e a sinceridade do relacionamento. É o *modus vivendis* da internet. Nesse sentido, pode o internauta traçar seu perfil segundo sua personalidade, construindo um retrato de si que pode ser mais ou menos fiel, ou inventar um "personagem" de acordo com o possível gosto do interlocutor e o tipo de relacionamento que pretende ter com ele. Pode querer apenas um "caso virtual" ou pode realmente querer um encontro face a face para algum relacionamento de amizade ou namoro. O anonimato ou a anonimidade do ciberespaço permite que o usuário seja anônimo e a identidade seja inverificável. Idade, sexo, profissão, tipo físico, gostos, localidade, etc. podem não passar de simples "mentiras" ou "verdades virtuais" ou "estratégias" para sustentar o relacionamento em que o "outro" pode ser excluído, "morto" ou "kikado" a qualquer momento. Mata-se uma personagem e cria-se outra, sem nenhum constrangimento. Portanto, todos esses elementos transformam a construção linguístico-discursiva (as propriedades discursivas) desse gênero num estilo ficcional *sui generis*: Um misto de real e ficcional, de referencial e verossímil, ou seja, uma espécie de autobiografia (v.) "instável" em que há uma identidade entre autor, narrador e personagem, construída numa linguagem plena de subterfúgios e modalizações.

**AVALIAÇÃO:** enunciado em que se faz a apreciação ou conjetura sobre condições, extensão, intensidade, qualidade, etc. de alguém ou de algo, como uma avaliação médica de um paciente ou a avaliação do valor literário de uma obra de arte ou livro, etc. Pode ser também uma verificação que objetiva determinar a competência, o desempenho, o progresso, etc. de um profissional, um esportista, um aluno, etc. As avaliações técnicas geralmente são feitas por peritos no assunto em fichas (v.) ou formulários (v.) próprios que contêm os itens a serem avaliados.

Em escolas, trata-se da resolução avaliativa (oral ou escrita) tomada por um professor ou uma banca de professores, após um exame, prova ou defesa de dissertação (v.), tese (v.), etc. A resolução avaliativa pode ser apenas a atribuição de uma nota ou conceito ou, como é muito comum, após as defesas de trabalhos de pós-graduação, apenas a chancela "Aprovado" ou "Reprovado".

**AVISO (v. BILHETE, CARTA e seus tipos, COMUNICAÇÃO, RECADO, *SCRAP*, TORPEDO):** toda e qualquer espécie de comunicação (v.), informação (v.) ou declaração (v.), oral ou escrita, curta e objetiva, prestada a outrem. Entre outros, podem-se citar avisos bancários, como de lançamento (informação que se presta ao correntista sobre o movimento de sua conta-corrente); da Receita Federal (informação sobre pagamento ou devolução de impostos); avisos de Diretoria de firma, de clube, de escola e outras instituições; aviso prévio (comunicação pela qual o empregador ou o empregado faz saber um ao outro, em certo prazo, a rescisão do contrato de trabalho), etc.

Aviso pode ser também uma advertência (v.) com o objetivo de chamar a atenção para um fato ou situação.

# B

**BANCO (de dados) (v. FICHA):** na informática, trata-se de conjunto de dados inter-relacionados sobre determinado assunto, armazenados em sistemas de processamento de dados segundo critérios predeterminados. Quando livre, não há critérios preestabelecidos. Também se refere, como em pesquisas, a um conjunto de dados/fatos, armazenados num meio físico para tratamento analítico posterior. Ou ainda, termo usado nos meios de comunicação, como uma coleção de documentos visuais, que podem ser utilizados por editoras, agências de publicidade, etc.

**BANDA DESENHADA:** (v. *COMICS*, DESENHO ANIMADO, GIBI, HISTÓRIA EM QUADRINHOS, MANGÁ, QUADRINHO(S)).

**BANDEIRA (v. BANDEIROLA, BÂNER, *BANNER*, CHAMADA):** tipo de chamada (v.) formada apenas por um título, que aparece na primeira página do periódico jornalístico ou na página de sumário (v.). O objetivo da bandeira é remeter à matéria veiculada em página interna ou em algum caderno/suplemento da edição.

**BANDEIROLA:** v. BANDEIRA, BÂNER, *BANNER*, CHAMADA.

**BÂNER (v. ANÚNCIO, AUDIOBÂNER, *AUDIOBANNER*, BANDEIRA, BANDEIROLA, BÂNER, *BANNER*, CARTAZ, *CIBERSPOT(E)*, E-ANÚNCIO, *SPOT*, VIDEOBÂNER):** anúncio (v.) que circula em páginas da Web,[9] por

---

[9] Um *Website* é um servidor de WWW. Contém páginas interligadas conhecidas como documentos de hipertexto (páginas de Web). Os *Websites* são usados

isso construído hipertextualmente, pois a rede oferece uma coleção de sites/sítios (v.) com textos, gráficos e recursos de som e animação que facilitam a construção multissemiótica dos bâners.

Como os bâners podem ser estáticos ou animados e apresentam-se em diversos formatos, recebem nomes diversos: audiobâner (v.), videobâner (v.), etc.

**BANNER (grafia em língua inglesa):** v. ANÚNCIO, BÂNER, CIBERSPOT(E), E-ANÚNCIO.

**BARRA (v. MENU):** quando se abre o computador, a tela (suporte) exibe várias "barras" retangulares, dispostas em sequência horizontal, que contêm ícones ou textos, geralmente enunciados-chave (*links*), construídos de palavras simples (nomes e verbos), que informam as ações a serem executadas pelo usuário. Ao se clicar nelas, abrem-se *menus* (v.) suspensos onde se encontram as instruções que o programa oferece. Há vários tipos de barras que podem ser interpretadas como gêneros e outras não, já que são dispositivos de auxílio técnico para o usuário "caminhar" pela tela do computador, como a "barra de rolagem", que serve para se percorrer todo o conteúdo de uma janela, no sentido horizontal ou vertical da tela ou "barra de destaque", que um usuário pode mover para cima e para baixo de uma lista de opções, para selecionar uma delas.

Mas há outras que são gêneros textuais, como os vários tipos abaixo. Barra de:

a) ferramentas ou de tarefas: numa *interface gráfica do usuário*, painel horizontal estreito em que ficam encadeados os botões, identificados por um ícone, que provocam as ações oferecidas ao usuário pelo programa;

b) *menu*: série de opções à escolha do usuário, dispostas em sequência, horizontalmente, na parte superior da tela e indicadas por palavras. Cada opção do *menu* ativa um *menu* suspenso. O menu pode vir também em posição vertical nos sítios (v.);

c) *status*: barra localizada na parte inferior, que exibe na tela do monitor informações sobre o computador, os programas em uso e o documento que está sendo editado;

---

para oferecer aos usuários informações institucionais sobre uma empresa, notícias, lojas virtuais, jogos... e muitas outras opções.

d) título (v.): barra localizada na borda superior da janela, em determinados programas, para indicar o nome do documento em uso;

e) ação: primeira linha da janela que exibe as opções do *menu*.

**BATE-PAPO (v. BATE-PAPO VIRTUAL, CIBERCONVERSA, *CHAT*, CONVERSA/CONVERSAÇÃO, CONVERSAÇÃO ORAL DIGITAL, PAPO):** conversa/conversação (v.) ou papo (v.) oral, presencial, bastante informal entre duas ou mais pessoas sobre assunto vago ou específico. Os interlocutores trocam turnos livre e simetricamente, já que todos têm o mesmo direito à palavra.

**BATE-PAPO VIRTUAL:**[10] v. *CHAT* e seus tipos. (v. também CIBERCONVERSA, COLÓQUIO, CONVERSA/CONVERSAÇÃO, CONVERSAÇÃO ORAL DIGITAL, PAPO).

**BIBLIOGRAFIA (v. CITAÇÃO, REFERÊNCIA BIBLIOGRÁFICA):** repertório (v.) elaborado de um grupo de textos segundo critérios sistemáticos diversos (cronológico, autoral, temático, geográfico, histórico, etc.), visando facilitar o acesso a eles. É muito usado em final de artigos (v.), livros, etc., seguindo-se o critério autoral.

Quando o repertório (v.) se refere somente às obras, textos, sites (v.) consultados recebe o nome de Referência Bibliográfica (v.).

***BIKEDOOR*: v. *OUTBUS*, *OUTDOOR*, *TAXIDOOR*.**

**BILHETE (v. AVISO, CARTA, CONVITE, ENTRADA, INGRESSO, PASSAGEM, PITACO, RECADO, SCRAP, TORPEDO):** escrito simples e breve, ou seja, mensagem breve, reduzida ao essencial, tanto na forma como no conteúdo. Como é um tipo gênero usado na comunicação rápida, entre interlocutores que mantêm uma relação imediata, geralmente é também escrito em linguagem coloquial.

Também cartão, senha, pedaço de papel, geralmente impresso, que dá direito de ingresso a espetáculo, jogo, conferência, congresso, reunião, etc.; nesse caso, pode ser chamado de ingresso (v.), quando pago, e convite (v.), se de graça.

---

[10] Como o termo *Chat* já está consagrado pelo uso, optamos por colocar a definição, características e tipos no verbete *CHAT* em vez de no BATE-PAPO VIRTUAL e aqui apenas indicamos a consulta a esse verbete.

Ainda pode se referir a papel, senha (v.), boleto/a (v.) ou cartão (v.) impresso que constitui o contrato de transporte (v. passagem) de um indivíduo ou de um grupo por via aérea, marítima, férrea, fluvial, lacustre, rodoviária, etc. e representa o preço por ele pago ao transportador.

Na rubrica jogo (v. boleto/a), trata-se de cédula numerada que geralmente é comprada e que habilita o jogador a receber o prêmio que eventualmente lhe vier a caber no sorteio de uma rifa, loteria ou jogo similar.

**BIOGRAFIA (v. AUTOBIOGRAFIA):** narração oral, escrita ou visual dos fatos particulares das várias fases da vida de uma pessoa ou personagem (gênero literário ou não) em livro, filme, texto teatral, disco óptico, etc. Quanto à forma, pode ser elaborada em ordem cronológica ou em forma narrativa.

*BLOG* **(v. AGENDA, BLOGUE, CIBERDIÁRIO, COMENTÁRIO, DIÁRIO DIGITAL, DIÁRIO ELETRÔNICO, DIÁRIO ÍNTIMO, DIÁRIO PESSOAL, DIARIOSFERA,** *FOTOBLOG***, JORNAL, MINIBLOG(UE),** *POST, WEBLOG***, WEBLOGUE):** segundo Oliveira (2002), o desafio de publicar diários pessoais na internet fez parte do que a norte-americana Chris Sherman, editora assistente do *Search Engine Watch* (http://searchenginewatch.com), chamou de "primeira onda da web escriturável", que teve início em 1994, quando pessoas comuns começaram a construir um site pessoal e nele, diariamente, escrever o diário (v.) ou jornal (v.) íntimo. Na opinião da editora, esse período esteve limitado pela oferta de ferramentas que facilitassem a postagem de diários *on-line* na rede.

A "segunda onda da *web* escriturável" surgiu mais recentemente com o fenômeno dos *weblogs* (*web* – rede de computadores, mais *log* – tipo de diário (v.) de bordo de navegadores), que são páginas de comentários atualizados frequentemente. Essa nova onda faz a internet retornar à proposta inicial de Tim Berners-Lee (http://info.cern.ch), seu criador, de torná-la uma mídia interativa, onde usuários seriam capazes de ler e publicar documentos.

Há controvérsias quanto ao início do fenômeno. Uns dizem que a americana Carolyn Burke foi a primeira pessoa a manter um diário *on-line*. Em janeiro de 1995, ela pôs na rede o *Carolyn Diary* (www.carolyn.org) e ficou bastante conhecida quando, no outono americano de 1996, foi capa das revistas *U.S. News e Report World*, ao ser citada por fazer parte do projeto "textit24 Hours in Cyberspace", que fez uma lista de pessoas e instituições que faziam a rede mundial de computadores mais humana.

Mas o pioneirismo de Carolyn desmorona se confrontado com a ousadia e a *performance* de outro americano, Justin Allyn Hall. Em janeiro de 1994, com apenas 19 anos de idade, Hall criou na rede o diário *Justin's Links from the Underground*. Publica nele tudo em detalhes: divagações, bebedeiras, as doenças sexualmente transmissíveis que contraíra, viagens, amizades, as aulas na faculdade, namoros, o suicídio do pai e até as próprias fotos, algumas delas tiradas nu ou urinando, relata Oliveira (2002).

Outras fontes dizem que o blog surgiu no final de 1997, usado por Jorn Barger, ou agosto de 1999, quando se começou a utilizar o *software Blogger*, denominado ferramenta de autoexpressão, criado pela empresa de um norte-americano chamado Evan Williams. Em todas as opiniões, está implícita a ideia da alternativa popular da publicação de textos de conteúdo pessoal interativo e participativo na internet por leigos em computação.

O *blog* pode ser definido, então, como jornal/diário digital/eletrônico (v.) pessoal publicado na *Web*, normalmente com toque informal, atualizado com frequência e direcionado ao público em geral. *Blogs* geralmente trazem a personalidade do autor, seus interesses, gostos, opiniões e um relato de suas atividades. Portanto, geralmente são simples, com textos curtos, predominando os narrativos (relatos), descritivos e opinativos. O *blog* é o gênero discursivo da autoexpressão, isto é, da expressão escrita do cotidiano e das histórias de pessoas comuns.

Muitas vezes, trata-se de um texto de natureza semiótica, já que o "bloguista/blogueiro" pode inserir imagens, fotos (*fotoblog*), sons, além de poder fazer uma atualização constante. A interatividade com o leitor é uma característica básica. Por meio de *links*, o leitor pode navegar por páginas múltiplas (hipertextualidade) ou entrar em contato com o criador do *blog*. O *e-mail* (v.) do/a "bloguista" é um *link* aberto ao leitor, que pode fazer comentários, críticas, trocar experiências e compartilhar com as histórias pessoais do escrevente de *blog* ou (*fotoblog*). Quanto ao tempo, geralmente os "bloguistas" o registram no cabeçalho, marcando a data da produção do texto. Já quanto ao espaço, raramente aparece no cabeçalho. Ao ler o texto escrito pelo "bloguista/blogueiro", pode-se, às vezes, ter uma ideia de onde ele é.

Como contrapartida a essa "prática diarista" (escritos pessoais/autoexpressão) presente em gêneros já consagrados, como o diário (v.), há também os *blogs* informativos. Ou seja, pode-se dizer que *Weblogs* (*blogs*) se dividem em duas categorias: *weblogs* pessoais, que são uma espécie de diários, como se viu acima, e os *blogs* informativos, cujos alvos são grupos de leitores com interesses comuns. Mas há também os chamados *knowledge management logging* (*k-logging* ou *k-logs* ou *k-blogs*), desdobramento do gênero blog (v. http://www.libraryjournal.com) usados por pessoas especializadas (pesquisadores, estudantes, gerentes, administradores) para colocarem seu conhecimento/experiência *on-line* e o/a transmitirem inclusive intranet com o objetivo de partilhar conhecimento e ajudar a organização a que pertencem a cumprir sua missão. Esta forma de *web logging* surge como uma alternativa mais barata em larga escala para as soluções KM (*Knowledge Management*).[11]

**BLOGÁRIO (v. CIBERBLOGÁRIO, CIBERGLOSSÁRIO, DICIONÁRIO, DICIONÁRIO ELETRÔNICO, ENCICLOPÉDIA, GLOSSÁRIO, VOCABULÁRIO, WIKIPÉDIA):** a expansão do bloguismo, pessoal ou profissional, (autoria e edição dos próprios textos ou de qualquer outro material, como desenhos, fotos – *fotoblogs* –, etc. num *blog*) e a criação de novos termos

---

[11] No artigo "Os *blogs* vão mudar seus negócios", de Camila Guimarães, publicado na EXAME *on-line* (http://exame.abril.uol.com.br/edicoes/860/tecnc) em 26/1/06, pode-se ter noção da importância dos blogs e sua expansão. Segundo ela: "Há inúmeras maneiras de falar na internet, mas nenhuma é tão poderosa e tão revolucionária como o *blog*. Em pouco mais de três anos, a tecnologia passou de um hábito adolescente para um fenômeno mundial. Em menos de 10 minutos e sem gastar nada, qualquer pessoa pode criar um blog e começar a falar para todo o planeta. É por isso que os números não param de crescer. Existem 34 milhões de *blogs* no mundo. Todos os dias, 70 000 novos diários *on-line* são criados e, a cada minuto, 500 deles são atualizados. Mães falam do bebê recém-nascido, estudantes reclamam dos professores, aspirantes a escritor publicam poesias, prostitutas relatam sua rotina e, por que não?, presidentes de empresas falam de negócios. Jonathan Schwartz, presidente da fabricante de computadores Sun, mantém um *blog* há um ano e meio. "Como o *e-mail*, o *blog* não vai ser uma questão de escolha. Todos os líderes serão obrigados a ter um", disse Schwartz a EXAME. "Acredito que em dez anos os presidentes vão se comunicar diretamente com clientes, funcionários e parceiros. Porque, se você não participar da conversa, outros falarão no seu lugar." Mincheff, da Edelman, concorda: "A percepção do consumidor é que a informação que vem do presidente ou do diretor de uma empresa é mais confiável do que a obtida num *site* ou pelo *telemarketing*", diz. "A empresa ganha um rosto."

referentes ao gênero têm sido tamanha nos últimos anos que se criou o verbete "blogário" (*blog* + o sufixo -ario), que seria uma espécie de glossário/dicionário (v.) desses novos termos. O blogário possuiria, portanto, a estrutura composicional (ordem alfabética ou temática) e o estilo de um glossário ou de um dicionário, com compilações várias, de vocábulos ou de informações sobre uma área do saber. No caso, de termos referentes a *blogs*.

**BLOGDEX (v. BLOGROLL)**: palavra formada de *blog* + *índex*, literalmente seria um índice (v.) de *blogs*. Mas se trata de uma espécie de índice/lista-síntese das ideias mais difundidas num determinado tempo nos (*we*)*blogs*. O *blogdex* percorre todos os (*we*)*blogs* que fazem parte de sua base de dados, recolhe as ligações (*links*) e gera essa lista-síntese, produzindo, numa linguagem objetiva e clara, um texto sintético com o conteúdo básico recolhido.

**BLOG(O)NOVELA (v. FOLHETIM, FOTONOVELA, GAZETILHA, NOVELA, RADIONOVELA, TELENOVELA)**: a invenção do rádio trouxe a radionovela (v.); a da televisão, a telenovela (v.). A fotonovela (v.), por sua vez, do ponto de vista semiótico-narrativo, é uma miscigenação do folhetim (v.), da história em quadrinhos (v.) e do cinema, após a invenção da fotografia e do cinema. Agora, com a internet, novos gêneros literários (?) surgem, como a "blog(o)novela", que tem as características narrativas, as propriedades linguístico-discursivas e a estrutura composicional próprias da novela (v.) tradicional; ou seja, um folhetim construído num *blog*, podendo até ser produzida em coautoria.

**BLOGPOEMA (v. POEMA)**: como ambiente, trata-se de um suporte de poemas. Mas pode ser um *blog* (v.) de textos em forma de poema (v.) ou em prosa poética. Os recursos multissemióticos que a internet oferece podem interferir na construção dos poemas que poderiam ter forma e estilo diferentes dos poemas-papel.

**BLOGROLL (v. BLOGDEX)**: palavra formada de *blog* + *roll* (=lista), se caracteriza por ser uma lista de endereços de *blogs* localizada na página de entrada de um *blog* (v.) em forma de coluna. Esse conjunto de endereços indica uma subcomunidade de bloguistas ou blogueiros.

**BLOGUE: v.** *BLOG*, CIBERDIÁRIO, DIÁRIO, DIARIOSFERA, DIÁRIO DIGITAL, DIÁRIO ELETRÔNICO, DIÁRIO ÍNTIMO, DIÁRIO PESSOAL, MINIBLOG(UE), *FOTOBLOG*(UE), *WEBLOG*, *WEBLOGUE*.

**BLOGUICE (v. BOATO, CIBERFOFOCA, CIBERCOMENTÁRIO, CIBERFO-FOQUICE, COMENTÁRIO, FOFOCA, *GOSSIP*, *HOAX*, LOROTA, MENTIRA):** notícias que circulam na blogosfera (v.), mas com características dos gêneros lorota, fofoca, mexerico ou boato, geralmente gêneros orais.

***BLOGZINE* (v. *E-ZINE*, *FANZINE*, *ZINE*):** formado de *blog* + (*fan*) + *zine*, que seria um *blog* (v.) com características de um *fanzine* ou *e-zine* (v.), ou seja, um *blog* alternativo.

**BOATO (v. BLOGUICE, CIBERCOMENTÁRIO, CIBERFOFOCA, CIBERFOFOQUICE, COMENTÁRIO, FOFOCA, *GOSSIP*, *HOAX*, LOROTA, MENTIRA):** gênero oral, também conhecido como diz-que-diz e suas variantes (diz-que, diz-que-diz-que, disse-me-disse), fofoca ou mexerico. Muitas vezes de natureza maledicente, por ser uma afirmação ou comentário não baseados em fatos concretos, é muito comum entre pessoas que convivem numa comunidade e que o divulgam à boca pequena. Na comunicação jornalística, trata-se de uma notícia (v.) de fonte desconhecida, muitas vezes infundada, que se divulga entre o público, ou de qualquer informação ou fato não oficial que circula dentro de um grupo. Nesse sentido, o boato vem preencher lacunas de informação, ou motivada por falta de credibilidade, omissão da fonte oficial ou por intenção deliberada em função de certos interesses de pessoas ou grupos. De teor ou totalmente falso, ou parcial ou totalmente verdadeiro, pode ser resultado de informação fantasiosa, de vazamento de informação sigilosa ou falsamente divulgada e até de ruído de comunicação.

**BOLETIM (v. INFORMATIVO):** breve texto informativo (v.), em forma de relato/notícia (v.), destinado à circulação interna/privada ou à divulgação pública. Pode ser de vários tipos, conforme a rubrica:

  a) policial ou militar: comunicado (v.) sobre operações policiais ou militares;

  b) médico: comunicado médico sobre o estado de saúde de paciente(s), sobre o estado sanitário de uma área;

  c) radiofônico ou televisivo: curta edição informativa transmitida em intervalos mais ou menos regulares, sobre determinado assunto (b. esportivo de uma olimpíada; b. sobre uma catástrofe; b. do tempo; b. da Justiça Eleitoral sobre os resultados parciais das apurações, etc.);

  d) oficial: publicação periódica destinada à divulgação de atos oficiais e governamentais;

  e) interno: publicação periódica de entidades de classe, instituições privadas, etc.;

f) meteorológico: publicação periódica de observações meteorológicas efetuadas numa determinada região ou informação sobre as condições meteorológicas observadas em relação a uma hora e a um local determinados.

Em outro estilo e forma, há também o boletim escolar que é um documento (v.) no qual são periodicamente lançadas as notas obtidas por estudantes nas diferentes matérias para conhecimento dos pais ou responsáveis.

Observação: Boletim pode ser também um suporte/portador[12] de vários gêneros escritos, como um pequeno jornal de circulação interna ou pública de alguma instituição privada ou pública. Assim como um jornal porta vários tipos de texto, assim também um boletim nessa acepção o portaria.

**BOLETO(A) (v. BILHETE, ENTRADA, INGRESSO):** muito usado em instituições financeiras ou ligadas à economia, como as instituições bancárias ou firmas e as bolsas de valores. Nas bolsas, trata-se de documento interno de registro dos dados relativos a uma operação. Em bancos ou firmas, impresso (lâmina de pagamento) de registro de dívida e a efetuação de seu pagamento em data determinada.

Pode ser usado como sinônimo de bilhete (v.) ou ingresso (v.) de acesso a cinemas, teatros, *shows*, etc. ou ainda como bilhete (v.) de aposta/loteria.

**BONÉ (v. ANTETÍTULO, CHAPÉU, ENTRETÍTULO, INTERTÍTULO, OLHO, SOBRETÍTULO, SUBTÍTULO, SUTIÃ e TÍTULO):** enunciado que identifica o assunto ou o gênero e vem diagramada em janela[13] aberta, sobre fio, no início do texto.

**BORDÃO (v. ESTRIBILHO, REFRÃO):** enunciado, formado por uma palavra, expressão ou frase, que um indivíduo repete viciosamente ao falar ou escrever. Em narrativas literárias, radiofônicas, televisivas, essa repetição produzida por um personagem ou apresentador pode ter como objetivo a obtenção de um efeito cômico ou emocional.

---

[12] Entendemos por suporte/portador de textos livros, jornais, revistas, boletins, folhetos, folhetins, telas de televisor ou computador, folhas de papel, *outdoors*, embalagens, etc. Os textos são veiculados nesses portadores ou suportes.

[13] Segundo Rabaça & Barbosa (2002, 401, 2ª coluna), "Espaço aberto dentro de qualquer matéria ou elemento da página (texto, foto, desenho, gráfico, etc.), emoldurado ou não por fios, para colocação de quadro ... olho ... anúncio, etc."

**BORRÃO:** v. MINUTA e RASCUNHO.

**BREVE (v. BREVE COMUNICAÇÃO, CURTA, FRASE):** hoje é muito comum encontrarem-se seções de jornais, revistas, etc. com o título de Breves ou Curtas, cujos textos são frases (v.) curtas, sucintas, de limitada extensão espacial, caracterizadas pela concisão e pela pouca profundidade de conteúdo. Geralmente são notícias (v.), comentários (v.) ou pensamentos bem resumidos sobre os mais diversos assuntos.

**BREVE COMUNICAÇÃO (v. BREVE, CURTA, FRASE):** mensagem (v.) de divulgação de serviço ou produto de utilidade pública, curta e breve, com cerca de 10 segundos, geralmente inserida entre dois programas por motivo de boa audiência.

*BRIEFING*: conjunto resumido de instruções, informações, diretrizes que a chefia de um jornal (ou agência de propaganda, TV, etc.) envia aos responsáveis pela execução de uma determinada tarefa, como, por exemplo, uma cobertura jornalística. Ou seja, trata-se de um resumo (v.), geralmente escrito, com orientações sobre a linha do trabalho a ser executado. (Daí surgiu o verbo "brifar"= fazer *briefings*. Por isso sugerimos o aportuguesamento de *Briefing* para "Brife").

*BROCHUREWARE*: v. AGENDA, CATÁLOGO, CATÁLOGO VIRTUAL, DIÁRIO, LISTA, MEMORANDO, PAUTA.

*BROADSIDE* (v. FOLHETO, FOLHETIM, FÔLDER, PANFLETO, PROSPECTO, VOLANTE): de tamanho bem maior que o folheto (v.), recurso usado para impressionar o leitor, constitui-se uma peça de propaganda (v.) de lançamento de um produto ou de esclarecimento de campanhas públicas diversas.

**BULA:** antigamente, em chancelaria e sigilografia, usava-se um selo ou sinete, em geral de forma redonda, que se prendia a um documento (v.) ou acompanhava uma carta (v.), com o objetivo de atestar-lhe a autenticidade. Por metonímia, bula passou também a nomear o próprio documento (v.) com tal selo ou sinete.

Assim, no domínio religioso, entre outros, trata-se de:

(i) um escrito solene ou carta aberta (v.), provida de tal selo, expedida em nome do papa pela chancelaria apostólica, com instruções, indulgências, ordens, concessão de benefícios, graças, etc. aos beneméritos da Igreja e

(ii) texto de teor condenativo expedido, anualmente, em dia de Quinta-Feira Santa, pelo papa. Estas bulas pontifícias condenavam e censuravam diversos casos de ofensas à fé católica e à Igreja e a certos princípios socialmente consagrados.

Na farmacologia, como suporte de textos, trata-se de um impresso que acompanha o medicamento e contém informações (mais/menos detalhadas) sobre a sua composição, utilidade, posologias, contra-indicações, etc. Numa linguagem técnica, formal, às vezes, até complicada para o leigo, embora na parte de "informações ao paciente" se procure ser menos técnico, fonte bem pequena, a bula, em geral, compõe-se de:

(i) identificação do medicamento: nome, forma farmacêutica (pomada, creme...), uso e composição;

(ii) informações ao paciente: ação esperada do medicamento, riscos, modo de uso...

(iii) informações técnicas aos profissionais de saúde: características farmacológicas, indicações, contraindicações, posologia, advertências, armazenagem, interações medicamentais, reações adversas, superdosagem...

(iv) créditos (v.): profissional responsável, laboratório/fabricante, endereço (v.) completo;

(v) informações sobre atendimento ao consumidor: endereços e telefones.

**BUSDOOR**: v. *BIKEDOOR, OUTBUS, OUTDOOR, TAXIDOOR.*

**BOTÃO (v. *BUTTON, HIPERLINK, LINK*):** mensagem (v.) publicitária menor que o bâner (v.) e funciona na *Web* como um (*hiper*)*link* (v.).

**BUTTON**: mesmo que BOTÃO.

**CABEÇA (v. ABERTURA, CABEÇA TABULADA, CABEÇALHO, LIDE):** informação que aparece, em destaque, no alto de uma página de jornal ou revista, designando a editoria (economia, esporte, política, etc.).

**CABEÇA-DE-CLICHÊ (v. LEGENDA, TELELEGENDA):** pequeno título (v.) que se utiliza em jornais ou revistas, impressos ou eletrônicos, para identificar fotografias, desenhos, gráficos, etc.

**CABEÇALHO (v. CABEÇA, *HEADER*, *HEADLINE*):** título (v.) em destaque em um artigo, notícia, coluna ou seção. Pode ser também o título de um jornal ou revista, contendo, além do nome, outras informações essenciais, como data, número de edição, preço, etc. Essas informações, por serem permanentes, permitem que o leitor identifique rapidamente os periódicos.

**CABEÇA TABULADA (v. CABEÇA):** notícia produzida pela redação do jornal, que reúne, num só texto, o assunto enviado por várias agências de notícias. Esse texto se caracteriza principalmente por apresentar na abertura (v.) todas as cidades de onde foram enviadas as informações. Ex. *Washington, Paris, Londres, Brasília, Pequim e Moscou – Barak Obama convida 37 países para uma reunião em Washington, no dia 12 de abril, quando se discutirão novas propostas sobre a desativação de armas nucleares e sanções aos países que não obedecerem ao acordo.*

**CADASTRO (v. FICHA):** trata-se de um documento (v.) ou conjunto de documentos onde se registram informações devidamente classificadas (dados pessoais, profissionais, patrimoniais, comerciais, financeiros, acadêmicos, etc.), conforme a área ou rubrica (v.). Geralmente impresso e, hoje, muitas vezes, disponível *on-line*, é um gênero escrito muito usado por instituições públicas ou privadas para execução de cadastramentos, ou seja, para a operação e/ou procedimento envolvidos no preparo e registro de listas (v.) e informações devidamente classificadas, arquivadas e armazenadas.

Conforme a área ou rubrica, podem-se ter vários tipos de cadastro:

a) de economia: documento (v.) ou conjunto de documentos em que bens imóveis ou de raiz, ou os proventos por eles proporcionados, são descritos e avaliados quanto à extensão, ao valor e à qualidade, especialmente para servir de base para o cálculo dos impostos que devem incidir sobre esses bens ou rendas;

b) administrativo: pode ser um conjunto de informações patrimoniais, financeiras, comerciais ou outras acerca de uma empresa, organização ou instituição. Pode ser também uma relação (v.) dos nomes dos sócios ou clientes de uma empresa ou outra organização financeira ou comercial (banco, loja, etc.) com dados pessoais e/ou informações acerca da situação econômica, comercial e patrimonial de cada um;

c) demográfico: espécie de censo ou recenseamento de um grupo ou população, em que os indivíduos são classificados de acordo com um ou mais critérios ou parâmetros (profissão, bens, idade, etc.);

d) policial ou jurídico: registro ('livro', ficha (v.) lista (v.), relação (v.), rol (v.)) policial ou judicial do qual constam nomes, dados pessoais e outras informações sobre criminosos, marginais, indivíduos submetidos a julgamento ou condenados, etc.;

e) de pessoa física [CPF] e jurídica, conhecido como cadastro geral de contribuinte [CGC]: documento (v.) de identificação exigido pela Receita Federal para regulamentação do imposto de renda, e empregado em diversas transações jurídicas, comerciais, etc.

**CAIXA:** v. CHAMADA, PROMO e PROMOBOXE.

**CALENDÁRIO (v. FOLHINHA):** ao pensar na organização dos anos civil ou religioso, povos e instituições antigos ou modernos[14] procuraram oficializar um

---

[14] Há vários calendários nomeados conforme o povo, nação ou instituição que os organizou: egípcio, romano, muçulmano, hebreu ou israelita ou judeu, grego, gregoriano, eclesiástico, republicano (Revolução Francesa). Ou conforme a referência astronômica: lunar, solar, lunissolar.

sistema de medida cronológico baseado no conhecimento de fenômenos astronômicos, crenças e numa série de convenções específicas. Assim, o tempo passou a ser dividido em anos, meses e dias. Calendário é, pois, um sistema que apresenta o ano como resultado da formação de determinado número de dias, semanas e meses, conforme as regras estabelecidas por cada povo ou nação ou instituição. Uma folha, tabela, almanaque ou impresso em que se indicam os dias, as semanas e os meses do ano, geralmente destacando os feriados, as festas nacionais e as fases da Lua também recebe o nome de calendário (ou folhinha (v.) em certas regiões). Por extensão de sentido, calendário pode ser ainda um conjunto de datas (cronograma) que são fixadas antecipadamente para a realização de determinados eventos.

**CALHAU (v. ARTIGO, FRIA, FURO, GAVETA, NOTÍCIA, QUENTE e *STAND-BY*):** v. último parágrafo de Artigo e Notícia.

**CAPA (v. FOLHA DE ROSTO):** embora a capa faça parte de um todo que é um suporte (livro, revista ou periódico, por exemplo), tem a função de promover o primeiro contato do consumidor com o produto. Por isso, além de sempre possuir um apelo visual que a transforma em uma espécie de peça promocional, obrigatoriamente, no caso dos livros, periódicos ou revistas, deve conter algumas informações essenciais, entre outras, o título (v.), o subtítulo (v.), o nome do(s) autor(es), editora, edição e data, o que para nós, nesse caso, faz da capa um gênero.

**CARDÁPIO (v. CARTA, LISTA, *MENU*, RELAÇÃO):** nos restaurantes e afins, relação/ lista (v.) das iguarias, bebidas e sobremesas disponíveis para consumo, quase sempre seguida dos seus preços, colocados à direita, e, muitas vezes, com a descrição sucinta e telegráfica da sua composição, abaixo de cada item da lista. Em banquetes, jantares de gala e afins, apenas consta a relação (às vezes a descrição da composição) das iguarias, bebidas e sobremesas a serem servidas. Geralmente a relação em forma de lista é dividida conforme os tipos de comida ou bebida: sopas, carnes, saladas, guarnições, vinhos (carta de vinhos – v. carta), coquetéis, drinques, destilados, cervejas, cafés e chás, etc.

**CARICATURA (v. *CARTOON*, CARTUM, CARTUM ELETRÔNICO, *CHARGE*, *CHARGE* ELETRÔNICA, *COMICS*, HQs, TIRA e *VIDEOCHARGE*):** não a consideramos como gênero, embora tenha sua existência independente, mas a consideramos parte essencial de uma *charge* (v.), cartum (v.) tira (v.) ou HQ (v.), pois os traços despropositados e as figuras "grotescas" e "deformadas", não-convencionais compõem o discurso multissemiótico dos gêneros citados e podem provocar o riso, a mofa ou a reflexão do leitor.

**CARTA (v. CARDÁPIO, CIRCULAR, CORREIO, CORREIO ELETRÔNICO, CORRESPONDÊNCIA, *E-MAIL*, EPÍSTOLA, MAPA, MISSIVA):** tradicionalmente pessoas, instituições, repartições mantêm correspondência (v.) por meio de cartas, que geralmente são enviadas via correio, portanto, fechadas num envelope, endereçadas e seladas. Ou seja, trata-se de uma mensagem (v.), manuscrita ou impressa, dirigida a uma pessoa ou a uma organização, para comunicar-se-lhe algo. Conforme o espaço onde circula a correspondência (v.), há vários tipos de carta que possuem uma estrutura semelhante, com a presença de alguns elementos básicos indispensáveis, como local e data, saudação, corpo, despedida e assinatura, ou específicos, como cabeçalho ou timbre, numeração, endereço, além dos anteriores, na correspondência comercial ou oficial (v. Ofício). Quanto à interlocução, a carta vai ser mais ou menos formal, dependendo do tipo de correspondência: comercial ou familiar. Nesta, a carta familiar, cujo conteúdo gira em torno de temas pessoais, geralmente é escrita em estilo simples, no registro coloquial, pois a interlocução se dá entre pessoas que se conhecem ou são parentes próximos. Naquela, ao contrário, como a interlocução geralmente se dá entre organizações, a carta comercial constitui um "documento" formal escrito cujo conteúdo gira em torno do mundo dos negócios: compra e venda de alguma coisa, promoção, cobrança, etc. O estilo do discurso se faz, então, num registro linguístico mais formal, a partir do próprio vocativo e das formas de tratamento no corpo da carta.

Além desses dois tipos (familiar e comercial), há vários outros conforme a rubrica, e cada uma tem estrutura e estilo próprios:

a) de leitor: geralmente de opinião (argumentativa), circula em jornais e revistas, já que o leitor a envia para manifestar seu ponto de vista sobre matérias que leu;

b) de crédito: documento ou autorização pelo(a) qual um negociante (banqueiro, comerciante) abre crédito dentro de certo prazo para com outro a favor do portador;

c) de alforria: patente ou escritura (v.) pela qual o senhor dava liberdade ao escravo;

d) aberta: carta que se dirige publicamente a alguém através dos órgãos de imprensa;

e) de vinhos (v. cardápio): relação dos vinhos disponíveis num restaurante ou bar;

f) circular: a que é endereçada, simultaneamente, a vários destinatários;

g) magna ou constitucional (v. constituição): lei fundamental que regula a organização política de uma nação soberana;

h) de apresentação: carta passada por autoridades ou particulares apresentando alguém para concorrer a algum cargo ou função em alguma instituição;

i) diplomática (v. credencial): carta de um governo soberano a outro que apresenta um diplomata que o representará;

j) de recomendação: documento, título, atestado, autorização (v. todos) passado(a) por autoridades civis, militares, etc.;

k) de arrematação: título de propriedade que recebe o rematante de bens vendidos em leilão;

l) régia: carta que, sem passar pela chancelaria ('ministério'), um monarca dirige diretamente a uma autoridade;

m) revocatória ou revogatória: carta enviada de um governo a outro, encerrando a missão do diplomata que o representava;

n) resposta: v. cartão-resposta.

No discurso "jurídico ou do direito", as cartas, geralmente, têm como requisitos essenciais: a indicação dos juízes de origem e de cumprimento do ato; o inteiro teor da petição (v.), do despacho (v.) judicial e do instrumento do mandado (v.) conferido ao advogado; a menção do ato processual, que lhe constitui o objeto; o encerramento com a assinatura do juiz.

Há muitos tipos de carta, entre elas:

a) citatória: mandado (v.) de citação;

b) avocatória: ordem de juiz de instância superior para que o de instância inferior lhe remeta os autos do processo;

c) branca: autorização, com plenos poderes, que se confere a alguém para agir do modo que julgue melhor;

d) de naturalização: diploma (v.) ou título (v.) em que se confere a um estrangeiro a naturalização;

e) executória: a que se passa para fazer execução fora do termo da cidade onde assiste o juiz da causa;

f) patente: documento (v.) que contém obrigações, doações, mercês públicas e é dirigido em geral a todos os que o virem;

g) precatória: a que é dirigida pelo juiz de uma circunscrição ao de outra, para que este faça ou mande fazer citações (v.), inquirição (v.) de testemunhas ou outros atos judiciais necessários ao processo que corre naquela circunscrição;

h) testemunhável: recurso dirigido a tribunal de instância superior para que avoque a si processo de cuja sentença ou despacho o juiz inferior não admitiu agravo;

i) de abono: documento de garantia da solvabilidade de alguém até certo limite ou que atesta a idoneidade de uma pessoa;

j) de adjudicação: documento que assegura judicialmente a transferência dos bens adjudicados ao adjudicatário;

k) de aforamento (v.) ou de foro: escritura (v.) pela qual se constitui a *enfiteuse*, ou seja, juridicamente significa que um terceiro (enfiteuta) tem o direito de usar e gozar do bem, enquanto a propriedade permanece com o senhorio (proprietário).

l) de emancipação: título (v.) de aquisição de capacidade civil plena antes de completada a maioridade (21 anos);

m) de fiança: documento (v.) no qual alguém se obriga solidariamente pelo pagamento de dívida ou obrigação de outrem;

n) de privilégio: título (v.) oficial de uma concessão de privilégio para o funcionamento de bancos, companhias de seguros, financeiras, etc.;

o) testamentária: instrumento que contém as disposições de última vontade, feitas por testamento cerrado ou particular;

p) rogatória: carta em que se faz a requisição de atos processuais que devem ser realizados em território estrangeiro ou carta enviada de um país para outro (geralmente por via diplomática), solicitando o cumprimento, no território deste último, de determinado ato;

q) de partilha: carta ou título (v.) expedido aos herdeiros, para haveres do casal ou herança jacente à parte que lhes pertence.

Também no discurso religioso há vários tipos de carta. Entre eles:

a) invitatória: a que é dirigida pelo papa aos bispos, convidando-os a comparecerem em Roma no dia do aniversário de sua exaltação ao sólio pontifício;

b) rogatória: solicitação escrita dos paroquianos de uma ou mais freguesias, dirigida ao metropolitano, para este sagrar bispo o indivíduo designado por eles;

c) sinótica: carta escrita em nome dos concílios aos bispos ausentes;

d) dimissória: carta em que um prelado autoriza outro a conferir ordens sacras a um seu diocesano;

e) comendatícia ou testemunhal: carta em que o prelado de uma diocese certifica que determinado clérigo, que esteve ausente de suas funções por algum tempo, pode voltar a exercê-las, pois não há nenhuma restrição a esse retorno.

Carta também pode ser um documento (v.) de identificação. V. CARTEIRA, CERTIDÃO CERTIFICADO, DOCUMENTO.

**CARTA DE LEITOR:** carta (v.), geralmente de opinião (argumentativa), que circula em jornais ou revistas, já que o leitor a envia para manifestar seu ponto de vista sobre alguma matéria (v.) que tenha lido, principalmente matéria polêmica. Ela é publicada, em geral, parcialmente, pois pode-se dizer que o veículo de comunicação a "edita", recortando aquilo que lhe parece essencial do ponto de vista defendido, além de eliminar alguns elementos comuns às cartas (data, vocativo, etc.), para poupar espaço.

**CARTA GEOGRÁFICA:** v. ATLAS e MAPA.

**CARTÃO (v. CARTÃO POSTAL, CARTÃO VIRTUAL, E-CARTÃO):** como suporte, trata-se de um pedaço pequeno e retangular de papel (papel-cartão) ou de plástico, que é usado para diversas finalidades, recebendo nomes específicos. Como gênero, caracteriza-se por ser um texto sucinto dos dados pessoais do usuário e/ou da empresa que o emite. Há vários tipos de cartão:

a) comercial: espécie de cartão de visitas que traz o nome, o endereço e o telefone comerciais de seu dono, e que é usado na vida profissional;

b) de afinidade: espécie de cartão de crédito ligado a uma empresa, instituição ou clube esportivo, que geralmente oferece vantagens especiais ao seu possuidor, além de destinar parte da sua arrecadação a obras assistenciais;

c) de crédito: documento (v.) emitido por instituição financeira, em forma de cartão magnético ou eletrônico (v. abaixo) feito de plástico, que permite a seu titular a aquisição de produtos ou a obtenção de serviços para pagamento posterior, em prazos definidos contratualmente;

d) de débito: documento emitido por instituição financeira, em forma de cartão magnético feito de plástico, que faculta a seu titular que suas despesas sejam automaticamente debitadas em sua conta bancária;

e) de ponto: cartão que, numa empresa, serve para controlar a frequência e a pontualidade do empregado, marcando a hora de entrada e de saída no local de trabalho;

f) de visitas ou pessoal: pequeno cartão retangular onde se imprimem nome e, eventualmente, endereço, telefone e cargo (função) do dono, que o entrega a outrem para se identificar e ser localizado;

g) eletrônico ou magnético: cartão de plástico ou de cartolina, total ou parcialmente revestido de uma superfície magnética (geralmente uma faixa), onde se podem armazenar dados;

h) telefônico: tipo de cartão magnético que substitui moedas ou fichas, usado para fazer ligações telefônicas em aparelhos públicos ou em certos telefones celulares;

i) resposta: impresso próprio para retorno de informações, na forma de questionário (v.), formulário (v.), ordem de compra, contratação de serviços, etc., geralmente com porte postal previamente pago, enviado ao público-alvo por meio de mala direta ou encartado em uma publicação (revista, jornal ou livro).

**CARTÃO POSTAL (v. CARTÃO e seus tipos, CARTÃO VIRTUAL, E-CARTÃO):** o suporte do cartão postal, geralmente de cartolina, de formato retangular, de dupla face, traz, de um lado, foto de uma paisagem, de um monumento ou de qualquer ilustração turística e, de outro, além do espaço para colocação do endereço (v.) e selo, traz o espaço para a escrita da mensagem (v). Como o espaço é pequeno, a mensagem é breve, e como o cartão postal dispensa o uso de envelope, embora o conteúdo da mensagem seja pessoal, não permite informações privadas e íntimas, embora muitas vezes apresente demonstrações de afeto e carinho.

**CARTÃO VIRTUAL (v. CARTÃO, E-CARTÃO):** mensagem afetiva ou de congratulações que se envia a uma pessoa ou instituição na passagem de alguma data importante. A mensagem de texto geralmente vem acompanhada de alguma imagem e mesmo de música; linguagem multissemiótica (multimodal) facilitada pelos recursos da internet.

**CARTAZ (v. BÂNER, *BANNER*, LETREIRO, PAINEL, PLACA, *OUTDOOR*):** anúncio (v.) ou aviso (v.) de dimensões variadas, muitas vezes ilustrado com desenhos ou com fotografias, apropriado para ser afixado em lugares públicos. Apresenta coerções genéricas semelhantes às de um *outdoor* (v.), porém, geralmente, é de dimensão menor.

**CARTEIRA (v. CARTA, CERTIDÃO, CERTIFICADO, DOCUMENTO):** documento (v.) oficial, em forma de caderneta ou de cartão (v.), que contém licença, identificações (dados pessoais), etc. Ex.: carteira de identidade, de motorista, de reservista.

**CARTILHA:** também conhecida como carta (v.) do abc ou á-bê-cê: livro em que se aprendem as primeiras noções de escrita e leitura. Caracteriza-se por apresentar um conjunto de textos formados por frases curtas, palavras ou sílabas isoladas, iniciadas por uma mesma consoante e/ou vogal do alfabeto. Geralmente as palavras e as sílabas são do tipo CV (Consoante Vogal). Daí nasceu a expressão estilo "cartilhesco" para textos semelhantes aos das cartilhas mais antigas.

*CARTOON:* v. CARTUM.

**CARTUM (v. *CARTOON, CHARGE*):** adaptado do inglês *cartoon*, significa "esboço ou modelo desenhado em cartão". Como gênero do domínio jornalístico, passou a ser usado como desenho humorístico ou satírico veiculado, em geral, por jornais e revistas. Acompanhado ou não de legenda, de caráter extremamente crítico, retrata, de forma bastante sintetizada, algo que envolve o dia a dia de uma sociedade. Trata-se de um desenho humorístico ou caricatural, ou seja, uma espécie de anedota gráfica, geralmente destinada a publicação, que satiriza comportamentos humanos. Como manifestação da caricatura (v.), provoca riso através da crítica humorística – muitas vezes, mordaz, satírica e irônica –, do comportamento humano, suas fraquezas, hábitos e costumes. Esse riso pode ser alcançado pelo jogo criativo de ideias, por um achado humorístico ou pelo uso inteligente do trocadilho (v.).

**CARTUM ELETRÔNICO (v. CARICATURA, CARTUM, *CHARGE*, *CHARGE* ELETRÔNICA, DESENHO ANIMADO, HQs, QUADRINHOS, TIRA e *VIDEOCHARGE*):** com características semelhantes às do cartum (v.), desenho animado humorístico, de curtíssima duração, é produzido como vinheta (v.) de uma emissora ou como quadro de telejornal. Exemplo muito conhecido foi o famoso Plim-Plim dos intervalos de filme da Rede Globo, que foi imortalizado por cartunistas como Ziraldo, Millôr, Jaguar e outros.

**CASCATA (v. LARANJADA):** notícia (v.) ou reportagem (v.) real ou simulada/inventada, pobre de conteúdo, longa e mal elaborada.

*CASE:* v. CASE HISTORY

***CASE HISTORY* (v. *CASE*, RELATO DE CASO):** relato (v.) específico de trabalhos realizados nas áreas de propaganda, relações públicas ou *marketing*, é produzido com o objetivo de informar as ações executadas, providências tomadas, resultados atingidos, bem como analisar e avaliar pontos positivos e negativos e sugerir novas ações.

**CASO (CAUSO):** relato/conto/narrativa (v. verbetes neste dicionário) geralmente falado(a), relativamente curto(a), que trata de um acontecimento, fato ou conjunto de fatos, reais ou fictícios, como casos do dia a dia ocorridos com pessoas, animais, etc., ou de histórias da imaginação das pessoas, como "causos" ou contos populares (v.) da Mula Sem Cabeça, Lobisomem, etc., conhecidos como contos (v.) de assombração. Esses contos, por exemplo, diferenciam-se dos contos populares (v.) de fada ou outros, por não começarem por "era uma vez..."), mas por "certa noite", "em um lugar tenebroso", era meia-noite...".

**CATÁLOGO (v. AGENDA, *BROCHUREWARE*, CATÁLOGO VIRTUAL, ÍNDICE, LISTA, RELAÇÃO, REPERTÓRIO, ROL, SUMÁRIO):** relação (v.), lista (v.), geralmente organizada em ordem alfabética, de coisas ou pessoas, com breve notícia a respeito de cada uma, preço, quando for o caso (por exemplo, catálogo de loja, de fábrica, de produtos para divulgação, etc.).

Também se trata de uma lista (v.) ou fichário (v. ficha) onde se relacionam ordenadamente livros e documentos de uma biblioteca.

**CATÁLOGO VIRTUAL (v. AGENDA, *BROCHUREWARE*, CATÁLOGO, LISTA, RELAÇÃO, ROL):** catálogo virtual que substituiu os tradicionais catálogos de papel. Trata-se de um *site* (v.) que traz informações sobre bens e serviços de uma empresa ou pode ser também uma lista de endereços ou de números telefônicos, por exemplo. É uma relação ou lista (v.), geralmente organizada em ordem alfabética, de coisas ou pessoas, com breve notícia a respeito de cada uma, preço, quando for o caso (por exemplo, catálogo de loja, de fábrica, de produtos para divulgação, etc.). Também pode tratar-se de uma lista ou de um fichário no qual se relacionam ordenadamente livros e documentos de uma biblioteca.

**CERIMONIAL (v. ETIQUETA):** conjunto de regras/normas de etiqueta (v.), hierarquia, etc., que rege a organização de eventos sociais diversos (políticos, religiosos, científicos, jurídicos, etc.). Predomina nesse gênero o discurso instrucional.

**CERTIDÃO (v. ATESTADO, CARTA, CARTEIRA, CERTIFICADO, DOCUMENTO):** documento (v.), atestado (v.) ou certificado (v.) legal em que o serventuário oficial certifica alguma coisa de que tem provas, como, por exemplo, *certidão de idade, certidão de casamento*, etc.

**CERTIFICADO:** v. ATESTADO, CERTIDÃO, CERTIFICADO DE GARANTIA e DOCUMENTO.

**CERTIFICADO DE GARANTIA (v. ATESTADO, CERTIDÃO, CERTIFICADO e DOCUMENTO):** documento (v.) que traz os termos e as condições de garantia de fabricação de um produto, um objeto, uma máquina, etc. com todos os detalhes: o que está garantido, o tempo, etc.

**CHAMADA (v. ADVERTÊNCIA – letra c, *FLASH*, FOGUETE, FRASE-TÍTULO, MANCHETE, OLHO, PROMO, PROMOBOXE, REMISSÃO, *SLOGAN*, TÍTULO, VINHETA):** na oralidade, pode ser:

   a) ato de chamar as pessoas por nome, número ou função, para verificar sua presença, como, por exemplo, a chamada que o professor faz ao início ou ao final de uma aula (v. lista de chamada);

   b) uma ligação telefônica (telefonema): ato de chamar alguém via telefone fixo ou celular, via internet, etc. e se refere ao momento inicial do contato com o interlocutor, quando geralmente se fala "Alô!" ou outra forma de abordagem ou cumprimento (v. Lista Telefônica);

   c) advertência, repreensão, admoestação oral (também pode ser escrita), feita a um subalterno por algum ato de incorreção, desatenção, etc. Caracteriza-se por ser um texto curto e objetivo, de conteúdo severo.

Na imprensa escrita, em forma de frase-título (v.), chamada caracteriza-se como um resumo (v.) de notícia (v.), estampado na capa ou no sumário (v.) de uma edição ou de um caderno de jornal ou revista, indicando a página ou a seção em que está localizada a respectiva matéria. Ao dar a indicação da página interna do jornal/revista em que o noticiário está mais completo, a chamada, como um *link* (v.), orienta o leitor para o avanço na leitura.

Na imprensa radiofônica e televisiva, chamada pode ser um resumo (v.) de notícia (v.) apresentado na abertura de um noticiário de rádio ou televisão, ou em momentos que antecedem o programa, o bloco ou a notícia (v.) propriamente dito(a); ou um anúncio (v.) de programa a ser apresentado brevemente pela própria emissora ou ainda anúncio (v.) de atração a ser apresentada por um determinado programa.

No discurso publicitário, trata-se de um anúncio (v.), de título (v.) atraente, que leva o consumidor a se interessar pela mensagem (v.) publicitária.

No discurso (v.) jurídico, trata-se de aviso (v.) pelo qual uma empresa convoca seus sócios ou acionistas para pagar parte ou integralizar suas cotas ou ações.

Em artes gráficas (também chamada "barra (v.) de atenção"), palavra ou conjunto de palavras, geralmente indicativas do título (v.), da seção ou da retranca, impressas no cabeçalho de cada prova, a fim de identificar a que original pertence.

Observação: nos casos acima, quanto ao estilo, predomina a frase curta, objetiva, em forma de manchete (v.): uma frase-título/frase-resumo, muitas vezes, nominal (v. frase e sentença).

**CHANCHADA:** filme, espetáculo ou programa que explora um humor ingênuo e vulgar.

**CHAPÉU (v. ANTETÍTULO, BONÉ, ENTRETÍTULO, INTERTÍTULO, OLHO, SOBRETÍTULO, SUBTÍTULO, SUTIÃ, TÍTULO):** v. ANTETÍTULO.

*CHARGE* **(v. CARICATURA, CARTUM, CARTUM ELETRÔNICO,** *CHARGE* **ELETRÔNICA, HQs, TIRA,** *VIDEOCHARGE***):** palavra de origem francesa que significa *carga*, ou seja, algo que exagera traços do caráter de alguém ou de algo para torná-lo *burlesco* ou *ridículo*. Por extensão, trata-se de uma ilustração ou desenho humorístico, com ou sem legenda ou balão, veiculado pela imprensa, que tem por finalidade satirizar e criticar algum acontecimento do momento. Focaliza, por meio de caricatura gráfica, com bastante humor, uma ou mais personagens envolvidas no fato político-social que lhe serve de tema, como no exemplo abaixo.

Geralmente é um texto de opinião (v.), expresso em dimensão verbal e não verbal, e no caso específico da *charge* em análise (v. Costa, 2008b), ela vem encimada com o título OPINIÃO, como o são todos os textos da segunda página do 1º Caderno da *Folha de S. Paulo*. O fato político que serviu de base foi a campanha "Fome Zero", princípio norteador do primeiro mandato do Governo Lula e tão destacada durante a posse em janeiro de 2003. Simultaneamente acontecia em São Paulo, capital, a "São Paulo Fashion Week", fato social que serve de contraponto semântico ao fato político (FOME ZERO) concretizado no enunciado "inventado" por Glauco, FOME FASHION.

Glauco, então, monta a *Charge* na forma de Quadrinhos (v.), embora seja um texto opinativo e não narrativo, como o é quase a totalidade das HQs (v. características das HQs neste dicionário). Ele a divide em dois quadros ou vinhetas, separados por uma tarja branca vertical, chamada *elipse* que, ao contrário da elipse tradicional que pode parecer uma omissão, funciona (nas HQs e aqui na *charge* também) como um elemento discursivo sintático-semântico fundamental no estabelecimento de continuidade entre os dois quadros ou vinhetas. A elipse seria o hiato, o espaço "vazio" – a *sarjeta* – que o leitor preencheria com sua imaginação, transformando duas ou mais imagens separadas numa só ideia. Esse corte entre as duas ou mais vinhetas é paradoxalmente o ponto de conexão e continuidade semântica entre os dois quadros ou vinhetas da prancha ou página. Os quadros ou vinhetas emolduram a ação e separam uma imagem da outra, indicando o espaçamento entre as diferentes imagens, mas que possuem uma interação icônico-verbal, que pode se realizar como discurso verbal e/ou iconizado.

Quanto ao discurso verbal, o quadro da esquerda traz o título FOME ZERO, e o da direita, FOME FASHION, ambos em caixa alta, uma espécie de discurso em *off* do autor. A conversação oralizada, em ambos os quadros, constitui o discurso das personagens, apresentado em balões arredondados, com a fala graficamente também em caixa alta. Esses discursos, o do autor e o das personagens, acrescidos das expressões gestuais, corporais e faciais, e aliados a outros recursos paraverbais iconizados (cores, roupas típicas, ambientes próprios, etc.), dão o efeito de sentido crítico e satírico da *charge*. Portanto palavras e imagens integram a composição visual do todo de modo redundante e dinâmico, numa transgressão discursiva do uso tradicional da linguagem textual.

A mensagem verbal iconiza-se, o desenho torna visualmente dinâmico o significado do código linguístico (forma das letras, logogramas, topogramas, pontuações codificadas) e do espaço (as formas das vinhetas e dos balões têm um valor expressivo).

Há uma quebra da articulação aparentemente linear das ações/fatos por uma articulação de duas ações em paralelo que produzem o efeito de sentido desejado, hiperbolicamente caricaturizado. Seja nas palavras que sintetizam o "supérfluo" da Fome Zero e o "proibido" da Fome Fashion (NADA DE IOGURTE, REFRIGERANTE, BOLACHAS COM RECHEIO...), seja nas imagens grotescas (de um lado, mulher pobre, mal vestida, em frente a seu casebre, assessor/representante do governo de terno, pasta executiva e cartão magnético na mão, emoldurados pelo sertão nordestino de sol amarelo escaldante e terra rachada; de outro, mulheres magérrimas, porte e postura impecáveis, e; assessor, aparentemente efeminado, todos elegantemente bem vestidos, emoldurados por um ambiente interior rosa que remete ao mundo glamuroso e colorido da moda ), seja nos recursos paraverbais utilizados (cromatismo destacado, gestos, posturas, etc.).

Em síntese, nas ações da escrita da *charge*, o discurso em *off* do autor – presente nos títulos escritos FOME ZERO e FOME FASHION –, o discurso das personagens – a conversação oralizada/escrita em ambos os quadros – e os recursos paraverbais exemplificam bem o discurso multissemiótico crítico/satírico da *charge*.

Apesar de ser confundido com o cartum (v.), palavra de origem inglesa (*cartoon*), são dois gêneros textuais diferentes, pois, ao contrário da *charge*, que sempre é uma crítica contundente, o cartum retrata situações mais corriqueiras do dia a dia da sociedade.

Como texto de opinião, a *charge* pode ter alcance maior do que o editorial (v.), por isso, muitas vezes, é temida pelos governantes. Quando se estabelece censura em algum país, a *charge*, geralmente, é o primeiro alvo dos censores.

*CHARGE* ELETRÔNICA (v. CARICATURA, CARTUM, CARTUM ELETRÔNICO, *CHARGE*, HQs, TIRA, *VIDEOCHARGE*): v. *VIDEOCHARGE*.

*CHAT* (v. BATE-PAPO, BATE-PAPO VIRTUAL, CIBERCONVERSA, CONVERSA/CONVERSAÇÃO, CONVERSAÇÃO ORAL DIGITAL): conversa/conversação (v.) informal teclada em tempo real através da internet, portanto, virtual. Caracteriza-se como uma escrita abreviada, sincopada, parecida com a escrita escolar inicial. Os usuários de internet usam um código discursivo escrito complexo (alfabético, semiótico, logográfico), em que simultaneamente misturam alfabeto tradicional, caretinhas, *scripts*, etc. para "conversar" teclando, portanto escrevendo. Usam abreviações, síncopes e outros recursos (alongamentos, caixa alta, etc.). Trata-se de um novo código discursivo e cultural, espontaneamente construído, que se caracteriza como um conjunto de recursos icônicos, semióticos, logográficos, tipográficos e telemáticos. Recursos já existentes (sinais de pontuação, abreviações, elementos gráficos, maiúsculas, etc.) são reutilizados pelos usuários para o desenvolvimento do falar-escrito ou da escrita-oralizada, de caráter híbrido, que caracteriza os chats (bate-papo) da internet, uma interação bastante informal.

Segundo Anis (2000) trata-se de uma norma scriptoconversacional (nova grafia) do espaço eletrônico, a qual visa facilitar a redação de mensagens e regular as trocas de interação verbal e social na internet.

Novas motivações enunciativas (relações de amizade, atitudes lúdicas do falar-escrever, procura de expressividade, afetividade ou emotividade) dessa nova esfera de vida social criam uma nova variedade de linguagem, específica desse novo modo de comunicação. Os usuários da internet estariam mesclando os três sistemas básicos de escritura, histórica e culturalmente construídos pela humanidade (o sistema ideográfico – pictogramas e ideogramas; o sistema silábico e o sistema alfabético) e novos recursos eletrônicos e midiáticos mais recentes. Em outras palavras, ontogeneticamente, os adolescentes, os frequentadores das salas de bate-papo (v.) estariam mesclando, não necessariamente na ordem citada, a escrita de desenhos que representaria as ideias diretamente; os sistemas escritos baseados em palavras; os sistemas silábicos não vocalizados ou sistemas consonantais e o sistema alfabético, em que as diferenças de vogais fazem os controles lexicais (em português, "tudo" é diferente de "todo"; em inglês, "*bad* é diferente de *bed* "), inventando um novo "sistema escrito" ou um novo "código discursivo".

Alguns fragmentos de textos recortados de produtos escritos em salas de bate-papo (*chats*) podem exemplificar a escrita/escritura[15] dos *chats*.[16] Além de ser informal e coloquial, fugindo do uso padrão, falado ou escrito, ela é bastante

(*i*) abreviada, sincopada, contraída, às vezes, sem marcas de fronteiras entre as palavras como na escrita escolar inicial:

Session Star: Sun abr 02 11:43:13 2000
1. &lt;Wally&gt; vc entra no sábado e no domingo?
&lt;Wally&gt; sempre com esse nick?
&lt;Felipe-15&gt; é
&lt;Felipe-15&gt; e vc?
&lt;Felipe-15&gt; abreviaçam geral
&lt;Wally&gt; legal... além do mirc o que mais vc faz na net?
&lt;Felipe-15&gt; icq
&lt;Felipe-15&gt; chat terra
&lt;Felipe-15&gt; terra chat
&lt;Wally&gt; vc não usa o til, pq?
&lt;Felipe-15&gt; pq demora
&lt;Felipe-15&gt; é chato
&lt;Felipe-15&gt; naum tem necessidad
&lt;Wally&gt; acho isso muito legal...
&lt;Felipe-15&gt; é bom q pde escreve tudu erradu
&lt;Felipe-15&gt; da manera q c fala
2. E o seu? Oq tapensando?
3. Colé pagodeira? (qual é pagodeira?)
4. poetatiraecenome (poeta tira esse nome, o nickame poeta)

(*ii*) a abreviação fonética, quando usada, a torna um sistema escrito não vocalizado ou consonântico:

q tc? Ninguém quer tc comigo? = (quer teclar? Ninguém quer teclar comigo?)

---

[15] Refiro-me à escrita como processo e à escritura como artefato técnico, ligado à história das técnicas industriais.

[16] Os exemplos aqui citados encontram-se nos artefatos da pesquisa de Freitas & Costa (1999-2000-2001). Os sujeitos da pesquisa são pré-adolescentes e adolescentes (faixa etária entre 11-17 anos e classe social variada) que estudam em colégios públicos e particulares da cidade de Juiz de Fora, MG.

De onde vc tc? = (De onde você tecla?)

To tc agora! = (Tô teclando agora!)

Bjs pra vc tb:) = (Beijos pra você também:))

(*iii*) Entonacional: esta característica é expressa por sinais de pontuação em excesso, principalmente interrogações e exclamações; letras maiúsculas (caixa alta), alongamentos ..., muitas vezes usados simultaneamente, como nos exemplos abaixo:

Session Start: Sat Apr 08 14:20:51 2000

Session Ident: StarFox (star.fox@catar.powerline.com.br)

1. <StarFox> Já ???????????????

2. StarFox> Pq ??

<Ana-Flavia> mt trabalhos

<StarFox> hummmm ..

<StarFox> Meus pêsames !!

3. <StarFox> ME DÁ UMA EXPLICAÇÃO PRA ISSO OWWWWWWWW !!!!!!

<StarFox> pq tá rindo ?

<Ana-Flavia> perai ... vc nao recebeu?

<StarFox> NÃÃÃÃÃÃÀÃÃÃO !!!!!!!

4. <StarFox> Ainda ñ chegou ?????

<Ana-Flavia> mandei um dcc pra vc

<Ana-Flavia> vc nao aceitou

<StarFox> CLARO Q SIM !!!!!!!!!!!!!!!

<StarFox> CLARO Q SIM !!!!!!!!!!!!!!!

5. <Ana-Flavia> la vai

<StarFox> PQ ISSO ??

<StarFox> PQ ISSO ??

<StarFox> PQ ISSO ??

<StarFox> HEIN ??

<StarFox> HEIN ??

<StarFox> HEIN ??

<StarFox> FALA ALGUMA COISA OW !!!

(*iv*) Recursos icônicos "paralinguísticos": caracteretas/caretinhas (emoticons), topogramas, scripts, risadas...

1. <StarFox> Pena q ñ consigo ver ele !!
<StarFox> :( = (triste)
<Ana-Flavia> ja foi la?
<StarFox> Sim !!
<StarFox> :((((( = (muito triste)
<StarFox> ñ ten nada !!
<StarFox> :~( = (infeliz)
<Ana-Flavia> hehehe = (risos)
<StarFox> ME DÁ UMA EXPLICAÇÃO PRA ISSO OWWWWWWWW !!!!!! = (gargalhando)
<StarFox> pq tá rindo ?
<Ana-Flavia> perai ... vc nao recebeu?
<StarFox> NÃÃÃÃÃÃÀÃÃÃO !!!!!!!11
<StarFox> :~(~~~~~~~~~~ =(muito, muito infeliz)
<Ana-Flavia> to tentando mandar
<StarFox> :)))))))) = (muito infeliz)
<StarFox> Aki ...
<StarFox> Vou ter q sair ...
<StarFox> :(((((((((((( = (muito, muito triste)
<StarFox> + tarde a gente se fala tá ?
<StarFox> Tchau gata !!
<StarFox> :*** = (beijos)

2. Exemplos de scripts (grafismos numéricos)
  <NaneRocha_campean> q massa AC!!!! Me dá o end pra copiar o script!
<ACJF> Fla2000Script - By Paulo-20 Download em: <www.crflamengo.com.br/canalflamengo>.
<ACJF> Bandeira do Flamengo..
<ACJF> #C#####*#####################
<ACJF> ###R###*#####################
<ACJF> #####F#*#####################
<ACJF> #############################
<ACJF> #############################
<ACJF> #############################
<ACJF> #############################

```
<Anna-Julia> <> ACJF <> ele vira aki!!!!!
<ACJF> Manto Sagrado..
<ACJF> ||————----\—/————||
<ACJF> ||————   _   ————||
<ACJF> —————BR—————
<ACJF> ————————————
<ACJF> ————————————
<ACJF> —————LUBRAX—————
<ACJF> ————————————
```

Todas essas características constituem um novo código (sistema de escrita e de escritura) discursivo criado pelos internautas. São formas de escrita e escritura híbridas escripturais (desenhos, *scripts*), logográficas, topogrâmicas, alfabéticas..., com uma nova sintaxe e novo ritmo "conversacional", com novas formatações linguístico-rituais, com novos parâmetros espaço-tipográficos.

Em alguns sistemas mais antigos de chat, a tela é dividida em duas. Cada parte contém o texto de um dos interlocutores. Novos sistemas permitem a criação de "salas" de conversa com formato de páginas *Web*. O chat na internet ficou famoso com os servidores IRC (*Internet Relay Chat*), ICQ (*I seek you*), onde são criadas várias "salas", ou canais, abertas ou privadas, para abrigar os usuários simultaneamente ou em ambiente reservado. Geralmente os usuários fazem uso de apelidos [*nicknames*] (v.) para garantirem, entre outros motivos, o anonimato, como se pode constatar nos recortes acima (*Wally, Felipe 15, StarFox...*).

A partir das características do Ambiente[17] *Chat*, temos alguns tipos de gênero: o *chat* em aberto, *chat* reservado, *chat* agendado, *chat* privado.

a) *Chat* em aberto (*room-chat*): número ilimitado de pessoas que teclam, abertamente, em interação simultânea e síncrona, no mesmo ambiente.

b) *Chat* reservado: o que o diferencia do *chat* anterior é que dois papeadores se selecionam mutuamente e suas falas não são acessíveis aos demais interlocutores, embora ambos possam continuar vendo todos os demais em aberto.

---

[17] Ambientes são domínios de produção e processamento de textos onde emergem novos gêneros, aí abrigados ou condicionados. Como exemplos, podemos citar os AMBIENTES: WEB, E-MAIL, FOROS DE DISCUSSÃO, CHAT, MUD e de ÁUDIO e VÍDEO (v. WALLACE, 1999, p. 19-30; MARCUSCHI, 2004, p. 25-28).

c) *Chat* agendado: como o próprio nome diz, é agendado pelos papeadores e pode oferecer mais recursos tecnológicos para troca de arquivos.

d) *Chat* privado: o que o diferencia de b) é que apenas dois papeadores teclam em uma sala privada.

**CHAT TV (v. *CHAT*, BATE-PAPO VIRTUAL, *SMS*, TORPEDO, PITACO):** os canais abertos, na sua programação interativa, oferecem ao telespectador o uso do teletexto, conhecido como torpedos (v.), que são mensagens que aparecem na parte inferior da tela. Já as operadoras de TV a cabo levam o uso dos torpedos ao extremo com o "*Chat* TV". Há aí uma diferença, tanto em relação ao torpedo quanto em relação aos *chats* na internet. A tela fica cheia de mensagens do tipo das usadas em uma sala de bate-papo (v.) *on-line*, com a diferença de que os usuários se comunicam via *SMS* (v. NR 41), e não pela internet.

Reprodução

Por exemplo, o "*Chat* TV" de TV a Cabo Net tem 150 mil pessoas cadastradas e pelo menos 12 comunidades no site de relacionamentos Orkut. A mais popular delas – "Sou viciado em *Chat* TV", com cerca de 1.220 membros – mostra que, além de conhecer pessoas, os usuários também

"*Chat* TV" mostra textos escritos via celular

querem aparecer. "Fique famoso, apareça na TV para o Brasil inteiro!", diz o *slogan* (v.) ou chamada (v.) do grupo.

Mesmo não ganhando fama no País, como prega a comunidade, os participantes conseguem ter seus "15 segundos" e atrair a atenção de outros usuários. Como o tempo é limitado, as mensagens (v.) são breves e cheias de abreviações como as dos torpedos. Também predomina o uso da linguagem coloquial, como as dos torpedos (v.).

**CHAVÃO:** v. CLICHÊ e LUGAR COMUM.

**CIBERBLOGÁRIO (v. BLOGÁRIO, CIBERGLOSSÁRIO, DICIONÁRIO, DICIONÁRIO ELETRÔNICO, ENCICLOPÉDIA, GLOSSÁRIO, VOCABULÁRIO, WIKIPÉDIA):** blogário (v.) publicado no ciberespaço.

**CIBERCOMENTÁRIO (v. BLOGUICE, BOATO, CIBERFOFOCA, CIBER-FOFOQUICE, COMENTÁRIO, FOFOCA, *GOSSIP*, *HOAX*, LOROTA, MENTIRA):** texto crítico, elogioso ou não, que se faz de textos ou *posts* (v.), no ciberespaço.

**CIBERCONFERÊNCIA:** v. AUDIOCONFERÊNCIA, COLÓQUIO, CONFERÊNCIA, CONVERSA/CONVERSAÇÃO, DEBATE, DIÁLOGO, DISCUSSÃO, *E-FÓRUM*, FÓRUM, FÓRUM ELETRÔNICO OU VIRTUAL, GRUPO DE DISCUSSÃO, LISTA DE DISCUSSÃO, LISTA DE DISTRIBUIÇÃO, *NEWSGROUP*, TELECONFERÊNCIA, VIDEOCONFERÊNCIA.

**CIBERCONTO DO VIGÁRIO:** v. E-ESPARRELAS.

**CIBERCONVERSA (v. BATE-PAPO, BATE-PAPO VITUAL, CONVERSA/ CONVERSAÇÃO, CONVERSAÇÃO ORAL DIGITAL, *CHAT*):** conversa mediada pelo computador.

**CIBERDIÁRIO:** v. *BLOG*, BLOGUE, DIÁRIO DIGITAL, DIÁRIO ELETRÔNICO, DIÁRIO ÍNTIMO, DIÁRIO PESSOAL, DIARIOSFERA, *FOTOBLOG*(UE), *WEBLOG*, WEBLOGUE.

**CIBERFOFOCA:** v. BLOGUICE, BOATO, CIBERCOMENTÁRIO, CIBERFOFOQUICE, COMENTÁRIO, FOFOCA, *GOSSIP*, *HOAX*, LOROTA, MENTIRA.

**CIBERFOFOQUICE:** v. BLOGUICE, BOATO, CIBERCOMENTÁRIO, CIBERFOFOCA, COMENTÁRIO, FOFOCA, *GOSSIP*, *HOAX*, LOROTA, MENTIRA.

**CIBERGLOSSÁRIO (v. BLOGÁRIO, CIBERBLOGÁRIO, DICIONÁRIO, DICIONÁRIO ELETRÔNICO, ENCICLOPÉDIA, GLOSSÁRIO, VOCABULÁRIO, WIKIPÉDIA):** uma espécie de glossário/dicionário (v.) de termos da rede. O ciberglossário possuiria, portanto, a estrutura composicional (ordem alfabética ou temática) e o estilo de um glossário ou de um dicionário, com compilações várias, de vocábulos ou de informações sobre uma área do saber. No caso, de termos referentes à rede e similares.

***CIBERPAPER* (v. ARTIGO, ARTIGO CIENTÍFICO, ARTIGO DE OPINIÃO, EDITORIAL, *POST*, VERBETE):** o "*paper*" é um artigo (v.) científico de opinião ou expositivo, em prosa livre, que discorre sobre tema/assunto específico e caracteriza-se pela visão de síntese e tratamento crítico, principalmente pela não exigência do aprofundamento do tema e da extensão do texto a ser produzido. Quando produzido na internet, recebe o nome de *ciberpaper*.

**CIBERPETIÇÃO (v. CIBER-REIVINDICAÇÃO):** formulação escrita de pedido (v) ou reivindicação, em forma de abaixo-assinado (v.) ou não, feita na rede. Ao contrário da petição (v) judicial tradicional, que é dirigida ao juiz competente ou que preside ao feito, não possui alto grau de formalidade linguística e interlocutiva, pois o conteúdo é variado: vai de boas causas (violação de direitos humanos, defesa do ambiente) a bobagens ou assuntos (doação de sangue raro) que podem ser pretextos de "caça" a endereços eletrônicos para "roubo" de informações pessoais de usuários mais incautos.

**CIBER-REIVINDICAÇÃO (v. CIBERPETIÇÃO):** é um gênero textual mais específico da rede, pois se trata de uma reivindicação, geralmente em forma de abaixo-assinado (v.), que circula na internet, recolhendo assinaturas em defesa de direitos dos internautas, gratuidade ou exclusão de algum programa, etc.

**CIBER-ROMANCE (v. ROMANCE):** trata-se de uma história de amor produzida no ciberespaço ou, como literatura específica da internet, gerada por computador, com a produção de textos automáticos multissemióticos, ou produzida em páginas pessoais, *weblogs*, etc.

*CIBERSPOT*(E) (v. ANÚNCIO, BÂNER, *BANNER*, E-ANÚNCIO, *SPOT*): v. principalmente bâner.

**CINEJORNAL (v. ATUALIDADES, CINERREVISTA):** geralmente um noticiário periódico, em curta metragem, que é exibido nos cinemas como complemento de filmes.

**CINEMA:** v. FILME.

**CINEMINHA (v. INFOGRÁFICO, *STORY-BOARD*, *STORY-BOARD* ELETRÔNICO):** gênero que completa a matéria (v.) jornalística, pois é uma sequência de fotos ou desenhos que ilustra, por exemplo, uma notícia (v.) ou uma reportagem (v.). No cinema, televisão ou propaganda, também se trata de uma sequência de desenhos, com ou sem textos (quando há, os textos são breves) que orientam a realização de um filme (v.), programa (v.) ou anúncio (v.).

**CINERREVISTA (v. ATUALIDADES, CINEJORNAL):** cinema informativo que usa o estilo narrativo de revistas ou filmes-documentário.

**CINERROMANCE:** v. FOTONOVELA.

**CIRCULAR (v. COMUNICADO, COMUNICAÇÃO):** mensagem (v.) escrita, de interesse comum, em forma de carta (v.), *e-mail* (v.), manifesto (v.) ou ofício (v.) que, reproduzida em muitos exemplares, se dirige a muitas pessoas ou entidades.

**CITAÇÃO (v. BIBLIOGRAFIA, REFERÊNCIA BIBLIOGRÁFICA):** no discurso jurídico, intimação (v.) para que alguém, em data fixada, compareça ou responda a um processo perante autoridade judiciária, civil, etc.

Como citação bibliográfica, v. REFERÊNCIA BIBLIOGRÁFICA.

**CLASSIFICADO (v. ANÚNCIO, BÂNER, *BANNER*, COMERCIAL PROPAGANDA, RECLAMO):** anúncio, geralmente de pequeno formato e sem ilustração, com mensagem de compra, venda ou aluguel, oferta ou procura de empregos ou serviços profissionais, etc. As mensagens são expressas em linguagem curta e objetiva, estilo telegráfico e abreviado (mas sem excesso), fonte pequena, pois o espaço publicitário é pago pelo número de linhas usado e fica muito caro, conforme a penetração do suporte (jornal, revista...) em que os classificados circulam. Contudo, quanto à estrutura composicional, há alguns elementos que devem constar do classificado: o *que* se vende, se compra, se aluga, se procura, etc.; os *dados* do objeto de anúncio; *o*(s) *meio*(s) *de contato* (telefone, fax, *e-mail*...); o *preço*; as *condições* específicas (se houver) e o *horário* disponível para o contato devem vir expressos claramente. Assim, possivelmente, só os interessados realmente vão "responder" ao anúncio.

**CLICHÊ (v. CHAVÃO, LUGAR-COMUM):** qualquer palavra, expressão ou frase que, pelo uso excessivamente repetido, tem o significado esvaziado ou vulgarizado, o que torna ridículo seu uso pelo locutor, exceto quando intencional, como recurso humorístico.

**CLIPE:** v. VIDEOCLIPE.

**CÓDIGO (v. CONSTITUIÇÃO, ESTATUTO, REGIMENTO, REGULAMENTO):** qualquer conjunto metódico e ordenado de disposições, de regulamentos legais (leis), de regras, preceitos ou normas comportamentais aplicáveis em diversos tipos de atividades públicas ou privadas. Predomina nesse tipo de gênero a linguagem instrucional e, quando se trata de constituição (v.), estatuto (v.), regimento (v.) ou regulamento (v.), a divisão organizacional geralmente é feita por Capítulos, Títulos, Subtítulos, Parágrafos e Incisos.

Há vários tipos de Código:

a) civil: conjunto de regras relativo ao direito, que rege as relações de ordem civil entre as pessoas que habitam uma nação;

b) penal: código em que são definidos os delitos e estabelecidas as sanções punitivas cominadas para cada espécie de infração;

c) de processo civil: conjunto de regras relativas aos atos e termos necessários ao exercício das ações civis e comerciais;

d) de processo penal: o que trata dos atos e prazos para a formação de culpa nos crimes e contravenções, seu julgamento, interposição de recursos e execução das penas;

e) náutico (internacional) de sinalização: código marítimo adotado por todas as nações com marinha mercante, para comunicarem-se no mar por meio de 26 bandeiras, cada uma designando uma letra diferente do alfabeto romano, e uma bandeira triangular de código ou bandeirola, de resposta, que são içadas em várias combinações, cada uma das quais representa, de acordo com o código, uma palavra, frase ou sentença diferentes;

f) (nacional) de trânsito: resumo da legislação sobre o trânsito de veículos de qualquer natureza, nas vias terrestres franqueadas à circulação pública, em todo o território nacional.

Na área da saúde, conhecido como *códex*, é uma coleção autorizada de fórmulas médicas ou farmacêuticas.

Pode ser usado também no sentido de senha (v.). Neste caso, trata-se de uma linguagem, secreta ou não, em que entram palavras, às quais, convencionalmente, se dão significações diferentes das que normalmente possuem ou de um conjunto sistemático de sinais, números ou abreviações (podendo ser alfanumérico), destinados a possibilitar brevidade de expressão ou economia de palavras, para vários fins, como acesso a contas bancárias, a dados da vida escolar e acadêmica, da vida profissional, acesso a sistema de computação exclusivamente para usuários autorizados, etc.

**COLETIVA:** v. CONFERÊNCIA DE IMPRENSA, ENTREVISTA (coletiva) e PINGUE-PONGUE.

**COLÓQUIO (v. CONVERSA/CONVERSAÇÃO, DEBATE, DIÁLOGO, DISCUSSÃO, FÓRUM, E-FÓRUM ou FÓRUM VIRTUAL):** além de sinônimo de conversa/conversação (v.) ou diálogo (v.) entre duas ou mais pessoas sobre tópicos os mais diversos, trata-se de um gênero diferente, muito comum das/nas esferas científicas, religiosas e outras, que pode ser definido como um encontro/reunião de especialistas, em que se discutem e confrontam (v. debate) informações e opiniões pessoais sobre determinado tema. Neste caso, apresenta características genéricas diferentes das da conversação (v.) tradicional, pois geralmente há alguém que coordena ou faz a mediação entre os debatedores que têm um tempo limitado para expor suas ideias. A fala tipo expositivo-argumentativa predomina nos colóquios científicos.

**COLUNA (v. ARTIGO, ARTIGO DE FUNDO, COLUNÃO, CRÔNICA, EDITORIAL, *FEATURE*, NOTA, NOTÍCIA, *SUELTO*, REPORTAGEM):** diferentemente do noticiário (v. notícia) comum de jornais e revistas, que possui um estilo linguístico-discursivo mais formal, a coluna, seção especializada, geralmente assinada, é redigida em estilo mais livre e pessoal. Também difere quanto à variedade de conteúdos do cotidiano que aborda e à variedade estilística dos textos que traz (notas, sueltos, artigos, crônicas, textos-legendas... – v. todos). Quanto à estrutura composicional, a coluna possui sempre um título (v.) ou cabeçalho (v.) e aparece sempre na mesma página, diagramada em posição fixa. Isso facilita o leitor habitual localizá-la.

**COLUNÃO (v. COLUNA):** semelhante à coluna (v.), traz notas (v.) ou notícias (v.) curtas, de maior ou menor relevância, segundo a linha editorial do jornal ou da revista.

**COMANDA:** em lanchonetes, bares, restaurantes ou lojas em geral, pedido anotado pelo garção (garçom) ou vendedor no suporte que também recebe o nome de comanda, a qual é encaminhada ao responsável pela execução do pedido e/ou do valor da conta a pagar. O texto, geralmente, é abreviado e curto, escrito em forma de lista (v.).

**COMENTÁRIO (v. ARTIGO, ARTIGO CIENTÍFICO, ARTIGO DE OPINIÃO, *CIBERPAPER*, EDITORIAL, *POST*, VERBETE):** usado tanto na escrita quanto na oralidade, refere-se a um conjunto de notas ou observações, esclarecedoras ou críticas, expositivas e/ou argumentativas, sobre quaisquer assuntos. São análises, notas ou ponderações, por escrito ou orais, críticas ou de esclarecimento, geralmente curtas, acerca de um texto, um evento, um *post* (v.) de *blog* (v.), um ato, etc.

No cotidiano, é muito comum o caráter mais ou menos malicioso ou malévolo que se dá aos atos ou às palavras de outrem (v. BOATO, BLOGUICE, CIBERFOFOQUICE ou CIBERFOFOCA, FOFOCA, *HOAX*, etc.).

No ciberespaço, COMENTÁRIO recebe o nome de CIBERCOMENTÁRIO (v.).

**COMENTÁRIO JORNALÍSTICO (v. ARTIGO, ARTIGO DE FUNDO, COLUNA, CRÔNICA EDITORIAL, *FEATURE*, NOTA, NOTÍCIA, SUELTO e REPORTAGEM):** refere-se a um conjunto de notas ou observações, esclarecedoras ou críticas, expositivas e/ou argumentativas, sobre quaisquer assuntos: um evento, um fato, um ato, etc.

**COMERCIAL (v. ANÚNCIO, BÂNER, *BANNER*, CLASSIFICADO, *JINGLE*, PROPAGANDA, RECLAMO, *SPOT*):** em rádio e televisão, mensagem (v.) publicitária veiculada nos intervalos da programação regular ou dentro de um programa.

***COMICS*:** v. BANDA DESENHADA, GIBI, HISTÓRIAS EM QUADRINHOS ou QUADRINHOS, MANGÁ.

**COMPÊNDIO (v. GUIA, MANUAL, ROTEIRO):** livro que contém o resumo, noções ou diretrizes relativas a uma teoria, ciência, doutrina, disciplina, etc., cujos textos geralmente apresentam um estilo didático e instrucional.

**COMPOSIÇÃO:** seria qualquer produção literária, musical, artística e, por extensão de sentido, passou a ser um gênero usado na escola como exercício escrito, literário ou não, que consiste no desenvolvimento, pelos alunos, de um tema proposto pelo professor. Depois o termo mais em voga passou a ser redação (v.), com três tipos tradicionais (Descrição (v.), Narração (v.) e Dissertação (v.)) e, atualmente, usa-se muito produção de texto, já se quebrando essa tipologia tradicional escolar.

**COMPROVANTE (v. RECIBO):** documento (v.) que demonstra que um serviço foi autorizado, executado e/ou pago. Pode vir ou não acompanhado de documentos complementares.

**COMUNICAÇÃO (v. APRESENTAÇÃO, CONFERÊNCIA, COMUNICADO, EXPOSIÇÃO ORAL, RELATO, RELATÓRIO):** relato (v.) ou exposição (v.), oral ou escrito(a), sobre determinado tema de teor científico, administrativo, político, jornalístico, religioso, etc., muito usado(a) em seminários, colóquios, congressos, etc.

Como sinônimo de circular (v.) ou comunicado (v.), comunicação também pode ser interna ou externa, e se resume em mensagens (v. Mensagem) informativas transmitidas por uma instituição. Interna, entre a instituição e o seu público interno; externa, entre a instituição e os seus públicos externos.

**COMUNICADO (v. APRESENTAÇÃO, COMUNICAÇÃO, CONFERÊNCIA, DECLARAÇÃO, EXPOSIÇÃO ORAL, NOTA, INFORME, RELATO, RELATÓRIO):** aviso (v.), informe (v.), declaração (v.), nota (v.), particular ou oficial, feita de maneira objetiva, difundida pelos meios de comunicação ou afixada em lugar público. No jornalismo, trata-se de um informe (v.) de um correspondente. Como termo militar, trata-se de um boletim (v.) resumido, cotidiano, sobre operações de guerra e outros assuntos importantes que as autoridades militares elaboram, em tempos de conflito, para ser difundido pelos meios de comunicação de massa.

**CONFERÊNCIA (v. AUDIOCONFERÊNCIA, CIBERCONFERÊNCIA, COLÓQUIO, CONVERSA/CONVERSAÇÃO, DEBATE, DIÁLOGO, DISCUSSÃO, *E-FÓRUM*, FÓRUM, FÓRUM DE DISCUSSÃO, FÓRUM ELETRÔNICO OU VIRTUAL, GRUPO DE DISCUSSÃO, LISTA DE DISCUSSÃO, LISTA DE DISTRIBUIÇÃO, *NEWSGROUP*, TELECONFERÊNCIA, VIDEOCONFERÊNCIA):** geralmente se refere a uma preleção (v.) em público ou exposição oral (v.) perante um auditório de um tema da especialidade do orador, como, por exemplo, um assunto literário ou científico. Por extensão pode-se referir ao texto expositivo da conferência ou palestra (v.) proferida.

O termo conferência pode constituir-se em outros gêneros ou subgêneros, conforme a esfera ou o meio em que circula, como:

a) conferência médica ou odontológica: encontro formal de especialistas, em que se discutem questões consideradas importantes, com eventual confronto de opiniões e tomada de resoluções, de medidas sobre o diagnóstico, o prognóstico e o tratamento de uma doença de gravidade (junta médica) ou acerca de medidas sanitárias de âmbito nacional ou internacional, por exemplo;

b) conferência particular: conversa (v.) particular ou discussão (v.) entre duas ou mais pessoas sobre um tema considerado importante;

c) conferência jurídica: assembleia ou encontro de representantes de diversos Estados (diplomatas, ministros, delegados, etc.) para tratar de questões de interesse comum;

d) conferência religiosa ou retórica: sermão (v.) ou oração (v.) pronunciado(a) no púlpito por um predicante sobre questões de dogma e/ou moral.

**CONFERÊNCIA DE IMPRENSA (v. COLETIVA, ENTREVISTA, PINGUE-PONGUE):** o mesmo que entrevista coletiva.

**CONGRATULAÇÃO (v. APOLOGIA, CUMPRIMENTO, FELICITAÇÃO, LOUVAÇÃO, LOUVAMENTO, LOUVOR, MENSAGEM):** mensagem (v.) ou fórmulas, orais ou escritas, de cordialidade que servem para congratular-se com alguém quando de um evento de aniversário, formatura, bodas, etc. Geralmente são textos breves e formais ou não – dependendo da relação entre os interlocutores ou do grau de solenidade do evento, padronizados (fórmulas) pelo uso constante –, de parabéns, felicitações, cumprimentos. (Estas palavras, nesse sentido, podem, às vezes, ser usadas também no singular).

**CONSTITUIÇÃO (v. CÓDIGO, CÓDIGO CIVIL, ESTATUTO, REGIMENTO, REGULAMENTO):** conjunto das leis fundamentais que regula a vida de uma nação (relações entre governantes e governados, limites entre os poderes, declarações dos direitos e garantias individuais), geralmente elaborado e votado por um congresso de representantes do povo (v. carta magna ou constitucional). No âmbito de cada Estado da Federação, a constituição é elaborada e aprovada pela respectiva Assembleia Legislativa. Por extensão, conjunto de regras, leis ou preceitos que regem uma corporação, uma instituição.

**CONTA:** nota ou fatura com anotações geralmente discriminando o que se deve, como as despesas feitas em restaurante, hotel, hospital e outros congêneres, fornecida pelo estabelecimento e que devem ser pagas pelo responsável pela despesa.

Também se refere a faturas que são mandadas para a casa do usuário, cobrando-se os fornecimentos de várias espécies (de eletricidade, gás, água, telefone, etc.). Possuem nome específico como *Conta de luz*; *Conta de água*; *Conta de telefone*, etc.

Na *Informática*, refere-se, em uma rede ou sistema *on-line*, ao registro do nome, senha e direitos de acesso de um usuário a essa rede ou sistema.

Na rede bancária ou comercial: a) *Conta-corrente*: escrituração do crédito e do débito de uma pessoa ou firma; b) *Conta conjunta*: conta-corrente bancária cujos titulares são duas ou mais pessoas, podendo cada uma delas dispor dos fundos mediante saques.

**CONTO (v. CASO/CAUSO, ESTÓRIA, FÁBULA, HISTÓRIA, LENDA, NARRATIVA, NOVELA, RELATO, ROMANCE):** assim como a novela (v.) e o romance (v) são do tipo narrativo, assim também o conto literário o é. Em contraste com o romance, que geralmente é mais longo, o conto é mais curto (*short story*, no inglês), isto é, de configuração material narrativa pouco extensa, historicamente verificável. Essa característica de síntese traz outras: (i) número reduzido de personagens ou tipos; (ii) esquema temporal e ambiental econômico, muitas vezes, restrito; (iii) uma ou poucas ações, concentrando os eventos e não permitindo intrigas secundárias como no romance (v.) ou na novela (v.), e (iv) uma unidade de técnica e de tom (fracção dramática, sedutora, em que tempo, espaço e personagem se fundem, muitas vezes) que o romance não mantém.

A limitação de extensão e síntese do conto tem a ver com suas origens socioculturais e circunstâncias pragmáticas. Ele tem origem nos casos/causos (v.) populares (v. conto popular abaixo) que, com sua função lúdica e moralizante, tanto seduziam e seduzem o auditório presencial dos contadores de casos das comunidades. Associa-se ao desejo humano de compartilhar acontecimentos, sentimentos e ideias. Trata-se da atmosfera mágica do "Era uma vez...", presente nas narrativas ou relatos que deram origem às histórias de *Mil e uma noites*, por exemplo, a tantas fábulas (v.), a tantos contos de fadas (v.). Socioculturalmente, portanto, o conto literário tem sua origem na cultura oral, enquanto o romance é regido pela cultura da escrita/leitura (v. abaixo).

**CONTO POPULAR (v. CASO/CAUSO, CONTO, ESTÓRIA, FÁBULA, HISTÓRIA, LENDA, NARRATIVA, NOVELA, RELATO, ROMANCE):** historicamente, os contos populares são herança de crenças e mitos primitivos que se adaptaram a novos contextos culturais. Como o caso/causo (v.) e o conto literário (v. acima), o conto popular também é breve e curto, com um número reduzido de personagens em cena, com ação concentrada. As personagens geralmente são anônimas e culturalmente prototípicas (rei, princesa, dragão, padre, moleiro...). Enunciativamente, as fórmulas introdutórias do tipo "Era uma vez...", de localização temporal indefinida, acabam dando ao conto um caráter de permanência temporal (passado e atual), além de colocá-lo no mundo ficcional. Mas há outras características pragmáticas que o diferenciam do conto literário: (i) *origem*: vêm das camadas não hegemônicas, não letradas da população, como também o vêm os provérbios (v.), as adivinhas (v.), os jogos de palavras, cantigas..., que fazem parte de uma literatura oral tradicional, não institucionalizada, transmitida de geração em geração; (ii) *emissão/produção*: é feita por um tipo de sujeito coletivo, pois é a comunidade que legitima os discursos anônimos da tradição cultural de um povo, produzidos por intérpretes pontuais que, muitas vezes, inovam, atualizam esses discursos, conservando-lhes, contudo, a essência, enquanto no conto literário existe um escritor/autor, que é um sujeito que se pode identificar e nomear e tem controle relativo de sua produção; (iii) *recepção*: trata-se também de um interlocutor coletivo que limita as inovações individuais dos intérpretes tanto por intervenções ou comentários quanto por uma espécie de censura promovida por crenças, costumes e ética da comunidade em que circulam os contos; (iv) *temática*: é tão diversa que existe uma imensa tipologia de conto: contos maravilhosos ou de encantamento, da carochinha, de animais, de adivinhação, contos religiosos, contos etiológicos...; (v) *ingredientes*: um dos principais ingredientes desses contos é a irracionalidade: a galinha que bota ovos de ouro, a fada que transforma uma criada em princesa com um toque de sua vara, animais que falam, etc.

**CONTO VIRTURREAL (v. CONTO e suas características):** história curta, de configuração material pouco extensa, econômica em personagens, ação, espaço e tempo, que funde elementos da vida virtual ciberespacial e da real.

**CONTRACHEQUE (v. HOLERITE, RECIBO):** documento (v.) que comprova o depósito dos vencimentos de um funcionário em sua conta bancária, ou que o habilita a receber na tesouraria.

**CONTRARRÓTULO (v. ETIQUETA, RÓTULO):** rótulo (v.) secundário, afixado no lado oposto da embalagem ou verso do rótulo (v.) em embalagens transparentes, que contém informações complementares ou mais detalhadas do produto.

**CONTRATO:** no discurso cotidiano, podendo ser oral, trata-se de um pacto, acordo ou convenção entre duas ou mais pessoas, para o cumprimento de alguma coisa combinada, sob determinadas condições. Na esfera do discurso jurídico, geralmente é um gênero que traz o acordo de vontades entre as partes, com o fim de adquirir, resguardar, transferir, modificar, conservar, ou extinguir direitos. Há vários tipos de contrato, conforme UOL – Michaelis – Moderno Dicionário de Língua Portuguesa (2006), com algumas modificações: (i) *antenupcial*: tudo, relativo a bens, que é acordado, antes da celebração do casamento, pelos cônjuges; (ii) *a termo*: aquele em que uma das partes se obriga a entregar determinada coisa à outra parte, dentro do prazo convencionado, e esta a lhe pagar o respectivo preço no ato da tradição. (iii) *bilateral* ou *sinalagmático*: acordo em que as partes transferem mutuamente alguns direitos e mutuamente os aceitam; (iv) *comutativo*: o em que a coisa que cada uma das partes se obriga a dar ou fazer equivale à que deverá receber. (v) *de aprendizagem* (*Direito trabalhista*): contrato entre empregador e empregado maior de 14 e menor de 18 anos, em que o primeiro se compromete a ministrar ao empregado a formação profissional do ofício ou ocupação ao qual foi admitido, e o segundo se compromete a seguir o regime de aprendizagem.

(vi) *de compra e venda*: aquele em que um dos contraentes se obriga a entregar certa coisa e o outro se obriga a pagar por ela certo preço em dinheiro. (vii) *de depósito*: aquele por que alguém se obriga a guardar e a restituir, quando lhe seja exigido, qualquer objeto móvel que de outrem receba. (viii) *de edição*: aquele em que o autor entrega uma produção sua científica, literária ou artística ao editor, para que esse a reproduza por um processo mecânico ou eletrônico, a torne pública e a explore. Em contrapartida, o autor recebe uma porcentagem por capa comercializada. (ix) *de experiência* (*Direito trabalhista*): contrato que permite ao empregador e ao empregado, durante determinado período, conhecerem-se mutuamente e avaliarem da conveniência de continuarem ou não nessa relação de emprego. Também chamado *contrato de prova*. (x) *de seguro*: aquele pelo qual uma das partes se obriga para com a outra, mediante a paga de um prêmio, a indenizá-la do prejuízo resultante de riscos futuros, previstos no contrato (*Cód. Civ. Bras.*, art. 1432). (xi) *estornado*: o que se tem como não efetuado, ficando as partes livres de toda a obrigação. (xii) *individual de trabalho*: acordo, tácito ou expresso, correspondente à relação de emprego. (xiii) *quotalício*: pacto pelo qual uma das partes litigantes se obriga a dar a terceiro uma percentagem na parte ganha da demanda, como remuneração pelo seu auxílio ou defesa nesta. É vedado aos advogados. (xiv) *simulado*: o que se finge, para escapar a algumas prescrições legais. (xv) *social*: convenção expressa que regula os direitos e deveres de um povo, bem como a forma de governo. (xvi) *unilateral* ou *gratuito*: o que produz obrigação, para uma das partes apenas.

**CONVERSA/CONVERSAÇÃO** (v. BATE-PAPO/PAPO, BATE-PAPO VIRTUAL, *CHAT*, COLÓQUIO, DIÁLOGO, TELEFONEMA, PAPO): troca de palavras, de ideias entre duas ou mais pessoas sobre assunto vago ou específico, podendo ser informal ou formal. É simétrica, pois se pressupõe o mesmo direito à palavra por partes de todos os participantes da conversação. Nesse sentido, difere da entrevista (v.), que é assimétrica. A conversação é presencial, se dá face a face, ou seja, é síncrona espacial e temporalmente. Nesse aspecto, também difere da conversa mediada por telefone (conversa telefônica ou telefonema – v.) ou computador, via internet, em que o tempo é o mesmo, mas os espaços dos interlocutores são diferentes. Esses tipos de conversação possuem características próprias, constituindo-se gêneros diferentes. Contudo estes atos de fala se fazem mediados pelo diálogo (v.), a forma canônica da conversação.

**CONVERSAÇÃO ORAL DIGITAL (v. BATE-PAPO, BATE-PAPO VIRTUAL, *CHAT*, CIBERCONVERSA, CONVERSA/CONVERSAÇÃO):** a conversação (v.) tradicional é presencial e se dá face a face, ou seja, é síncrona, espacial e temporalmente. Ao contrário, a conversação oral digital só é síncrona temporalmente, pois a interlocução é simultânea no tempo, mas os espaços dos interlocutores são diferentes, à semelhança da conversa telefônica. A conversação oral digital é feita via internet, mediada por computador (caixa de conversa em que se pode teclar) e por sistema de microfone; tecnologias oferecidas pelo Messenger ou pelo Skype, entre outros servidores. Embora sejam tipos de conversação que possuam características próprias, constituem-se gêneros diferentes. Contudo, esses atos de fala se fazem mediados pelo diálogo (v.), a forma canônica da conversação.

**CONVITE:** solicitação da presença ou participação de alguém em algum evento social, esportivo, literário, etc., feita por meio de suportes variados impressos: convite, carta (v.), cartão (v.), etc. Pode ser usado como sinônimo de bilhete (v.) que dá direito a ingresso gratuito em um espetáculo.

**CORREIO:** v. CORREIO ELETRÔNICO, CORRESPONDÊNCIA e *E-MAIL*.

**CORREIO ELETRÔNICO (v. *E-MAIL*):** Como ambiente é um programa (canal) que permite trocar mensagens eletrônicas entre usuários diversos: familiares, amigos, colegas, empresas, etc. Muito mais rápido que o correio tradicional, bem menos caro que o telefone e de fácil manuseio, possui certas qualidades que fazem dele um meio de comunicação original. Não é necessário que o destinatário esteja conectado à internet no momento em que a mensagem for enviada. Um aviso, indicando quantas mensagens novas existem, será apresentado assim que o usuário se conectar à rede. É possível enviar simultaneamente cópias de mensagens para várias pessoas e também guardar as mensagens enviadas. Pode-se ainda usar o correio eletrônico para participar de listas de discussão e distribuição. Ou seja: o dispositivo permite que pessoas de um mesmo projeto ou interessadas no mesmo assunto possam fazer uma discussão coletiva *on-line* (v. listas de discussão), como nos *forums* (v.). É possível até enviar textos anexados (*attachment*). Nesse sentido, o correio eletrônico não se limita ao texto-mensagem, pois abre possibilidades de trocas de tabelas, de imagens, de gráficos, de brincadeiras e até de vídeos. Como gênero, ver *e-mail*.

**CORRESPONDÊNCIA (v. CORREIO, CORREIO ELETRÔNICO, *E-MAIL*):** pode ser usado como sinônimo de cartas (v.), mensagens postais ou eletrônicas/*e-mails* (v.), telegramas (v.), etc. expedidos ou recebidos. Também no discurso jornalístico é usado como matéria (v.), artigo de jornal (v.) publicado em forma de carta de leitores (v.).

**CORRIGENDA:** v. ERRATA.

**CORTINA (v. *JINGLE*, *SPOT*):** mensagem (v) publicitária breve que se realiza em forma de frase musical ou de um *jingle* (v.) ou de um *spot* (v.) curtos.

**CRACHÁ:** num suporte (cartolina, papel adesivo ou mesmo cartão magnético), geralmente preso ao peito, colocam-se, de maneira clara, visível e objetiva, os dados (nome, origem institucional, etc.) de quem o porta, para fins de identificação, controle ou acesso em locais de trabalho, eventos, etc.

**CRÉDITO (v. ASSINATURA, LEGENDA):** muito usado nos meios de comunicação, trata-se da indicação das pessoas (nomes dos autores, diretores, produtores, sonoplastas, etc.) e instituições participantes da elaboração intelectual, artística, técnica e empresarial de um determinado filme, programa de rádio ou televisão, publicação impressa, disco, *site*, evento cultural, etc. As nomeações das fontes e origens do noticiário são também créditos. Esse registro salvaguarda em jornais, revistas, etc. os direitos de autoria.

**CRÍTICA (v. ARTIGO, ARTIGO DE FUNDO, COLUNA, COMENTÁRIO JORNALÍSTICO, CRÔNICA EDITORIAL, *FEATURE*, NOTA, NOTÍCIA, SUELTO e REPORTAGEM):** texto de opinião, crítico, analítico ou apreciativo, produzido por algum especialista (jornalista, professor, escritor, economista, etc.), geralmente colaborador regular do veículo de comunicação de massa, sobre determinada manifestação artística (literatura, cinema, artes plásticas, etc.) ou outra (esporte, política, religião, economia, etc.). Neste caso, trata-se mais de um artigo (v.). No caso da manifestação artística, o objeto de crítica é apreciado nos aspectos que envolvem a criação de uma obra e sua inserção no contexto cultural sócio-histórico: aspectos estéticos, ideológicos, técnicos, significativos, valorativos, etc. A crítica, então, reinterpreta o objeto analisado, propiciando um conjunto de impressões, ideias e sugestões que podem orientar o gosto e despertar a curiosidade do leitor pela obra.

**CRÔNICA:** originalmente a crônica limitava-se a relatos verídicos e nobres (anais (v.), memórias (v.)), pois tratava-se da compilação de fatos históricos apresentados segundo a ordem de sucessão no tempo, como o dia a dia da corte, as histórias dos reis, seus atos, etc. Mais tarde, entretanto, grandes escritores, a partir do século XIX, passam a cultivá-la, refletindo, com argúcia e oportunismo, a vida social, a política, os costumes, o cotidiano, etc. do seu tempo em livros, jornais e folhetins. Contemporaneamente, no jornalismo, em coluna de periódicos, assinada, pode vir em forma de notícias (v.), comentários (v.), algumas vezes críticos e polêmicos, abordando temas ligados a atividades culturais (literatura, teatro, cinema, etc.), políticas, econômicas, de divulgação científica, desportivas, etc. Atualmente também abrange o noticiário social e mundano. Conforme a esfera social que retrata, recebe o nome de crônica literária, policial, esportiva, política, jornalística, etc.

Quanto ao estilo, geralmente é um texto curto, breve, simples, de interlocução direta com o leitor, com marcas bem típicas da oralidade. Quando predominantemente narrativa, possui trama (v.) quase sempre pouco definida, sem conflitos densos, personagens de pouca densidade psicológica, o que a diferencia do conto (v.). Os motivos, na maior parte, extrai do cotidiano imediato. Além do tipo narrativo, também pode ser do tipo argumentativo ou expositivo, como textos de opinião sobre temas diversos de diversas áreas.

A crônica é o único gênero literário produzido essencialmente para ser vinculado na imprensa, seja nas páginas de uma revista, seja nas de um jornal. Quer dizer, ela é feita com uma finalidade utilitária e predeterminada: agradar aos leitores dentro de um espaço sempre igual e com a mesma localização, criando-se assim, no transcurso dos dias ou das semanas, uma familiaridade entre o escritor e aqueles que o leem. Fernando Sabino diz que a crônica é algo para ser lido enquanto se toma o café da manhã, pois ela "busca o pitoresco ou o irrisório no cotidiano de cada um". É o fato miúdo: a notícia em quem ninguém prestou atenção, o acontecimento insignificante, a cena corriqueira. O tom, segundo Antonio Candido, é o de "uma conversa aparentemente banal". Como diz Fernando Sabino: "Eu pretendia apenas recolher da vida diária algo de seu disperso conteúdo humano. Visava ao circunstancial, ao episódico. Nessa perseguição do acidental, quer num flagrante de esquina, quer nas palavras de uma criança ou num incidente doméstico, torno-me simples espectador." Isso significa que, ao expressar-se, o estilo deve dar a impressão de naturalidade e a língua escrita aproximar-se da fala. Daí porque a crônica seja considerada por muitos críticos um gênero menor: aquela vontade de forma que todo o grande artista possui termina subjugada pela necessidade de ser acessível a todos. Mesmo assim, alguns desses prosadores são capazes de alcançar uma linguagem literária de singular beleza.

Originária dos folhetins publicados no início do jornalismo, em meio a manchetes, notícias, reportagens, editoriais, etc., é leve e rápida, construindo um lugar de familiaridade para a relação enunciador/enunciatário, numa cenografia de conversa amena, diferentemente, por exemplo, do editorial (v.) que recupera os fatos midiáticos de maneira mais densa e formal. Sem regras preestabelecidas, como se dá com a manchete (v.) ou a notícia (v.) de primeira página, construindo ilusão, a crônica jornalística consolida o simulacro de relato informal de um "causo" (v.). Essa liberdade discursiva privilegia o efeito de aproximação do enunciador em relação ao leitor, o que é feito pelo uso frequente de discurso indireto livre e perguntas retóricas.

Segundo Artur da Távola, a crônica é a expressão das contradições da vida e da pessoa do escritor ou jornalista, exposto que fica, com suas vísceras existenciais à mostra no açougue da vida, penduradas à espera do consumo de outros como ele, enrustidos, talvez, na manifestação dos sentimentos, ideias, verdades e pensamentos. Para ele, a crônica é o samba da literatura. É ao mesmo tempo, a poesia, o ensaio, a crítica, o registro histórico, o factual, o apontamento, a filosofia, o flagrante, o miniconto, o retrato, o testemunho (v.), a opinião, o depoimento (v.), a análise, a interpretação, o humor. Tudo isso ela contém, é polivalente. Direta e simples como um samba. Profunda como a sinfonia. É compacta, rápida, direta, aguda, penetrante, instantânea (dissolve-se com o uso diário), biodegradável, sumindo sem poluir ou denegrir, oxalá perfume, saudade e algum brilho de vida no sorriso ou na lágrima do leitor. É a literatura do jornal. O jornalismo da literatura. É a pausa de subjetividade, ao lado da objetividade da informação do restante do jornal. Um instante de reflexão, diante da opinião peremptória do editorial (v.). É tímida e perseverante. Não se engalana com os grandes edifícios da literatura, mas pode conter alguns de seus melhores momentos. Não se enfeita com os altos sistemas de pensamento, mas pode conter a filosofia do cotidiano e da vida que passa. Não se empavona com a erudição dos tratados, mas pode trazer agudeza de percepção dos bons ensaios. Para ser boa, não deve ser mastigada. Deve dissolver-se na boca do leitor, deixando um sabor de vivência comum. Deve parecer que já estava escrita há muito tempo na sensibilidade de quem a lê e foi apenas lembrada ou ativada pelo escritor/jornalista que lhe deu forma. Deve ser rápida como a percepção e demorada como a recordação. Verdadeira como um poente e esperançosa como a aurora. Irreverente como um carioca. Suave como pele de mulher amada e irritada como uma criança com fome. Terna como a amamentação e insegura como toda primeira vez. Religiosa como a portadora do mistério e agnóstica como um livre pensador. A crônica nos obriga à síntese, à capacidade de condensar emoções em parágrafos-barragem. Faz-nos prosseguir, mesmo quando nos sentimos repetitivos. É, pois, a expressão jornalístico-literária da necessidade de não desistir de ser e sentir. A crônica é o samba da literatura.

**CRUZADAS:** v. PALAVRAS CRUZADAS.

**CUMPRIMENTO (v. APOLOGIA, CONGRATULAÇÃO, FELICITAÇÃO, LOUVAÇÃO, LOUVAMENTO, LOUVOR, MENSAGEM, PARABÉM/ÉNS, SAUDAÇÃO):** gesto e/ou palavra (oral ou escrita) que denota delicadeza, cortesia, elogio, louvor, atenção para com outrem ou ainda agradecimento (é mais usado no plural). É também um tipo de saudação (oi, olá, tudo bem?...). Os cumprimentos, as congratulações e afins geralmente são formas genéricas fixas, formulaicas, como, por exemplo, os enunciados "Meus parabéns", "(Muitas) Felicidades", "Muitos anos de vida", "Feliz Natal", etc.

**CURTA (v. BREVE, FRASE):** no cinema, conhecido como curta-metragem versus média e longa-metragem, filme com duração de até 30 minutos, de intenção estética, informativa, educacional ou publicitária, geralmente exibido como complemento de um programa cinematográfico. No jornalismo, curta é sinônimo de breve (v.) e frase (v.)

# D

**DEBATE (v. COLÓQUIO, CONVERSA/CONVERSAÇÃO, DEBATE, DIÁLOGO, DISCUSSÃO, FÓRUM, E-FÓRUM ou FÓRUM VIRTUAL):** no cotidiano, trata-se de uma discussão (v.) acirrada, altercação, contenda por meio de palavras ou argumentos ou exposição de razões em defesa de uma opinião ou contra um argumento, ordem, decisão, etc. Na área jurídica, discussão (v.) ou argumentação entre defesa e acusação, diante de uma assembleia, antes do julgamento, exame conjunto de um assunto, questão ou problema. Na política, discussão (v.), argumentação (v.) e resolução formais de uma moção (v.) diante de uma assembleia legislativa ou outro corpo deliberativo público, de acordo com as regras do procedimento parlamentar ou regulamentar. Pertencente mais comumente à comunicação oral, em todos seus tipos, predomina a linguagem argumentativa e/ou expositiva.

Este gênero coloca em jogo capacidades humanas fundamentais sob o ponto de vista: (i) *linguístico*, como as técnicas de retomada do discurso do outro, marcas de refutação, etc.; (ii) *cognitivo*: como as capacidades crítica e social (escuta e respeito pelo outro) e (iii) *individual*: como as capacidades de se situar, de tomar posição, de construção de identidade.

Entre outros, podem-se destacar alguns tipos de debate:

　a) *debate de opinião de fundo controverso*: visa à compreensão de um assunto controverso (p. ex., "A favor ou contra a clonagem de seres vivos"), já que possui várias facetas ou permite várias posições e pode também influenciar a posição do outro, como também precisar/forjar ou transformar/modificar a própria opinião;

b) *debate deliberativo*: visa, após a discussão (v.) de um tema (p. ex., "Realizar uma festa de formatura" ou "Escolher um lugar para passear") que permite a explicitação e exposição (v.) de motivos de cada participante, à tomada de uma decisão que pode estabelecer soluções originais para algo que era anteriormente polêmico;

c) *debate para resolução de problemas*: valendo-se de um conhecimento comum dos debatedores (p. ex., "Eclipse lunar", "Reprodução humana"), cuja solução existe, mas não é totalmente conhecida, o grupo deve construir uma proposta de solução com base nas contribuições de cada debatedor;

d) *debate público regrado*: os debates podem ter uma forma livre, e cada debatedor expressa o que pensa e o que acha sobre o tema, ou podem também ter regras (debate regrado), com a presença de um moderador que assegura o papel de síntese, de reenfoque, de reproposição, não permitindo uma dispersão desnecessária. Este é um modelo de debate muito comum, usado pelos meios de comunicação, em época de eleições.[18]

**DECLARAÇÃO (v. CERTIFICADO, CERTIDÃO, DEPOIMENTO, DIPLOMA, DOCUMENTO, REGISTRO, TESTEMUNHO):** manifestação escrita, às vezes oral, com ou sem testemunhas, de quantia, número e espécie de rendas, lucros, bens, mercadorias ou objetos sujeitos a impostos ou direitos, como Declaração de Imposto de Renda, Declaração de bens, Declaração para alfândega, etc. Geralmente, os itens a serem preenchidos em formulário impresso ou eletrônico são predeterminados pelo órgão público.

No cotidiano, revelação, confissão (v.) oral ou escrita, informal, de sentimento ou depoimento (v.). No direito, ato diplomático, pelo qual

---

[18] Dolz, Schneuwly e de Pietro, 1998 (in SCHNEUWLY; DOLZ *et al.*, 2004, p. 259-260) dizem que, sob o ponto de vista didático e pedagógico, "trata-se de um debate por meio do qual os alunos desenvolvem seus conhecimentos, ampliando seu ponto de vista, questionando-o e integrando – em diferentes graus – o ponto de vista dos outros debatedores (MILLER, 1987; NONNON, 1996/1997). Além disso, um tal modelo permite também distingui-lo dos outros tipos de debate – como o *debate deliberativo*, em que uma decisão deve afinal ser tomada – e mesmo de gêneros mais ou menos próximos – tais como a *conversa* ou a *discussão*".

duas ou mais potências firmam acordo sobre determinado assunto. Neste caso, ganha, muitas vezes, a forma de código (v.) estatutário ou regimental, com capítulos, parágrafos, incisos, etc. (Ex.: Declaração Internacional dos Direitos Humanos).

**DEDICATÓRIA:** historicamente, componente facultativo nos livros, a dedicatória literária,[19] até o século XVIII, quando o mercado do livro expandiu-se, dando certa independência ao escritor, era dirigida a alguma instituição ou a alguém que protegeria o escritor política ou economicamente. Neste sentido, trata-se de uma mensagem (v.), geralmente curta e afetuosa, escrita, por autor, intérprete, ator, etc., em livro, CD, foto ou outro objeto artístico ou literário, e destinada a quem o adquiriu ou recebeu graciosamente. Tal mensagem marca o presente, a lembrança ou o objeto adquirido. A dedicatória tem, como o bilhete (v.), alguns elementos (quase) constantes: vocativo, mensagem (v.), despedida, local/data e assinatura.

**DEDUÇÃO:** como termo jurídico, é uma exposição (v.) ordenada de argumentos (v.) para embasar petição (v.), contestação, acusação, etc.

**DEMO (v. DEMONSTRAÇÃO, *TRAILER*):** forma reduzida do inglês demonstration (demonstração), é um gênero comum na informática, na indústria fonográfica e de vídeo, feito para demonstração ou apresentação (v.), por exemplo, de um produto, de uma série de músicas, de um aplicativo informático, etc., com objetivos comerciais.

**DEMONSTRAÇÃO:** v. *DEMO* acima.

**DEPOIMENTO (v. DECLARAÇÃO, TESTEMUNHO):** relato (v.) da testemunha ou da parte sobre determinado fato, do qual tem conhecimento ou que se relacione com seus interesses e que figura no processo como prova testemunhal. Aquilo que uma ou mais testemunhas ou as partes em um processo afirmam verbalmente em juízo. Esse depoimento verbal é registrado, por escrito, pelo escrivão do julgamento, que o faz em forma de discurso relatado ou indireto (A testemunha afirma que estava no local do crime, no dia tal, às tantas horas, quando o criminoso chegou e abordou a vítima dizendo que...).

---

[19] Esta dedicatória pertence ao plano extradiegético, pois, no plano intradiegético, ela faz parte da narrativa, integrando o corpo textual, como nas epopeias, por exemplo.

**DESCRIÇÃO (v. COMPOSIÇÃO, DISSERTAÇÃO, NARRAÇÃO):** tipo de redação escolar tradicional, ao lado da narração (v.) e dissertação (v.), formando a famosa trilogia tão ensinada e trabalhada nas aulas de Língua Materna, segundo modelos literários. Geralmente se propõe um título, que contempla a descrição de um animal, um espaço, um objeto ou uma pessoa ("Meu animal de estimação", "Uma fazenda abandonada", "Uma cadeira", "Minha mãe"...). Enquanto a descrição aparece num texto narrativo literário, às vezes, com função decorativa, mas, em maioria, como expansão dos núcleos narrativos, interagindo com os eventos construídos e ganhando um papel importante na construção e no desenvolvimento global da história, na escola, o texto descritivo é construído isolado, destituído do papel relevante que possui no desenrolar na ação narrativa de um conto (v.), romance (v.) ou novela (v.). Por exemplo, num romance psicológico, a descrição da personagem é relevante para a sua interpretação e avaliação por parte do leitor; no conto rústico, a descrição do espaço é fundamental; no romance histórico ou de ficção científica, a descrição do tempo é o que é. A descrição, nesse sentido, assegura a inter-relação ação, personagem e meio.

Predominam no discurso descritivo verbos de estado e adjetivos que portam as características conceituais, físicas e/ou psicológicas do "objeto" da descrição (objeto/ coisa, pessoa, animal, recorte da natureza, etc.). Não se trata apenas de enumerar um conjunto de elementos, mas de captar os traços que transmitem uma impressão autêntica do "objeto" descrito. Mais que um retrato, é um ato de ilusão da vida pela imagem sensível do pormenor material. Por isso, a necessidade da procura das palavras específicas, exatas.

Pode-se dividir a descrição em dois tipos gerais, conforme o objetivo que se tem: técnica ou científica e literária. A técnica pode descrever objetos, aparelhos, mecanismos, fatos, lugares, etc., mas isso não lhe é exclusivo, pois a literária também pode fazê-lo. O que importa é o objetivo, o ponto de vista, a quem se destina, onde vai circular, etc. E certamente os estilos serão diferentes na construção do discurso. Assim, a descrição de um inseto – uma borboleta, por exemplo –, produzida por um romancista numa cena campestre plena de lirismo, vai ser diferente da descrição do mesmo inseto feita por um pesquisador em seu laboratório a ser publicada num artigo científico. O mesmo se pode dizer da descrição de um cômodo presente num relatório policial com o objetivo de se desvendar um crime e da descrição desse mesmo cômodo no romance *Senhora* de José de Alencar, com o objetivo, por exemplo, de apresentar ao leitor um lugar de encontro amoroso entre Fernando e Aurélia. Contudo, mais objetivamente ou mais subjetivamente, utilizar a linguagem verbal para a expressão de imagens que "retratem" ou que "representem" seres, objetos, cenas, mecanismos, processos, etc. é produzir um texto descritivo.

**DESENHO ANIMADO (v. BANDA DESENHADA, CARTUM ELETRÔNICO, HISTÓRIA EM QUADRINHOS, MANGÁ, QUADRINHOS):** série de desenhos, cada um dos quais representa uma posição sucessiva de uma figura ou objeto em movimento. Se filmados e projetados sobre uma tela, são vistos como se estivessem em movimento, dotados de vida e mobilidade.[20]

**DESPACHO:** no domínio público, decisões de autoridades públicas apostas em documentos como petição (v.), requerimento (v.), etc., deferindo ou indeferindo as solicitações feitas. Geralmente, após o documento (v.), a autoridade escreve apenas "Deferido" ou "Indeferido", seguido de sua assinatura (v.). Quando necessário, ela pode colocar uma justificativa do deferimento ou indeferimento, sempre usando linguagem e tratamento formais.

Neste domínio, o despacho também pode ser uma nota (v.) ou ofício (v.) tanto pertinente a assuntos ou negócios de interesse público que um ministro envia a outro quanto a designações, nomeações ou provimentos de cargos ou função públicos ou designação (de empregados, funcionários, etc.) para determinada missão ou serviço diplomáticos.

No domínio privado, documentos (v.) que agilizam determinada ação, negócio, serviço, etc., ou cumprimento de obrigações e/ou formalidades legais, de operações necessárias para a retirada, para o desembaraçamento de negócios, cargas, mercadorias em alfândega, etc.

**DEVER (v. EXERCÍCIO, TAREFA, TRABALHO):** termo muito usado no discurso escolar, refere-se a exercícios, tarefas (v.) ou trabalhos que o professor passa para seus alunos realizarem em sala ou em casa (dever de casa) para fixar ou reforçar a aprendizagem de algum ponto da matéria ou disciplina estudada. Cada exercício vai ter a própria

---

[20] O chamado cinema de animação utiliza técnicas de animação com desenhos, bonecos, sombras, etc.

estrutura composicional e o estilo específico, pois pode se tratar de um questionário (v.) a responder, de um conjunto de cálculos a realizar, de um conjunto de aplicações gramaticais, etc.

**DEVER DE CASA:** v. DEVER acima.

**DIAGNOSE (v. DIAGNÓSTICO):** no discurso biológico, descrição taxonômica minuciosa de uma espécie, feita geralmente em latim pelo taxonomista.

**DIAGNÓSTICO (também DIAGNOSE):** gênero muito usado no discurso médico para se qualificar uma enfermidade ou estado fisiológico ou psicológico, com base nos sinais que são observados, relatando-se e analisando-se os sintomas. Há vários tipos, entre outros:

a) clínico: diagnóstico baseado nos sintomas, sem levar em consideração as alterações mórbidas que os produzem;

b) diferencial: determinação da doença do paciente entre duas ou mais suspeitas, pela comparação sistemática de seus sintomas;

c) físico: determinação de doença por inspeção, palpação, percussão ou auscultação.

O termo também é muito usado em várias discursos, quando se analisam os problemas ("sintomas") de várias esferas sociais ou institucionais, como, por exemplo: fazer um diagnóstico da educação, da economia, do comércio, da saúde, etc. de um país, Estado ou cidade.

**DIÁLOGO (v. BATE-PAPO, COLÓQUIO, CONVERSA/CONVERSAÇÃO, DEBATE, DISCUSSÃO, PAPO):** forma canônica da interação verbal, pressupõe a existência de pelo menos dois interlocutores (o *eu – locutor* – e o *tu – locutário*), cujos papéis são permanentemente reversíveis, ou seja, é um ato de fala em que há a interação entre dois ou mais indivíduos num intercâmbio discursivo em que ora um ora outro age como protagonista.

Na narratologia, conjunto das palavras trocadas pelas personagens de um romance (v.), novela (v.), conto (v.), filme (v.), peça de teatro (v.), etc. Geralmente o autor dissimula sua presença, dando fala a cada personagem no romance, novela ou conto, por exemplo. O diálogo permite a dramatização da narrativa e a progressão da história, além de ser a forma mais mimética de representação da voz das personagens. No teatro ou no cinema, a sequência de falas trocadas pelos personagens faz a ação dramática caminhar, sem que, necessariamente, haja a figura presencial de um narrador. No texto escrito, formalmente, o diálogo é geralmente introduzido por verbos declarativos e certos sinais de pontuação (dois pontos, aspas, travessão).

**DIÁRIO (v. AGENDA, AUTOBIOGRAFIA, BIOGRAFIA, *BLOG*, BLOGUE, CIBERDIÁRIO, DIÁRIO DIGITAL, DIARIOSFERA, DIÁRIO ELETRÔNICO, DIÁRIO ÍNTIMO, DIÁRIO PESSOAL, E-DIÁRIO, *FOTOBLOG*(UE), *MINIBLOG*(UE), *WEBLOG*, WEBLOGUE):** historicamente, o diário é um fenômeno cultural de origem remota, de natureza pública e comunitária, como o são as tábuas de argila encontradas recentemente na Suméria, datadas de aproximadamente 3.000 a.C. Buscando-se a origem e o desenvolvimento do gênero, o diário é um dispositivo de produção de cultura, tanto no Oriente (Japão) quanto no Ocidente. Como forma genérica de expressão pessoal, de registro dos acontecimentos do dia a dia, consolida-se como público ou privado, comunitário ou individual, dependendo do tipo de função (pública) que ele vai representar na/para a comunidade ou (privada) para o indivíduo engajado nas redes sociais. A característica privada do diário, muito própria dos últimos 100 anos, surge, pela primeira vez, no século X, no Japão, com os chamados *pillow books* das mulheres da corte de Heian. Também há uma forma "semipública" de diário, como os diários espirituais que proliferaram, no século XVII, na Inglaterra. Trata-se de uma categoria de pré-diários a qual, mais tarde, vai contribuir para o aparecimento do diário íntimo como "o livro do eu".

Como suporte, no jornalismo, trata-se de um periódico/jornal que se publica todos os dias. No comércio, livro comercial de uso obrigatório, em que se registram, dia a dia, todas as operações ativas e passivas do comerciante, e em que se lança, nos períodos próprios, o resultado do balanço. Em navegações marítimas, aéreas e outras, livro em que se registram, dia a dia, a rota de uma embarcação, aeronave, etc., as distâncias percorridas, as ocorrências da viagem, etc. e recebe o nome de diário de bordo. No discurso médico-hospitalar, relação pormenorizada e diária, geralmente registrada em fichas (v.), da marcha de uma doença e seu tratamento. Nos casos acima, os textos produzidos são técnicos, descritivos, constituindo-se lançamentos objetivos de cifras, operações, dados técnicos, etc. específicos de cada esfera (comercial, de bordo, médica...).

Na literatura, obra em que o autor relata cronologicamente fatos ou acontecimentos do dia a dia, consigna opiniões e impressões, registra confissões e/ou meditações, etc., havendo uma grande diversidade discursiva: de relato, narrativa, expositiva, argumentativa... Esses diários são de caráter público, porque depois de escritos, são frequentemente publicados, muitas vezes após muito tempo, e tornam-se produtos de consumo de massa.[21]

Os demais, que continuam na intimidade de seus autores, mantêm o caráter de gênero discursivo não literário, considerados apenas como diários e não como literatura. Trata-se de uma prática discursivo-escrita muito comum, principalmente entre as mulheres, a partir do romantismo, que é o registro de seu cotidiano, quase que a cada dia. Ficou conhecido como *Diário Íntimo* ou *Pessoal*, pois são escritos pessoais, privados, resultados da autoexpressão: impressões, desabafos, fatos, relatos, etc.

Inseridos num contexto de comunicação verbal espontânea, os *Diários Íntimos* são considerados, segundo Bakhtin, um gênero discursivo de tipo primário, pois, como estilo íntimo, os diários revelam uma fusão entre locutor/autor e destinatário/leitor, já que, muitas vezes, o diário é o próprio interlocutor do diarista, (con)fundindo-se os interlocutores. Como discurso íntimo, impregna-se de um espírito de confiança, de simpatia, de sensibilidade por parte do autor em relação a seu destinatário (o próprio diário ou o próprio autor) que desvela suas profundezas interiores, o que é próprio da expressividade interior desses estilos. Por essa propensão intimista e privacidade, parece que o diário tem no próprio narrador que o enuncia o seu destinatário preferencial.

Todorov (*apud* REIS; LOPES 1990), diz que a identidade autor-narrador distingue todos os "gêneros referenciais" ou "históricos" de todos os "gêneros ficcionais". Em *Le Pacte Autobiographique*, Lejeune (*apud* REIS; LOPES, 1990) revela que a autobiografia (v.), assim como o diário, obriga a identidade entre autor, narrador e personagem. Mas o diário, como forma de escrita autobiográfica, possui outras características discursivas que acabam por diferenciá-lo de outras formas de narrativas. Em relação ao tempo, por exemplo, o diário se diferencia pelo fato de não cultivar a forma narrativa sob retrospectiva, como o fazem a biografia (v.), a autobiografia (v.) e a memória (v.). Ele se atém ao momento presente e registra fatos e eventos do dia a dia, de maneira

---

[21] Alguns diários de adolescentes foram publicados e ficaram famosos, como o *Diário de Anne Frank*.

intermitente. Falta-lhe o caráter orgânico e o equilíbrio composicional desses e de outros gêneros como o romance (v.) Quanto à biografia (v.), além da memória em retrospectiva, a identidade autor-narrador pode coincidir ou não o que já não se passa na autobiografia (v.), como se viu acima.

**DIÁRIO DIGITAL:** v. *BLOG*, BLOGUE, CIBERDIÁRIO, DIÁRIO, DIARIOSFERA, DIÁRIO ELETRÔNICO, DIÁRIO ÍNTIMO, DIÁRIO PESSOAL, E-DIÁRIO, *FOTOBLOG*(UE), *MINIBLOG*(UE), *WEBLOG*, WEBLOGUE.

**DIÁRIO ELETRÔNICO:** v. *BLOG*, BLOGUE, CIBERDIÁRIO, DIÁRIO, DIARIOSFERA, DIÁRIO ÍNTIMO, DIÁRIO PESSOAL, E-DIÁRIO, *FOTOBLOG*(UE), *MINIBLOG*(UE), *WEBLOG*, WEBLOGUE.

**DIÁRIO ÍNTIMO:** v. *BLOG*, BLOGUE, CIBERDIÁRIO, DIÁRIO, DIARIOSFERA, DIÁRIO ELETRÔNICO, DIÁRIO PESSOAL, E-DIÁRIO, *FOTOBLOG*(UE), *MINIBLOG*(UE), WEBLOG, WEBLOGUE.

**DIÁRIO PESSOAL:** v. *BLOG*, BLOGUE, CIBERDIÁRIO, DIÁRIO, DIARIOSFERA, DIÁRIO ELETRÔNICO, DIÁRIO ÍNTIMO, E-DIÁRIO, *FOTOBLOG*(UE), *MINIBLOG*(UE), *WEBLOG*, WEBLOGUE.

**DIARIOSFERA:** v. *BLOG*, BLOGUE, CIBERDIÁRIO, DIÁRIO, DIÁRIO DIGITAL, DIÁRIO ELETRÔNICO, DIÁRIO ÍNTIMO, DIÁRIO PESSOAL, E-DIÁRIO, *FOTOBLOG*(UE), *MINIBLOG*(UE), *WEBLOG*, WEBLOGUE.

**DIATRIBE:** texto crítico, muito severo e amargo, com um discurso violento, áspero, podendo ser também satírico. Geralmente circula na chamada "Imprensa Marrom", mas também pode ser produzido pela imprensa de renome quando um jornal ou revista toma partido e se envolve em polêmica muito forte.

**DICIONÁRIO (v. BLOGÁRIO, CIBERBLOGÁRIO, CIBERGLOSSÁRIO, DICIONÁRIO ELETRÔNICO, ENCICLOPÉDIA, GLOSSÁRIO, NUPÉDIA, *TWICTIONARY*, VOCABULÁRIO, WEBOPÉDIA, WIKIPÉDIA):** compilação completa ou parcial de unidades léxicas (palavras, locuções, afixos, etc.) ou de certas categorias específicas de uma língua, organizadas numa ordem convencionada, geralmente alfabética, que pode fornecer, além das definições, informações sobre sinônimos, antônimos, ortografia, pronúncia, classe gramatical, etimologia, etc. Há dicionários de vários tipos, sendo mais comuns aqueles em que os sentidos das palavras de uma língua ou dialeto são dados em outra língua (ou em mais de uma) e aqueles em que as palavras de uma língua são definidas por meio da mesma língua.

Na lexicologia, por extensão de sentido, dicionário pode ser usado como equivalente a glossário (v.), vocabulário (v.), com compilações várias, ou de vocábulos, de opiniões, ideias ou de informações sobre alguma área do saber ou fazer humanos, etc., como este dicionário.

**DICIONÁRIO ELETRÔNICO (v. BLOGÁRIO, CIBERBLOGÁRIO, CIBERGLOSSÁRIO, DICIONÁRIO, ENCICLOPÉDIA, GLOSSÁRIO, NUPÉDIA, *TWICTIONARY*, VOCABULÁRIO, WEBOPÉDIA, WIKIPÉDIA):** dicionário que tem suporte informático e pode ser consultado na internet.

**DIPLOMA (v. CERTIFICADO, CERTIDÃO, DECLARAÇÃO, DOCUMENTO, REGISTRO):** documento (v.) oficial emitido por uma autoridade ou instituição, que concede um direito, um cargo, um privilégio. Documento (v.) emitido por uma instituição de ensino, equivale à declaração (v.) de que o portador do mesmo possui as habilitações e cumpriu as exigências necessárias à obtenção de um grau ou título, como o diploma de professor ou de médico. Pode ser ainda uma declaração (v.) solene de reconhecimento, concedida a alguém que se destacou por mérito, trabalhos prestados, etc.

**DISCURSO (v. HOMILIA, ORAÇÃO, PRÁTICA, PRÉDICA, SERMÃO):** mensagem oral, geralmente solene e prolongada (peça oratória), que um orador profere perante um público. Entre outros, podem-se citar: discurso de posse, de despedida, de formatura. Geralmente expositivo-argumentativo, formulado num encadeamento lógico e ordenado, pode expressar formalmente a maneira de pensar e de agir e/ou as circunstâncias identificadas ou não com um certo assunto, meio ou grupo a quem o orador se dirige.

Também já foi usado como sinônimo de estudo, tratado (v.), dissertação (v.), que é um texto em que se trata com profundidade de algum assunto, como o famoso *Discurso do Método*, de Descartes.

**DISCUSSÃO (v. BATE-PAPO, *CHAT*, COLÓQUIO, CONVERSA/CONVERSAÇÃO, DEBATE, DIÁLOGO, FÓRUM, PAPO):** assim como o debate (v.), trata-se de uma polêmica, em geral feita oralmente, em que cada participante faz a defesa (apaixonada ou não) de pontos de vista contrários, por desentendimento, briga, altercação ou exame minucioso de um assunto, problema, etc. Ocorre tanto em esferas do cotidiano como em outras esferas: acadêmica, científica, jurídica, etc. Predomina o discurso expositivo e/ou argumentativo.

**DISSERTAÇÃO (v. ARTIGO CIENTÍFICO, COMPOSIÇÃO, DISCURSO, ENSAIO, MONOGRAFIA, RELATO DE CASO, RELATÓRIO CIENTÍFICO, TESE):** ao lado da descrição (v.) e da narração (v.), a dissertação é um tipo de redação (v.) muito usado na escola básica e, principalmente, na média e também muito solicitada nos exames vestibulares. Geralmente, com base em um tema proposto pelo professor, o aluno defende um ponto de vista, desenvolvendo suas ideias num texto de opinião essencialmente (expositivo) argumentativo.

Tradicionalmente, na escola, há uma forma consagrada de organização estrutural do texto dissertativo, que se compõe de três partes: (i) *Introdução*: ponto de partida do texto, apresenta o assunto/tese a ser tratado(a), desenvolvido(a). (ii) *Desenvolvimento*: corpo do texto, onde, gradual e progressivamente, são desenvolvidos conceitos, argumentos, ideias, informações... e (iii) *Conclusão*: parte final, caracterizar-se-ia por conter um resumo de tudo que foi expresso, retomando e condensando o conteúdo anterior do texto.

No meio acadêmico, é um trabalho monográfico (v. monografia) expositivo-argumentativo, exigido pelas universidades brasileiras para obtenção de título de mestre (dissertação de mestrado) pelo estudante de pós-graduação *stricto sensu*, e se trata de uma exposição escrita de assunto relevante nas áreas científica, artística, doutrinária, etc. Em nível de doutorado, recebe o nome de tese (v.), principalmente pelo grau de profundidade da discussão do assunto. A dissertação de mestrado, como trabalho monográfico, demonstra os resultados de uma investigação, contudo não se exige dela o caráter de originalidade característico da tese de doutoramento.

**DITADO/DITO POPULAR:** v. ADÁGIO, MÁXIMA, MOTE, PROVÉRBIO, SENTENÇA.

**DITADO ESCOLAR:** qualquer texto oralizado, isto é, lido em voz alta pelo professor para os alunos o reproduzirem por escrito. Como exercício escolar, geralmente é feito com o objetivo de se fixar a ortografia de palavras. Foi muito usado na escola básica e se caracterizava por, em geral, ser um texto de palavras isoladas, ditado pelo(a) professor(a), silabada e pausadamente. Quando se dita um parágrafo ou mais, os sinais de pontuação também são ditados.

**DIVISA (v. LEMA, MÁXIMA, MOTE, SENTENÇA):** na heráldica, enunciado breve/curto que expressa um pensamento, ideia, sentimento e/ou atitude referente a uma regra de conduta ou ideal. Vem junto com um emblema simbólico (animal, planta...) nos brasões, nas armas, nas bandeiras, nos trajes ou nos monumentos de famílias tradicionais, reinados, dinastias... a título de distinção.[22]

Hoje, por extensão de sentido, qualquer sentença (v.) breve (de partido político, clube, time desportivo, etc.) usado também para caracterizar um ideal.

**DOCUMENTÁRIO:** filme (v.) informativo e/ou didático, de pouca narratividade, pois não se trata de uma história ficcional, que faz um relato sobre pessoa(s), animais, acontecimentos (históricos, políticos, culturais, etc.), ou mesmo sobre objetos, emoções, pensamentos, culturas diversas, etc.

Além do relato ou registro dos fatos, o documentário pode discutir, analisar ou interpretar sociológica, psicológica, politicamente, etc. o tema que desenvolve.

**DOCUMENTO (v. CARTA e seus tipos, CARTEIRA, CERTIFICADO, CERTIDÃO, DIPLOMA, REGISTRO):** pode ser qualquer "objeto" de valor documental (fotografia, peça, papel, filme, construções, etc.) que elucide, instrua, prove ou comprove cientificamente algum fato, acontecimento, etc., ou também um atestado (v.), certidão (v), escritura (v.), título (v.), contrato (v.), certificado (v.), etc. que sirva de prova ou testemunho (v.). Mas cada documento destes, em particular, pode constituir um gênero. Assim, por exemplo, uma certidão de nascimento, casamento, etc., ou um diploma (v.) ou título (v.), etc. são escritos ou registros que identificam o portador ou que se referem à vida de uma pessoa, a um objeto ou a uma instituição. Documentos pessoais de identificação também são chamados de "carteira" (v.) e há vários tipos: *carteira de identidade, carteira de motorista, carteira profissional, carteir(inh)a de estudante*, etc.

No Direito, instrumento escrito que, por direito, dá fé pública daquilo que informa, atesta, prova ou comprova. Há alguns tipos de documento assim conhecidos no Direito: (i) *autêntico*: o exarado por oficial público ou, com intervenção deste, exigida por lei; (ii) *composto*: documento que contém informações criadas através de várias outras aplicações;

---

[22] Assim, por exemplo, D. João III, rei da 2ª dinastia portuguesa, usou como emblema a cruz sobre o calvário com a legenda *In hoc signo vinces* ('com este sinal, vencerás'), conforme Dicionário Eletrônico Houaiss de Língua Portuguesa — UOL.

(iii) *particular*: documento redigido e firmado por qualquer pessoa sem intervenção de oficial público; (iv) *precatório*: documento pelo qual um órgão judicial requer a outro, de município diferente, a prática de ato processual que é realizado nos limites territoriais do município solicitado.

**DOCUMENTO ELETRÔNICO:** documento (v.), público ou particular, produzido e armazenado eletronicamente. Juridicamente os documentos eletrônicos têm o mesmo valor que os impressos, mesmo porque são garantidos por soluções tecnológicas de segurança da informação (v. Assinatura digital).

**DOSSIÊ:** um conjunto de documentos (v.) importantes que tratam, revelam a vida de um ou mais indivíduos, de uma instituição, de um país, etc. Geralmente são colocados numa pasta, arquivo ou fichário, suportes que também recebem o nome de dossiê.

# E

**E-ANÚNCIO:** v. ANÚNCIO, BÂNER, *BANNER, CIBERSPOT*(E), CLASSIFICADO, COMERCIAL, *OUTDOOR*, PAINEL, PROPAGANDA, RECLAMO.

**E-CARTÃO:** v. CARTÃO, CARTÃO VIRTUAL.

**E-DIÁRIO:** pode ser sinônimo de CIBERDIÁRIO (v.), DIÁRIO DIGITAL (v.), DIÁRIO ELETRÔNICO (v.). Também pode ser um jornal diário que possui versão em papel e versão eletrônica e pode ser lido na internet. Nesse caso, seria um suporte onde circulam vários tipos de gêneros.

**EDITAL (v. ÉDITO ou EDITO):** ordem (v.) oficial, aviso (v.), postura (v.), citação (v.), etc. que se prende em local próprio e visível ao público ou se anuncia na imprensa, para conhecimento geral ou dos interessados. No discurso jurídico, há tipos como: (i) *de citação* (v.): publicação pela qual se convoca o réu de um processo para oferecer sua contestação, sob pena de ser considerado revel; (ii) *de praça*: publicação efetuada pelo juiz, precedente à arrematação, designando o dia e a hora da praça ou de leilão onde devem constar o valor e as características do objeto a ser leiloado ou arrematado.

**EDITO ou ÉDITO**[23] **(v. EDITAL, POSTURA):** ordem (v.) de autoridade superior ou judicial que se divulga através de anúncios ditos *editais*, afixados

---

[23] Na etimologia desses verbetes, o UOL Dicionário HOUAISS, 2005 de Língua Portuguesa assim registra no verbete "Edito" a discussão sobre se há diferença

em locais públicos ou publicados nos meios de comunicação de massa. Pode ser eclesiástico, político, administrativo, etc.

**EDITORIAL (v. ARTIGO, ARTIGO DE FUNDO, COLUNA, COLUNÃO, CRÍTICA, CRÔNICA, EDITORIAL DE MODA, *FEATURE*, NOTA, NOTÍCIA, *SUELTO*, REPORTAGEM):** artigo (v.) de opinião em que se discute uma questão/assunto ou acontecimento relevante – local, nacional ou internacional – relativo ao imediato. De estilo impessoal, apresenta o ponto de vista do jornal, da empresa jornalística ou do redator-chefe, da emissora de rádio ou televisão ou do responsável pelo programa e não vem assinado, diferentemente dos artigos de opinião (v.). É também conhecido como artigo de fundo (v.). Geralmente circula em página nobre do jornal, chamada página editorial, com outros gêneros (v. *charge*, artigo...) por representar a opinião independente e autônoma de diretores e editorialistas. Em casos especiais, quando o tema é

---

entre Édito e Edito: "...ao longo do SXIX, criou-se uma dicotomia entre *edito* e *édito*; já Constâncio (1836) registra *edicto* ou *edito* 'ordem pública, edital' de *édito* 'ordem, mandado do rei ou de outra autoridade que se afixa nos lugares públicos para que chegue a notícia a todos'; Aulete (1881) segue essa diretriz, e parcialmente CF, que só dicionariza *édito* na acp. de Constâncio; Bluteau, por sua vez, no sXVII, só registra *editto* ou *edicto* 'ordem de um príncipe, República, Magistrado declarada publicamente' e dá como correspondente em lat. *edictum,i*, de *edicère*, apresentando algumas loc. comuns no port., como p. ex. *pôr um edicto* lat. *edictum porene, edictum affigere*; Morais (1877) praticamente elucida a questão, registrando *édito* ou *edicto* (lat. *edictum*) s.m. 'ordem, mandado do príncipe ou magistrado que se afixa nos lugares públicos para que chegue a notícia a todos', cita um exemplo de Vieira "proceder por éditos a encartamento [s.c. condenação] contra a mulher, que peca a seu marido na lei do casamento" e ainda cita Eufrosina: "[...] se quereis escapar dos meus éditos", e no mesmo artigo diz: "Assim mesmo escrito se pronuncia com *i* agudo" e mais adiante sentencia: "*Edicto* e *edictal* são mais corretos e alguns até têm por erro o contrário, mas vulgarmente se escrevem sem c e no foro se diz *édito* para o chamamento dos ausentes"; o esp. *édicto* (1490) significa 'mandado, decreto publicado com autoridade do príncipe ou do magistrado em lugares públicos das cidades ou povoados e nos quais se dá notícia de alguma coisa para que seja do conhecimento de todos; escrito que se fixa nos 'estrados' dos juizados e tribunais e que em certas ocasiões se publica na imprensa oficial para conhecimento das pessoas interessadas nos autos em que não têm representantes ou cujo domicílio se desconhece'; no português, criou-se, portanto, artificialmente a dicotomia entre *édito* e *edito* prov. a partir do meio forense, mas que histórica e etimologicamente não se abona; ..."

de suma relevância, o editorial pode aparecer na primeira página do jornal. Quanto ao estilo, o editorial, uma espécie de ensaio (v.) curto, possui traços peculiares: breve sempre, mas equilibrado, denso ou leve, conforme a linha ou o próprio "estilo" do veículo jornalístico.

**EDITORIAL DE MODA (v. EDITORIAL):** como se trata de um artigo (v.) opinativo, segue a mesma linha do editorial (v.) de qualquer veículo de comunicação. Mas como circula em revista especializada, traz pontos de vista do editor ou equipe de editores sobre tendências atualizadas de vestuário, comportamento, estilo, lançamentos, etc. da moda.

**E-ESPARRELAS (v. CIBERCONTO DO VIGÁRIO):** o ato de enganar as pessoas incautas passou também a ser usado na internet, oferecendo-lhes grandes vantagens aparentes. Os textos que são usados para se cometer esse tipo de delito têm um conteúdo e um estilo próprios. Geralmente as e-esparrelas ou cibercontos do vigário oferecem vantagens que exploram as "fraquezas" (solidariedade, generosidade, etc.) e "ganâncias" (ganhar algum dinheiro fácil ou algum produto gratuitamente) humanas, em textos de "estilo sedutor", na forma das conhecidas "correntes". Os cibervigaristas usam esses meios, muitas vezes, para obter informações sigilosas, enganando os incautos.

***E-FÓRUM*:** v. AUDIOCONFERÊNCIA, CIBERCONFERÊNCIA, CONVERSA/ CONVERSAÇÃO, FÓRUM, FÓRUM DE DISCUSSÃO, FÓRUM ELETRÔNICO OU VIRTUAL, GRUPO DE DISCUSSÃO, LISTA DE DISCUSSÃO, LISTA DE DISTRIBUIÇÃO, *NEWSGROUP*, TELECONFERÊNCIA, VIDEOCONFERÊNCIA.

**ELUCIDÁRIO (v. GLOSSÁRIO):** tipo de glossário (v.) que traz anotações explicativas sobre o sentido de palavras e frases antigas/arcaicas e obscuras de uma língua.

***E-MAIL* (v. BATE-PAPO VIRTUAL, *CHAT*, CORREIO ELETRÔNICO, IMEIO, MENSAGEM, TORPEDO):** o termo *e-mail* (*electronic mail*) pode ser usado para o sistema de transmissão (ambiente: v. NR 40), para o endereço eletrônico (v. abaixo) dos usuários e, por metonímia, para o próprio texto (mensagem eletrônica). É neste último sentido que se trata dele aqui como gênero, definido como mensagem eletrônica escrita (v. NR 28 e 41 sobre SMS – *Short Message Service*), geralmente assíncrona, trocada entre usuários de computador ou de celular que possuam internet. Assim, ele é mais rápido que a correspondência postal comum, fácil de ser usado. É um gênero emergente original, com qualidades linguísticas, enunciativas, e pragmáticas próprias, embora possa ter um formato textual semelhante a uma carta (v), a um bilhete (v.), a um recado (v.) ou a um fax.[24] Seu tom coloquial e direto é muito eficiente e eficaz. Não há perda de tempo, nem fórmulas convencionais. Vai-se diretamente ao assunto, sem obrigatoriedade de começos formais, como acontece também no bilhete (v.). Diferentemente do fax, o correio eletrônico (*e-mail*) permite que se modifique um texto enviado, com sobreposições de discursos, pois há possibilidades técnicas para fragmentar e divulgar uma mensagem em diversos espaços. Para se editá-lo, tanto em termos de produção ou de recepção, basta copiar, colar ou cortar parte ou o todo do conteúdo de uma mensagem (v.). Também pode ter textos anexados (*attachment*). Além disso, tanto como correspondência pessoal quanto formal, em relação aos interlocutores, o destinatário pode ser um ou vários, simultaneamente, semelhante a uma carta circular (v.).

Quanto à estrutura/formato/composição textual, geralmente o *e-mail* assim se organiza:

a) endereço do remetente: preenchimento automático;

b) data (dia da semana, dia do mês e ano) e hora: preenchimento automático;

c) endereço do destinatário: deve ser preenchido, quando é nova mensagem (v.). Quando é resposta, preenchimento automático;

d) possibilidade de cópias a outros destinatários: deve ser preenchido;

e) assunto: dever ser preenchido; em caso de resposta, pode-se adotar o que foi enviado;

f) texto: vocativo (não obrigatório); corpo da mensagem; despedida (não obrigatória), assinatura (v.);

g) possibilidade de anexação de documentos (*attachement*);

h) possibilidade de inserção de emoticons (carinhas), som, desenhos ou voz.

Também se diferencia de outros gêneros eletrônicos digitais emergentes como o *chat/* bate-papo virtual (v.), lista de discussão (v.) ou fórum (v). No *e-mail*, os interlocutores geralmente são conhecidos ou amigos, diferentemente do que pode ocorrer nos *chats*. O anonimato é uma violação do gênero *e-mail* como o é a carta anônima. As listas ou fóruns de discussão,

---

[24] Não estamos considerando o *fax* (*telefac-símile*) como gênero, mas como meio/mecanismo/sistema de transmissão de correspondência, pois cada documento enviado (também chamado *fax*) pode ser um gênero diferente.

por sua vez, normalmente não são pessoais como o são os *e-mails*, embora o comércio, a indústria e outras instituições estejam usando, cada vez mais, o *e-mail* como veículo de propaganda e divulgação. O uso de *emoticons* parece cada vez menor nos *e-mails,* mas continua muito comum nos *chats*. Mas há algo bastante comum, permitido pelos dispositivos eletrônicos, entre esses gêneros digitais, que é a possibilidade de envio de imagens com animação, fundo com papel especial e anexação de texto gravado, limitado até agora a uns dois minutos.

**EMENTA (v. ABSTRATO/*ABSTRACT*, RESUMO, SINOPSE, SÍNTESE, SUMÁRIO, SÚMULA):** numa linguagem enxuta e objetiva, às vezes, reduzida a frases nominais, sintetiza os pontos essenciais de um texto, de uma disciplina a ser ministrada, de uma lei ou de uma decisão judiciária, geralmente vindo antes do texto principal. Como termo jurídico, possui uma característica específica: compõe-se da verbetação (conjunto de palavras-chave que indica o assunto discutido) e do dispositivo (regra resultante do julgamento no caso concreto).

**ENCARTE (v. SEPARATA):** uma revista, um folheto (v.), um anúncio (v.), etc., geralmente de cor ou de aspecto gráfico diferente do periódico principal, que constitui uma separata (v.) de matérias especiais ou puramente publicitárias. Assim como na separata (v.), talvez nem se pudesse falar aqui de um gênero específico, pois os diversos textos encartados constituiriam cada qual um determinado gênero.

Trata-se, na verdade de um suporte, como o é também *gatefolder*, que funciona como um anúncio (v.) encartado entre as páginas centrais de uma revista.

**ENCICLOPÉDIA (v. DICIONÁRIO, GLOSSÁRIO, NUPÉDIA, *TWICTIONARY*, VOCABULÁRIO, WEBOPÉDIA, WIKIPÉDIA):** obra, em forma de dicionário (v.), isto é, que, seguindo o critério de apresentação alfabético ou temático dos verbetes (v.) ou artigos (v.), reúne, de maneira muito abrangente, os conhecimentos humanos ou apenas um domínio deles e os expõe de maneira ordenada e metódica.

**ENDEREÇO ELETRÔNICO ou ENDEREÇO de *E-MAIL* (v. CORREIO ELETRÔNICO, ENDEREÇO POSTAL, *E-MAIL*):** caixa postal para troca de mensagens na internet (rede). É o endereço para onde devem ser enviadas as mensagens. O endereço de *e-mail* é formado pelo *nome de usuário* (*username* ou *apelido/nickname* – v.) e o *nome de domínio* a que ele pertence. Por exemplo: *costasero@uol.com.br*. Neste exemplo, *costasero* é o *username* que o usuário escolheu para utilizar no Universo On-line. E *uol.com.br* é o nome de domínio do *UOL*. Detalhando: nome + arroba + servidor + natureza do provedor + país.

Zanotto (2005, p. 110), no "Quadro 22: Estruturas do *e-mail*", assim o caracteriza:

| Ibral | @ | visão. | com. | br |
|---|---|---|---|---|
| Nome | Arroba | Nome do servidor | Organização | País |
| Nome ou abreviatura do nome do proprietário da caixa de correio | Símbolo com o sentido de "em" (lugar em que); designa o endereço do provedor | Identificação da máquina encarregada de receber e enviar as mensagens | Abreviatura que indica o tipo de organização à qual pertence o endereço (comercial, governamental, organizacional) | Abreviatura de duas letras que indica o país a que pertence o endereço |

Há também endereço de *portal* (v.) ou *home page* (v.) que oportuniza o acesso a *sites*/sítios (v.) e segue o protocolo próprio da *Web*: <http> + dois pontos + duas barras + sigla www + ponto + nome da *home page* + natureza do provedor + ponto (pode ser: *com.* = comercial; *gov.* = governamental; *org.* = organização não lucrativa; *mil.* = militar; *net.* = rede) + país. (<http://www.uol.com.br>) Há, contudo, endereços que terminam na natureza do provedor, sem o ponto, como é comum nos Estados Unidos (<http://www.libraryjournal.com>) e mesmo em provedores brasileiros (<http://www.hotmail.com>). Após o endereço "básico", seguido de uma barra, podem aparecer *links* para outras informações específicas do assunto pesquisado na *Web* (<http://www.direitonet.com.br/dicionariojuridico>).

Tanto o endereço pessoal quanto o de home page devem conter todas as informações: caracteres, siglas... Acentos e diacríticos não são usados, exceto os dois pontos e o ponto, como nos exemplos acima. Caso contrário, a correspondência não se efetiva ou o acesso a *home pages* e *sites*/sítios (v.) é negado. Ou seja, o endereço eletrônico é "exato" e "padronizado".

**ENDEREÇO POSTAL (v. CORREIO ELETRÔNICO, ENDEREÇO ELETRÔNICO ou ENDEREÇO de *E-MAIL*, *E-MAIL*):** endereço para onde devem ser enviadas as mensagens. O endereço postal completo é formado pelo *nome, logradouro, bairro, CEP, cidade, Estado* e *país*.

**ENIGMA (v. ADIVINHA, ADIVINHAÇÃO):** mesmo que adivinha (v.)

**ENQUETE (v. PESQUISA, POVO FALA):** pesquisa jornalística de opinião (v.) ou pesquisa científica (v.), geralmente em forma de entrevista (v.) ou depoimento (v.), sobre uma questão ou tema da atualidade pré-determinados.

**ENREDO (v. ARGUMENTO, INTRIGA, *PLOT*, ROTEIRO, TRAMA):** sucessão temporal ou organizada de acordo com a vontade do autor, de acontecimentos, eventos, incidentes e situações que constituem a ação em uma produção narrativa literária, cinematográfica ou televisiva.

**ENSAIO (v. ARTIGO CIENTÍFICO, COMPOSIÇÃO, DISCURSO, DISSERTAÇÃO, MONOGRAFIA, RELATO DE CASO, RELATÓRIO CIENTÍFICO, TESE):** prosa livre que discorre sobre tema/assunto específico (científico, histórico, filosófico ou de teoria literária, etc.), sem esgotá-lo, reunindo dissertações menores, menos definitivas que as de um tratado formal, feito em profundidade, como o é uma dissertação (v.) ou uma tese (v.). Caracteriza-se pela visão de síntese e tratamento crítico, predominando o discurso expositivo-argumentativo. Como *ensaio analítico*, reúne, predominantemente, pontos de análise. O procedimento de não esgotamento das questões levantadas é coerente com as variações de acepção do termo ensaio em diferentes campos de atividades: na Engenharia Mecânica e outras, as primeiras experiências ou tentativas; em filmes, telenovelas e programas de rádio, última passagem de texto e de marcação de posições que antecede a tomada definitiva ou a transmissão de cena; na Música, no Teatro ou no Circo, montagem experimental, geralmente a portas fechadas.

**ENTRADA (como um impresso ou similar, que permite o acesso a determinado local, v. BILHETE, INGRESSO, CONVITE. Ver também: ARTIGO, CHAMADA, RUBRICA, TÍTULO, VERBETE):** na lexicologia, trata-se de unidade significativa (palavra, simples ou composta, locução, frase, afixo, abreviatura ou símbolo), que abre um verbete (v.) ou artigo (v.) nos dicionários (v.), enciclopédias (v.), vocabulários (v.), glossários (v.), etc., cujo conjunto é geralmente disposto em ordem alfabética e com destaque visual (tipo ou corpo de letra diferentes, negrito, emprego de cor, etc.), e que é definida e/ou explicada por meio de palavras ou conceitos mais elementares, não raro também com exemplos de uso, sinônimos e outras informações que possam interessar ao leitor.

**ENTRETÍTULO (v. ANTETÍTULO, BONÉ, CHAPÉU, INTERTÍTULO, SOBRETÍTULO, SUBTÍTULO, SUTIÃ, TÍTULO):** na diagramação jornalística, para se tornar um texto extenso (notícia, artigo, entrevista – v. todos) mais atraente ou mais fácil de ser lido, usa-se o entretítulo para dividir a matéria em partes. O entretítulo, isto é, cada um dos títulos que a subdivide, possui as mesmas características genéricas do título (v.).

Também pode ser um texto curto (em corpo menor) que vem no meio do título (v.), geralmente entre parênteses.

**ENTREVISTA (v. BATE-PAPO, COLETIVA, COLÓQUIO, CONFERÊNCIA DE IMPRENSA, CONVERSA, CONVERSAÇÃO, DIÁLOGO, DISCUSSÃO, PAPO, PINGUE-PONGUE):** colóquio (v.) ou conversa/conversação (v.) entre pessoas em local combinado para obtenção de maiores informações, esclarecimentos, avaliações, opiniões, etc., sobre pessoas ou instituições, como acontece, por exemplo, numa entrevista de emprego ou concorrência pública ou privada.

No discurso jornalístico, coleta de declarações, informações, opiniões tomadas por jornalista(s) para divulgação através dos meios de comunicação (imprensa falada, escrita, televisa, internética). Trata-se de uma apuração de fatos que virarão notícias (v.) públicas, buscada nas fontes (pessoa ou pessoas de destaque ou não) com as quais o repórter faz contatos em busca de informações. Neste caso, recebe o nome de "entrevista noticiosa".

Pode designar também uma matéria jornalística em que se busca a opinião do entrevistado sobre determinado assunto (Pesquisa de opinião). Trata-se de um discurso assimétrico em que os interlocutores têm papel diverso. O entrevistado tem o conhecimento do assunto/tema e o poder da palavra, que deve se limitar ao que é perguntado. O(s) entrevistador(es), por sua vez, organiza(m) um conjunto de perguntas e, geralmente, ouve(m) e registra(m) as respostas do entrevistado sem debatê-las ou discuti-las como é de praxe numa conversa/conversação (v.) ou em certos tipos de debate (v.). Isto não significa que a entrevista seja um evento discursivo dialógico em que só o entrevistado tenha papel fundamental na construção do todo enunciativo e o(s) entrevistador(es) seja(m) mero(s) "perguntador(e)s". Na verdade, os interlocutores constroem esse todo enunciativo em conjunto, geralmente oral, gravado em áudio e/ou vídeo, que depois pode aparecer publicado por escrito num jornal ou revista.

O material recolhido/apurado pode ser publicado, após transcrição quase pura e simples, em forma de pingue-pongue (v.): pergunta e resposta colocadas encadeadas, com destaque para as respostas do entrevistado. Isto acontece muito quando uma revista, por exemplo, tem uma seção intitulada "Entrevista". O mais comum é o jornalista inserir as falas dos entrevistados, adaptando-as, no contexto da notícia (v.) ou quando necessário, citá-las textualmente, usando aspas ou precedendo-as por travessão.

A entrevista, entre outros tipos, pode ser individual (dada a um só entrevistador) ou coletiva (v.), quando concedida a um grupo de jornalistas de diferentes órgãos de comunicação, que teriam oportunidades iguais. Ambas podem ser de improviso ou não. Quando não, as questões são apresentadas previamente ao entrevistado. Quando exclusiva, é concedida a um só repórter e deve ser publicada somente no órgão de imprensa representado. Trata-se, em qualquer caso, de um gênero formal de troca/busca de informações, em que o entrevistador deve estar seguro sobre o que vai perguntar a fim de obter informações relevantes.

**EPÍGRAFE (v. INSCRIÇÃO, MÁXIMA, MOTE):** enunciado (palavra, título (v.) fragmento de texto, citação (v.) curta, máxima (v.) ou frase (v.) que, colocado no início de um livro, um capítulo, um poema, etc., e relacionado com a matéria aí tratada, serve de tema ao assunto ou serve para resumir o sentido ou situar a motivação da obra, como se fosse um mote (v.).

**EPÍLOGO:** no discurso narratológico, capítulo, comentário (v.), remate, cena, recapitulação, resumo (v.), geralmente breve, de caráter conclusivo, que, no final de uma narrativa, uma peça literária, teatral, cinematográfica, etc., alude ao destino das personagens mais importantes da ação, depois de ocorrido o desenlace, ou revela fatos posteriores à ação, complementando-lhe o sentido. Caracteriza-se, no plano operatório, por dois aspectos importantes: o *funcional*, pois articula os eventos da intriga (v.) e seus personagens, e o *semântico*, porque pode ser um espaço especial de insinuações ideológicas, morais, éticas, religiosas, etc.

Em alguns filmes (v.), romances (v.), novelas (v.), etc., o *epílogo* é anunciado como tal, podendo esta palavra aparecer explicitamente escrita.

**EPISÓDIO:** modernamente, parte, divisão de uma obra em série, de um folhetim (v.) radiofônico, de uma telenovela (v.), minissérie, filme (v.), etc. Destacados do todo narrativo, os episódios constituem uma unidade formalmente autônoma e se dão numa certa periodicidade, mas são articulados narratologicamente e coordenados em unidades episódicas pelo narrador.

Na teoria da narratalogia, ação acessória, de extensão variável, que se prende de forma relativamente natural à principal em um poema (v.), romance (v.), etc.

**EPÍSTOLA (v. CARTA, MISSIVA):** cada uma das cartas (v.) ou lições dos apóstolos dirigidas às primeiras comunidades cristãs e inseridas no Novo Testamento. Caracteriza-se por ter sempre um relato (v.) do qual se tira uma lição. A carta (v), tipo de correspondência comum e modelar, existente a partir do advento e desenvolvimento dos serviços postais, por volta do século XVII, também pode ser chamada de epístola, tanto que se pode falar em "correspondência epistolar".

Na literatura, carta (v.) de um autor antigo ou correspondência entre autores célebres, existente desde a Antiguidade. A *Epistola ad Pisones* de Horácio (65 a.C. - 8 a.C.) é, por exemplo, uma composição poética em verso ou prosa de temática variada, composta em feitio de carta (v.).

**EPITÁFIO:** inscrição (v.) sobre lápides tumulares ou monumentos funerários, enaltecendo ou elogiando um morto. Como o epitáfio clássico possui a frase emblemática *Aqui jaz*, a partir dessa frase (v.), pode-se caracterizá-lo como expresso, geralmente, por um enunciado (citação (v.), máxima (v.), excerto...) breve e objetivo, associando-se *túmulo* com a *morada final*, mas ligado ao *aqui* (espaço) e ao *agora* (tempo), presentificado (verbo no presente omnitemporal, sem limites).

Na Literatura, tipo de poesia, nem sempre de inscrição lapidar, em que se lamenta realmente a morte de uma pessoa ou, com notada intenção satírica, o lamento se refere a um vivo como se estivesse morto.

**EPOPEIA (v. CONTO, NARRAÇÃO, NARRATIVA, NOVELA, POEMA, ROMANCE):** gênero em que predomina o discurso narrativo, tem sua origem na Antiguidade, quando o mito/lendário de projeção nacional, o herói, possuía todo o vigor individual que fazia dele uma personalidade extraordinária representativa do passado histórico de sua coletividade, fonte cultural nacional da epopeia. O tempo épico, nem sempre ordenado segundo os eventos históricos se deram, separa-se do presente. Daí a definição: poema (v.) épico ou longa narrativa (v.) em verso, em estilo oratório, que exalta as ações grandiosas e heróicas, os feitos memoráveis, maravilhosos de um herói histórico ou lendário que representa uma coletividade.

O relato (v.) épico se caracteriza por distanciar eventos e personagens de que fala, e seu discurso é solene, numa metrificação geralmente própria dessa solenidade, como o decassílabo heróico. Quanto à estrutura externa, divide-se em: (i) *proposição*: parte introdutória em que o autor expressa a que vem, ou seja, evoca antecipadamente os assuntos que serão desenvolvidos na narração (v.) e exalta a pertinência cultural de seu projeto; (ii) *invocação*: pede geralmente a entidades normalmente sobre-humanas força e inspiração para executar sua tarefa; (iii) *dedicatória* (v.): feita geralmente a figuras ilustres, contém o tom solene da configuração estilístico-estrutrural da narrativa (v.) épica; (iv) *narração* (v): parte principal da narratividade, em que ação e personagens merecem destaque especial. A ação que se vincula totalmente ao maravilhoso e tom heroico (eventos históricos ligados a guerras e batalhas, controle sobre elementos atmosféricos, heroísmos sobre-humanos...) e a personagem, que tem a força, o poder dos deuses e a faculdade de dialogar com eles; e (v) *epílogo* (v.): final da narração (v.) e contém o destino final dos personagens mais destacados.

**ERRATA (v. CORRIGENDA):** lista (v.), geralmente em separata (v.), de retificação detalhada (página, formas corrigidas) de erros de composição e de montagem ou de conteúdo e redacionais (neste caso, chamada de corrigenda – v.), que saíram em uma publicação.

**ESBOÇO (v. ESCOPO, ESCORÇO, ESQUEMA, LAYOUT, LEIAUTE, MONSTRO, RAFE, ROTEIRO, SINOPSE):** esquema (v.) de um trabalho ou de uma obra em estado inicial, apenas delineado(a) de forma sintética, resumida.

**ESCORÇO:** mesmo que ESBOÇO.

**ESCRITURA:** documento/título (v.) de propriedade, imóvel (casa, terreno...), redigido e registrado por oficial público, do qual constam: (i) descrição detalhada (localização, divisas, metragem, etc.) da(o) propriedade ou imóvel; (ii) termos de compra e venda: comprador(es) e vendedor(es), interveniente, em caso de financiamento, valores, condições de venda e taxas diversas pagas e (iii) assinatura (v.) do oficial público e carimbos e selos.

**ESQUEMA (v. ESBOÇO, RESUMO, SINOPSE):** resumo (v.) esquemático, plano, programa (v.), sinopse (v.) ou esboço (v.) de um texto, de um filme, de um estudo/pesquisa (v.), etc., usando-se enunciados curtos (palavras, locuções, frases...), muitas vezes inseridas em chaves, os quais contêm as ideias principais desse texto ou desse(a) estudo/pesquisa (v.), etc.

**ESQUETE (v. PEÇA TEATRAL):** texto curto e breve, dialogado ou não, improvisado ou não, para rápidas encenações, geralmente cômicas, em teatro, rádio ou televisão. Trata-se de um texto com unidade dramática e com princípio, meio e fim bem determinados.

**ESTATUTO (v. CÓDIGO, CÓDIGO CIVIL, CONSTITUIÇÃO, REGIMENTO, REGULAMENTO):** regulamento (v.) ou conjunto de regras ou leis de organização e funcionamento de um grupo, sociedade, instituição, órgão, estabelecimento, empresa pública ou privada. Em todos esses tipos de gênero (constituição (v.), regimento (v.), regulamento (v.), etc., a estrutura/divisão composicional geralmente é organizada em capítulos, títulos, subtítulos, parágrafos e incisos.

**ESTÓRIA (v. CASO, CAUSO, CONTO, HISTÓRIA, LENDA, NARRAÇÃO, NARRATIVA, NOVELA, ROMANCE):** narrativa (v.) de ficção, de cunho popular e tradicional, como lendas (v.), contos (v.) da mula sem cabeça, do saci, do curupira, da carochinha (v. Conto).

**E-STORY-BOARD:** v. CINEMINHA, INFOGRÁFICO, *STORY-BOARD*, *STORY-BOARD* ELETRÔNICO.

**ESTRIBILHO (v. ANTÍFONA, BORDÃO, REFRÃO):** enunciado, geralmente breve, de uma palavra, expressão ou frase (v.), rimado ou não, que um indivíduo repete frequentemente, para efeitos diversos (irritar, fazer humor, vender...).

**ESTUDO (v. EXAME):** segundo a ABNT, documento (v.) que apresenta uma pesquisa (v.) especial sobre um assunto científico ou técnico.

**ETIQUETA (v. NETIQUETA, RÓTULO, TWITQUETA):** nas cortes, era um conjunto de normas de conduta, protocolo (v.) e, por extensão de sentido, passou a se referir cotidianamente ao conjunto de regras de conduta, principalmente as de tratamento, seguidas em ocasiões sociais mais formais. Quanto ao estilo, predomina o discurso instrucional, pois são regras de comportamento e conduta, organizadas, composicionalmente, em sequência.

Como rótulo (v.) ou adesivo, identifica algumas características, informações, instruções (marca, preço, prazo de validade, grife, numeração, composição, etc.), referentes ao objeto ou produto das embalagens.

**EXAME (v. ESTUDO, PROVA, TESTE):** segundo a ABNT, documento em que se analisa/examina detalhadamente determinado assunto técnico: processo, composição, funcionamento, etc. No discurso escolar, v. PROVA.

**EXPEDIENTE:** quadro ou lista (v.) de identificação que um jornal, revista, boletim publica (geralmente na parte inferior da mesma página onde saem os editoriais (v.) em todas as suas edições, do qual constam os nomes da empresa jornalística responsável, da gráfica impressora, dos profissionais mais importantes (diretores, editor-chefe, jornalista responsável, etc.) ligados a essa publicação, os preços de venda avulsa e por assinatura, etc.

**EXPOSIÇÃO (v. APRESENTAÇÃO, COMUNICAÇÃO, COMUNICADO, CONFERÊNCIA, DISCURSO, EXPOSIÇÃO ORAL, PALESTRA):** apresentação (v.) organizada de um assunto, oralmente ou por escrito. (v. mais informações sobre conteúdo, características e organização da exposição em EXPOSIÇÃO ORAL abaixo. Essas informações valem também para a conferência (v.) e a palestra (v.), principalmente).

**EXPOSIÇÃO ORAL (v. APRESENTAÇÃO, COMUNICAÇÃO, COMUNICADO, CONFERÊNCIA, DISCURSO, EXPOSIÇÃO, PALESTRA):** discurso (v.) em que se desenvolve um assunto (conteúdo referencial), ou transmitindo-se informações, ou descrevendo-se ou, ainda, explicando-se algum conteúdo a um auditório de maneira bem estruturada. Trata-se de um gênero público pelo qual um expositor especialista faz uma comunicação (v.) a um auditório que se dispõe a ouvir e aprender alguma coisa sobre o tema desenvolvido. Portanto pressupõe-se uma assimetria entre expositor e auditório que é quebrada tanto pela disposição do público que assiste a ele quanto pela tática discursiva do locutor que, ao longo da exposição, constrói o texto levando em conta o conhecimento enciclopédico que o auditório parece ter, bem como suas expectativas e interesses.

Quanto à organização composicional e estilo, pode-se assim resumir (v. SCHNEUWLY, DOLZ e colaboradores, 2004, p. 220-221 e p. 234-245):

1) Fases da introdução:

 a) *Abertura*: parte em que o expositor se apresenta e delimita os papéis, pois se define como especialista que se dirige a um auditório que também é instituído como tal.

 b) *Introdução ao tema*: entrada no discurso, quando o expositor apresenta, delimita e desperta a curiosidade do público. Para tal, geralmente ele vai usar expressões do tipo: "Hoje vou falar-lhes sobre..."; "Vou tentar explicar-lhes hoje que...".

 c) *Apresentação do plano*: usando expressões como, "Primeiro vou lhes falar sobre... depois vou definir... e em seguida vou dar exemplos de... e finalmente poderemos concluir que...", o expositor deixa claro ao auditório seu plano de exposição e o planejamento de seu discurso.

2) Fases do desenvolvimento

d) *Corpo da exposição*: desenvolvimento e encadeamento do que foi exposto no plano. Para tal, o expositor vai usar expressões ou fórmulas que se irão organizando, retomando os pontos da exposição, etc.: "Então, comecemos com..."; "falei de tal... e agora vou passar a..."; "Passemos agora a..."; "O que abordaremos agora é...", etc.

e) *Recapitulação e síntese*: antes de concluir, o expositor pode recapitular os principais pontos da exposição e fazer uma transição entre o corpo da exposição e a conclusão: "Em resumo..."; "Gostaria agora de resumir em poucas palavras o que vimos..."; "Podemos retomar algumas ideias como recapitulação de nosso tema", etc.

3) Fases da conclusão:

f) *Conclusão*: parte final em que o locutor submete ou deixa em suspenso aos ouvintes ou um problema novo, provocado pela exposição, ou dá início a um debate (v.), etc.

g) *Encerramento*: parte que o expositor agradece o convite recebido, a atenção que lhe foi dispensada pelo auditório, coloca-se à disposição de todos, etc.

**EXERCÍCIO (v. DEVER, TAREFA, TRABALHO)**: no discurso escolar, trata-se de um dever (v.), trabalho (v.), tarefa (v.) para treinar o(a) estudante em determinada disciplina.

**EXTRATO (v. *ICEBERG*)**: como fragmento de texto, é um resumo (v.) ou cópia resumida de conta-corrente (v.) ou outro tipo de conta (luz, água, telefone...) (v.), que se refere a certo período de tempo, fornecido(a) ao correntista para verificação, controle ou pagamento. Se fornecido por um caixa eletrônico, recebe o nome de *extrato eletrônico*.

No discurso jornalístico, trecho de uma matéria (v.), geralmente assinada, editado em primeira página do jornal ou de um dos cadernos, como chamada (v.) para um texto completo, publicado em página interna.

***E-ZINE* (v. *BLOGZINE, FANZINE, WEB-ZINE, ZINE* )**: o *e-zine*, (fan)zine[25] eletrônico, é um e-gênero marcadamente marginal. E-gênero, porque faz

---

[25] Segundo Zavam, 2007, p. 96, NR.2, "Fanzine (fanatic + magazine) são publicações impressas, fora das estruturas comerciais de produção cultural, feitas por

parte das práticas culturais discursivas do espaço cibernético; marginal, porque essas práticas são típicas de "gêneros que se colocam à margem do processo de produção cultural institucionalmente constituído e valorizado" (Zavam, 2007, p. 110). No *e-zine*, os e-zineiros ou *egotrippers* quebram os padrões convencionais linguístico-discursivos e culturais, modificando as relações de poder. Vozes reprimidas pelos meios tradicionais de comunicação emergem com a liberação de emissão que a internet possibilita. Mediadas pelo computador, essas vozes ocupam espaços da cultura cibernética, sem contrapô-la, e reconstroem discursos e gêneros ligados à tradição jornalística (editorial, entrevista, resenha [v. todos] e outros, que ali emergem ou que vêm de outros espaços), numa situação de produção cultural *underground*, muitas vezes desprezada ou subestimada pela sociedade e pela mídia tradicionais. Conteúdo e estilo rebeldes, contestadores, descontraídos, marginais se refletem no quadro da enunciação de maneira específica e singular, sem o padrão de confiabilidade e autoridade do estilo jornalístico de revistas tradicionais *on-line*, nas quais predominam um conteúdo temático cultural, uma língua culta e uma escolha genérica, socialmente mais valorizados. O conteúdo temático do e-zine se resume na publicação e divulgação de uma cultura alternativa (*underground*), em que predominam notícias, agendas e resenhas de shows, CDs, DVDs alternativos e entrevistas com bandas independentes.

---

pessoas interessadas na divulgação ou na (re)produção de histórias em quadrinhos (v.), poemas (v.), ficção científica, informações sobre bandas independentes, experimentações gráficas, entre outras expressões artísticas."
Então, segundo a autora, o fanzine (na internet) é um dispositivo eletrônico, e o e-zine (v. zine) seria um gênero discursivo, na concepção bakhtiniana sócio-histórica do termo, já que nenhum texto (gênero) surge "de um espaço vazio, mas sim de um diálogo com outros já constituídos..." (p. 96-97). Contudo ela usa esse conceito de dialogia de Bakhtin para interpretar o e-zine como tradição discursiva na concepção de Katabek (2003), segundo a qual o usuário de uma língua produz seu discurso de acordo com formatos textuais orais e escritos pré-existentes na sociedade (ZAVAM, 2007, p. 96). Contudo para Zavam (p. 110), não importa se concebamos o e-zine como suporte, dispositivo enunciativo ou tradição discursiva. O que importa é "sugerir a inclusão do e-zine, assim como outros gêneros [...] marginais – que se colocam à margem do processo de produção cultural institucionalmente constituído e valorizado – nas práticas de ensino da escola." Por isso, também colocamos o verbete E-ZINE neste dicionário.

A "língua marginal" em que se publica esse conteúdo concretiza-se nas escolhas linguístico-discursivas, lexicais e sintáticas, próprias de um estilo rebelde e contestador, e pode ser vista em enunciados concretos que circulam em *e-zines*, e mesmo na autodenominação dos grupos e dos seus respectivos sites (v.), como nos exemplos abaixo, retirados do *e-zine* "Grito Alternativo" (<http://gritoalternativo.com>. Acesso em: 10 ago. 2006) e citados por Zavam (2007, p. 107-109):

(01)

"Amigos que se juntaram para "tocar o bom e velho crossover/trash", só isso bastou para formar esta grande banda fodida que é o Bandanos."

(02)

DURO DE MATAR - Zug-Bar - Sorocaba/SP - 30/07/2006 - La Cliqua, Deskarrego, Nervo, X4, Vulgar e T-D4.

"[...] Quem abre a tarde de porradas no ouvido é a recém nascida La Cliqua [...]

Foi um show muito bom para nos [...] E pra fechar a noite e fazer todo mundo ir embora dormir feliz, T-D4, na noite de estréia de seu cd demo com levadas mais punks e com mesma agressividade fechou a noite com chave de ouro. [...]"

(03)

Grupos e sites:

1. Areia Hostil <www.areiahostil.com.br>

2. Banheiro Feminino <www.banheirofeminino.com.br>

3. Catacumba <www.matallatack.com.br>

4. O Bastardo <www.obastardo.hpg.com.br>

5. Paradoxo Rebelde <www.metalpesado.com.br>

6. Penumbra Zine <www.evilwar.com.br>

# F

**FÁBULA (v. CONTO POPULAR, ESTÓRIA, HISTÓRIA, LENDA):** sem entrar na discussão de outros conceitos de fábula, como, por exemplo, o dos Formalistas Russos ou as relações ou oposições com os conceitos de *intriga* (v.) ou *motivo* da Teoria Literária ou o conceito de *mythos* em Aristóteles, vamos nos ater ao clássico conceito de fábula que tem sua origem em Esopo (séc. VI a.C) e Fedro (séc. I d.C) e foi retomada, no Classicismo francês, por La Fontaine. Trata-se de uma narrativa (v.), quase sempre breve, em prosa ou, na maioria, em verso, de ação não muito tensa, de grande simplicidade e cujos personagens (muitas vezes animais irracionais que agem como seres humanos) não são de grande complexidade. Aponta sempre para uma conclusão ético-moral. É um gênero de grande projeção pragmática por seu claro objetivo moralizador e de grande efeito perlocutório, próprio dos textos narrativos, pois vai ao encontro dos hábitos, das expectativas e das disponibilidades culturais do leitor.

***FAIT DIVERS* ou *FAIT-DIVERS* (v. NOTÍCIA):** palavra de origem francesa, pode ser traduzida por "Fatos diversos". No discurso jornalístico, principalmente no da Imprensa Marrom sensacionalista, trata-se de uma notícia (v.) de fatos insólitos, incomuns, anômalos ou extraordinários: brigas de gangues, crimes passionais, assaltos, sequestros, traições, atropelamentos, etc. A própria manchete (v.) sensacionalista desperta o interesse do leitor comum pelos detalhes das aberrações noticiadas, que constituem o Fait-Divers: (*Padre mata ladrão com candelabro / Deputado brasileiro ganha na loteria sessenta vezes. Foi Deus quem quis / Amante fugiu pela janela nu!*). De cunho popularesco e sensacionalista, circulam em seções especiais. Em jornais franceses, na seção também intitulada *Faits Divers* (no plural).

**FANZINE (v. BLOG JORNALÍSTICO, *BLOGZINE, E-ZINE, WEB-ZINE* e *ZINE*):** segundo Zavam, 2007: 96, NR 2, como se viu na NR 25 deste dicionário, "Fanzine (*fanatic + magazine*) são publicações impressas, fora das estruturas comerciais de produção cultural, feitas por pessoas interessadas na divulgação ou na (re)produção de histórias em quadrinhos, poemas, ficção científica, informações sobre bandas independentes, experimentações gráficas, entre outras expressões artísticas". O Fanzine, herança das publicações *underground* dos anos 60, nasceu com o movimento *punk* inglês entre 1975 e 1976. O conteúdo inicial se resume em assuntos musicais, principalmente o *rock'n roll*, mas depois se expandiu para outros assuntos culturais, como os literários, as HQs, conforme se viu acima. Numa linguagem textual e gráfica experimental, que foge aos padrões convencionais, pode ser produzida desde a forma mais rudimentar (folha feita à mão, mimeografada, xerocada...) até a forma de jornal ou revista padrões. De baixo custo, pode ser vendido informalmente por seus próprios produtores e editores diretamente aos leitores interessados nesse tipo de publicação. Com o advento da internet, nasceram os *blogzines, e-zines* e *web-zines* (v. todos).

***FEATURE* (v. ARTIGO (DE OPINIÃO), ARTIGO DE FUNDO, COLUNA, COLUNÃO, CRÔNICA, EDITORIAL, NOTA, NOTÍCIA, SUELTO e REPORTAGEM):** podem ser classificados como *features* o ARTIGO, a NOTA, a NOTÍCIA, a CRÔNICA, a TIRA e COLUNAS (v. todos esses verbetes), que contenham matéria de entretenimento, de passatempo (certas "perfumarias" cotidianas como curiosidades, conselhos diversos, decoração, etc.), pois são menos "perecíveis" que as notícias comuns. Isso significa que esse tipo de matéria não "perde a validade" de imediato – diferentemente de uma notícia de valor jornalístico diário – e pode ser publicada quando o veículo ou periódico tiver espaço ou for de interesse.

**FELICITAÇÃO (v. CONGRATULAÇÃO, CUMPRIMENTO, LOUVOR, MENSAGEM):** v. congratulação.

**FICHA (tipos: bancária, catalográfica, escolar, de avaliação... v. CADASTRO, LISTA):** como suporte, pode ser um pedaço de papel/papelão/

cartolina, geralmente pequeno ou médio, em que se registram, à guisa de classificação, catalogação, etc., informações relevantes sobre qualquer coisa. Por metonímia, refere-se ao conteúdo, o conjunto das informações arroladas nesse pedaço de papel/papelão/cartolina, as quais podem ser dados relevantes referentes à vida pessoal e/ou profissional de um indivíduo, como as fichas (v.) de identificação, de avaliação (v.) ou as antropométricas usadas em várias instituições (escola, polícia, hospital, lojas, etc.). Na pesquisa (v.), são anotações (v.), observações diversas feitas pelo pesquisador em função de suas leituras, coletas de material, etc. Na área clínica, são os registros da história médica de um paciente, desde seus dados anatômicos, fisiológicos, psicológicos, etc. até o registro de doenças e suas evoluções, intervenções cirúrgicas, tratamentos a que foi submetido, medicamentos prescritos, internações hospitalares, etc.

Ficha pode ser usado também como senha (v.), distribuída entre pessoas ou retirada em máquinas eletrônicas por pessoas que esperam ser atendidas em consultório, repartição, agência bancária, etc. Geralmente este tipo de ficha contém um número de ordem de atendimento, mais informações de hora de chegada da pessoa e local/guichê aonde se deve dirigir, quando chamada/avisada.

**FILIPETA (v. FÔLDER, FOLHETO, PANFLETO, PROSPECTO, SANTINHO, VOLANTE):** pequeno volante (v.) que serve para divulgação de eventos culturais, esportivos ou espetáculos... (peça de teatro, cinema, *show*, etc.). Deve conter os detalhes do evento: título (v.), data, local, atores, etc. Às vezes, a filipeta dá direito a desconto no preço do ingresso (v.) ou entrada (v.).

**FILME (v. CINEMA, FILMETE, DOCUMENTÁRIO):** qualquer sequência de cenas[26] cinematográficas (drama, comédia, documentário [v.], etc.), registrada em filme/fita (película de acetato de celulose – primitivamente de nitrato de celulose – revestida por uma emulsão sensível à luz

---

[26] CENA: cada uma das unidades de ação ou divisão do ato de uma peça teatral. Essas unidades se caracterizam pela entrada e saída, no palco, dos intérpretes, alterando-se ou não os cenários. No cinema e na televisão, arte de filme ou de vídeo que focaliza determinada situação e um mesmo ambiente, em geral, com as mesmas personagens, podendo incluir diversos planos ou tomadas. Também pode definir cada uma das situações ou momentos do desenvolvimento de um enredo (v.), em filmes (v.), romances (v.), contos (v.), novelas (v.), relatos (v.), etc. Em síntese, são recortes/partes bem definidas de peças, filmes, vídeos ou livros.

e destinada a registrar imagens fotográficas). Há vários tipos de obra cinematográfica: *Filme de curta, média* e *longa-metragens,* conforme a construção que se faz do discurso fílmico (conteúdo, estilo, narratividade, período de duração, etc.).

**FILMETE:** filme publicitário curto, de propaganda (v.) comercial ou institucional, veiculado em cinema ou TV, com duração variável de 15, 30 ou 60 segundos.

*FLAME*: mensagem de *e-mail* (v.) ou de *newsgroup* (v.) em forma de insultos, agressiva e rude. Esse é o uso mais comum hoje, embora possa ser usada como mensagem amorosa quente e apaixonada (*caliente*), de acordo com o significado original de *flame* em inglês (chama, fogo, ardor, paixão).

*FLASH* **(v. CHAMADA, LIDE, MANCHETE):** chamada (v.) ou nota (v.), resumida e breve, semelhante ao estilo do lide (v.), que se faz, interrompendo uma transmissão jornalística, uma ou várias vezes, para se destacar alguma notícia importante e recém-ocorrida em qualquer parte do mundo. Mais detalhes do fato ocorrido serão dados posteriormente. No jornal impresso, pode ser uma nota (v.) isolada ou pode aparecer ao lado de uma notícia maior, com o objetivo de destacar pormenores do fato. Na internet, os *flashes* se sucedem ao lado de textos maiores.

**FOFOCA (v. BLOGUICE, BOATO, CIBERFOFOCA, CIBERCOMENTÁRIO, CIBERFOFOQUICE, COMENTÁRIO,** *GOSSIP,* **HISTÓRIA,** *HOAX,* **LOROTA, MENTIRA):** algo que se comenta ou se relata em segredo sobre outrem, geralmente de cunho maldoso, pois se trata de uma afirmação não baseada em fatos concretos.

**FOGUETE (v. CHAMADA,** *SLOGAN***):** texto, geralmente em forma de *slogan* (v.), portanto curto (duração entre cinco a dez segundos ou com cerca de sete palavras), direto, incisivo, de mensagem (v.) rápida, utilizado em propagandas (v.) radiofônicas e televisivas.

**FÔLDER (v. FOLHETO, PANFLETO, PROSPECTO, VOLANTE):** impresso de pequeno porte, constituído de uma só folha de papel com uma ou mais dobras sanfonadas. De conteúdo informativo e/ou publicitário, traz, em linguagem objetiva e breve, os principais objetivos e informações (o que, onde, quando, a quem, por que, etc.) de um evento determinado ou divulga um produto, serviço ou ainda dá instrução a respeito do uso de um aparelho, produto ou serviço.

**FOLHA DE ROSTO (v. CAPA, PÁGINA DE ROSTO, ROSTO):** assim como a capa (v.), a folha de rosto faz parte de um todo, o livro, que é um suporte, porém possui características próprias, principalmente o de conter todos dados da obra, alguns, às vezes omitidos na capa (v.) que hoje, como vimos, possui cada vez mais um apelo visual que a transforma em uma espécie de peça promocional. No frontispício, ou anverso da folha de rosto, devem aparecer as seguintes informações: autor(es), título (v.) e subtítulo (v.), número de volume, quando há, tradutor; na parte inferior, cidade da edição, editora e data (ano) da edição. No verso, conhecida como página de créditos (v.), *copyright* (titularidade dos direitos autorais), nome completo, endereço e outros dados da editora, equipe editorial, ficha catalográfica e número de ISBN.

**FOLHETIM (v. BLOG(O)NOVELA, FOLHETO, FOTONOVELA, GAZETILHA, NOVELA, RADIONOVELA, TELENOVELA):** também chamado gazetilha, folheto (v.), nasceu na França (*feuilleton*, no francês)[27] no final do século XVIII (1790) e desenvolveu-se na imprensa do século XIX, de maneira muito forte e complementar, por ser muito do gosto de uma burguesia ávida por informação e cultura. De temática variada, distinta das matérias jornalísticas comuns, vai do texto literário, especialmente novelas (v.), romances (v.), poesias ou trabalhos de crítica de literatura e artes, ao ensaio (v.) e à polêmica. Circulava geralmente na parte inferior da página de um jornal, podendo ser destacado e colecionado. Como folhetim seriado, episódico, divulga(va) fragmentariamente, principalmente narrativas (novelas, romances (v.), com incidentes excitantes (romance, aventura, mistério..., muitas vezes de cunho maniqueísta), que cativavam o público que aguardava sempre o episódio (v.) seguinte, devidamente dosado, antecipando o folhetim moderno divulgado por revistas, a partir da década de 1940 (v. *fotonovela*), pelo rádio – folhetim radiofônico – (v. *radionovela*) e depois pela televisão (v. *telenovela*), a partir da década de 1950.

Conforme se pode ver nos verbetes fotonovela, radionovela e telenovela (vê-los), há, nesses gêneros, características semelhantes, entre outras, de

---

[27] No espanhol, *folletín* (de onde veio a palavra portuguesa); no italiano, *puntata*; no inglês, *serial*; no alemão, *Unterhaltungsteil*; no húngaro, *folytatásos regényrészlet*, etc.

"formato" – duração curta dos episódios apresentados em capítulos-série (seriado) –, de ingredientes temáticos do cotidiano que envolvem emotivamente o leitor, o ouvinte ou o telespectador, que chegam, no imaginário, a se projetar psicologicamente nas personagens e nas ações aí dramatizadas.

Isso tudo cria um procedimento narratológico (descontinuidade acional, ruptura temporal, alternância de espaços, multiplicação de personagens, inclusive dando-se relevo às secundárias com suas histórias próprias...), diferente do romance (v.), e beira ao gênero dramático pelo excesso de diálogos melodramáticos breves, rápidos, mas que, diferentemente do teatro (v. peça teatral), que concentra numa sala as relações sociais, para um público limitado, adapta-se às conveniências do leitor (folhetim jornalístico) e alcança maiores audiências (folhetim radiofônico/radionovela e telenovela), num processo social democratizante.

Interessante destacar que, assim como nos folhetins jornalísticos antigos, o autor ou autores (a coautoria foi e é bastante comum na produção dos textos para radionovelas e telenovelas) têm prazos para entregar os textos e, conforme o nível de audiência, o destino de certas personagens pode ser mudado, e mais, até os honorários podiam e podem ser muito melhores na hora da renovação de contratos. Sem falar nas disputas das emissoras de televisão, hoje, por redatores de novelas de grande sucesso de público. A importância do interlocutor (leitor, radiouvinte ou telespectador) vai além do que se refere especificamente às narrativas. Ele é também um possível consumidor: comprador de jornais, revistas ou outros produtos e modas divulgados nesses tipos de folhetim.

Há também alguns outros elementos originais dos folhetins, os coadjuvantes paratextuais, cuja herança pode ser encontrada nas radionovelas (v.). Quanto às telenovelas (v.), os resumos, por exemplo, podem ser encontrados em cadernos especiais na imprensa escrita. Entre outros paratextos, podem-se destacar: (i) *sumário* (v.) e *resumo* (v.): o sumário apresentava a obra e suas partes em frases breves e o resumo, síntese (v.) do(s) capítulo(s) ou episódio(s) anterior(es), lembraria o que já acontecera, preparando o que viria a seguir; (ii) *aberturas*: enunciados que, como se fossem os lides (v.) de notícias (v.) ou reportagens (v.) jornalísticas, trazem o quando (Bonita, pobre, sozinha. O que vai acontecer com "ela" quando chegar ao Rio? – por exemplo) (às vezes, o como ou o quê) e podem encadear ou relançar a leitura ou a audição, ou mesmo não despertar o interesse do leitor ou radiouvinte; (iii) *final*: sempre mantém o suspense para o capítulo ou episódio seguinte, "parando" a ação num momento tenso, de grande expectativa.

**FOLHETO:** v. FÔLDER, FOLHETIM, PANFLETO, PROSPECTO, VOLANTE.

**FOLHINHA (v. CALENDÁRIO):** termo usado em certas regiões para se referir a calendário (v.) impresso numa única folha ou em folhas destacáveis, pequenas, médias ou grandes, ilustradas ou não, correspondentes a cada dia do ano, e que pode dar também outras informações, como os dias santos e feriados, datas notáveis, o santo do dia, as fases da lua, etc.

**FONADO (v. FONEGRAMA e TELEGRAMA):** telegrama (v.) passado por telefone.

**FONEGRAMA (v. FONADO e TELEGRAMA):** telegrama (v.) entre usuário e agência telegráfica ou vice-versa, passado por telefone.

**FORMULÁRIO (v. FICHA):** impresso-modelo, com lacunas a serem preenchidas pelo(a) interessado(a), para fazer pedidos (v.), prestar declarações (v.) ou outras finalidades, em repartições públicas, correio, firmas, etc.

**FÓRUM (v. AUDIOCONFERÊNCIA, CIBERCONFERÊNCIA, COLÓQUIO, CONVERSA/CONVERSAÇÃO, DEBATE, DIÁLOGO, DISCUSSÃO, E-FÓRUM, FÓRUM DE DISCUSSÃO, FÓRUM ELETRÔNICO ou VIRTUAL, GRUPO DE DISCUSSÃO, LISTA DE DISCUSSÃO, LISTA DE DISTRIBUIÇÃO, *NEWSGROUP*, TELECONFERÊNCIA, VIDEOCONFERÊNCIA):** reunião, congresso, conferência (v.) que envolve debate (v.) de temas problemáticos e polêmicos, específicos de comunidades civil e institucional. Este gênero de discurso, muito comum nas sociedades contemporâneas, visa, a partir da discussão (v.) de ideias e exposição (v.) de opiniões diversas sobre um tema, encontrar coletivamente soluções para problemas específicos. Nessa discussão e/ou exposição, geralmente, predomina o discurso argumentativo (v. argumentação), produzido numa linguagem mais formal. As decisões tomadas no fórum de discussão (v.), a partir de uma multiplicidade de opiniões e dizeres, teriam legitimidade frente aos membros da comunidade que, consensualmente, seriam co-responsáveis pela elaboração e implementação delas. Trata-se de um tipo de prática social discursiva muito típica de comunidades democráticas, como o são as empresas, as universidades e as academias.

**FÓRUM DE DISCUSSÃO (v. AUDIOCONFERÊNCIA, CIBERCONFERÊNCIA, COLÓQUIO, CONVERSA/CONVERSAÇÃO, DEBATE, DIÁLOGO,**

**DISCUSSÃO, E-FÓRUM, FÓRUM, FÓRUM ELETRÔNICO OU VIRTUAL, GRUPO DE DISCUSSÃO, LISTA DE DISCUSSÃO, LISTA DE DISTRIBUIÇÃO, *NEWSGROUP*,[28] TELECONFERÊNCIA, VIDEOCONFERÊNCIA):** mesmo que FÓRUM (v.), mas trata-se também, na internet, de um *ambiente*, isto é, um domínio de produção e processamento de textos onde emergem novos gêneros, como a lista ou grupo de discussão (v.). Termo genérico para tal, a palavra *fórum* pode ser aplicada tanto para grupos de discussão da Usenet (v.) como para listas de distribuição (v.). Em serviços *on-line* norte-americanos, a palavra FÓRUM (v. FÓRUM e FÓRUM ELETRÔNICO OU VIRTUAL) é utilizada para descrever os grupos de discussão internos.

**FÓRUM ELETRÔNICO ou VIRTUAL (v. AUDIOCONFERÊNCIA, CIBERCONFERÊNCIA, COLÓQUIO, CONVERSA/CONVERSAÇÃO, DEBATE, DIÁLOGO, DISCUSSÃO, E-FÓRUM, FÓRUM, FÓRUM DE DISCUSSÃO, GRUPO DE DISCUSSÃO, LISTA DE DISCUSSÃO, LISTA DE DISTRIBUIÇÃO, *NEWSGROUP*, TELECONFERÊNCIA, VIDEOCONFERÊNCIA):** reedição do fórum (v.), a partir do surgimento de novas invenções tecnológicas, o fórum eletrônico ou virtual ou *e-fórum* (v.) pode se assemelhar ao fórum (v.) tradicional, mas realmente é um novo gênero, assim como o é o "bate-papo virtual/*chat*" (v.), que possui semelhanças com o bate-papo (v.) do cotidiano, e o é também o *e-mail* (v.) que se parece com a carta (v.). Ou seja, são todos gêneros diferentes entre si.

De grande abrangência social (*ubiquidade*) e por ser bastante democrático, pela participação irrestrita de qualquer usuário de internet (*universalidade*), o fórum eletrônico ou virtual se caracteriza por ter tópicos de discussão escolhidos estrategicamente pelos *portais de internet* (v. portal) ou pelas respectivas comunidades dos sítios (v.) de relacionamento. Nestes, cada usuário convidado e cadastrado pode participar das discussões e construir discursos argumentativos em torno de temas

---

[28] A tipologização dos gêneros emergentes na internet ainda é objeto de discussões entre os pesquisadores, por isso, como explicamos na Apresentação, optamos por colocar neste nosso Dicionário de Gêneros Textuais todos estes verbetes (GRUPO DE DISCUSSÃO, FÓRUM DE DISCUSSÃO, *E-MAIL*, *HOME PAGE*, *SITE*/SÍTIO, LISTA DISCUSSÃO, LISTA DE DISTRIBUIÇÃO, *NEWSGROUP*, PORTAL) para que nosso leitor procure discernir, pelas definições e características, o que poderia ser tratado como ambiente e o que poderia ser um gênero de discurso ou textual.

polêmicos. Nos *portais de acesso à internet* que instigam o debate (v.) sobre temas de grande apelo popular, geralmente não há censura, o que torna a discussão (v.) livre e bastante acirrada. As discussões síncronas ou as postagens das opiniões excitam os ânimos, e os textos apresentam as mais variadas formas e tamanhos. Em ambos os casos, há usuários que se atêm ao tema proposto, mas outros se distanciam totalmente da enquete (v.) e acabam produzindo discursos os mais variados (piadas, críticas, protestos, etc.). É justamente essa liberdade de expressar o conteúdo que se quer e como se quer, de se ter um embate aberto interlocutivo livre, a característica principal desse gênero eletrônico ou digital.

A construção desses discursos argumentativos se dá na interação entre os interlocutores-usuários, mediada por turnos que se alternam em forma de debate, no que se assemelha ao fórum (v.) tradicional oral, quando a discussão (v.) for síncrona, como nos chats (v.), ou por mensagens postadas, quando assíncrona. Neste caso, os usuários leem as opiniões dos outros e postam as suas próprias para que outros possam contestar ou não.

Quanto à linguagem, análises apontam para um gênero de constituição discursiva híbrida escripto-oral, em que se usam recursos tanto verbais quanto paraverbais. É um gênero escrito, constituído multissemioticamente e com muitas marcas discursivas, sociais, etnográficas e culturais da oralidade. Predomina aí uma linguagem abreviada, sincopada, com logogramas, topogramas, ícones diversos, com alongamentos de letras e sinais de pontuação, letras maiúsculas e *scripts*, usados para expressão de emoções diversas na construção do discurso argumentativo. Também predomina aí uma linguagem coloquial, bem informal, sem censuras de qualquer ordem: o usuário fica mais à vontade para escrever da maneira que quer e para abordar o tema e desenvolver suas ideias sem sanções ou cortes de qualquer natureza.

Em síntese, pode-se dizer que o fórum eletrônico possui estilo próprio em função do espaço em que circula e faz parte de novas práticas sociais provocadas pelo advento da internet, embora se assemelhe ao fórum (v.) tradicional quanto ao objetivo de construção de discursos argumentativos a partir de temas polêmicos.

**FOTOAVENTURA (v. FOTONOVELA, NOVELA, RADIONOVELA, TELE-NOVELA).**

*FOTOBLOG(UE)*: **(v. AGENDA,** *BLOG,* **BLOGUE, CIBERDIÁRIO, COMEN-TÁRIO, DIÁRIO DIGITAL, DIÁRIO ELETRÔNICO, DIÁRIO ÍNTIMO,**

**DIÁRIO PESSOAL, DIARIOSFERA, JORNAL, MINIBLOG(UE), *POST*, *WEBLOG*, WEBLOGUE):** f.*blog*, isto é, *blog* (v.) de fotos. Há o hábito de se colocar uma ou mais fotos por dia que podem até substituir textos. Também é aberto aos comentários dos visitantes, como o *blog* (v.).

**FOTO-LEGENDA (v. FOTOMANCHETE, LEGENDA e MANCHETE):** serve para ilustrar uma notícia, reportagem, etc. e se trata, como o próprio nome indica, de um gênero híbrido, constituído de uma fotografia legendada (v. legenda).

**FOTOMANCHETE (v. FOTO-LEGENDA e MANCHETE):** como o próprio verbete indica, a manchete, enunciado curto, breve e objetivo, se faz acompanhar de uma fotografia ou outra ilustração e sintetizam (foto e manchete) com precisão a informação (v.) mais importante do texto. É muito utilizada em jornais vespertinos.

**FOTONOVELA (v. BLOG(O)NOVELA, FOLHETIM, FOLHETO, FOTOAVENTURA, GAZETILHA, NOVELA, RADIONOVELA, TELENOVELA):** gênero de literatura de massa, em princípio dirigida a um público menos exigente, de estilo romântico, é veiculada por revistas especializadas e apresentada em forma de quadrinhos fotográficos, com textos sucintos em legendas ou balões, isto é, conjugando-se fotografia e texto verbal. É também conhecida como *fotorromance* (v.) em algumas regiões onde se fala português. Do ponto de vista semiótico-narrativo, inter-relaciona-se com o *folhetim* (*romance*) (v.), a *história em quadrinhos* (v.) e o *cinema* (v.).

Historicamente, tem origem na década de 1940, quando o cinema se popularizava, mas ainda não era totalmente acessível a todo tipo de público. Como, tematicamente, a fotonovela, no início, deu ênfase às histórias cinematográficas com suas protagonistas famosas (vedetes), fez muito sucesso junto ao público feminino (como até hoje) de baixa e média renda, geralmente não muito escolarizado. Quando se liberta do cinema, mantém temas ligados às relações afetivas, com intrigas que envolvem "amores impossíveis e complicados", incluindo suspense e sexo, geralmente protagonizadas por personagens "planos", sem muita complexidade psicológica. Assim como o romance-folhetim ou o folhetim-radiofônico (v. o verbete folhetim acima), as fotonovelas são escritas em forma episódica/seriada e se arrastam por vários números da revista que as publica, cativando o público leitor.

Discursivamente, na articulação narrativa, assemelha-se à história em quadrinhos (v.), mas usa como suporte expressivo o fotograma (e não o desenho), acompanhado do texto verbal maior, o discurso (muito "emotivo") dos personagens, e o não menos importante discurso do narrador, que configura os princípios ético-ideológicos (valores morais, religiosos, comportamentos, etc.) que sustentam a fotonovela e controla as ações, lógica e cronologicamente encadeadas, estendendo-as ou retardando-as (v. o verbete folhetim acima), conforme o índice de recepção dos leitores. O relato é feito de forma elíptica, por razões de economia narrativa e material, havendo acontecimentos não referidos implícitos, entre os fotogramas, que se reconstituem na leitura. Nesse aspecto, assemelha-se muito à História em Quadrinhos (v.) em que a elipse é sua essência no que se refere ao modo de ler quadrinhos. É o leitor que estabelece uma relação de continuidade entre as vinhetas e, no caso das fotonovelas, entre os fotogramas. O espaço entre cada unidade icônico-verbal gera o tempo do leitor. A elipse não é, portanto, uma omissão, mas uma continuidade discursivo-narrativa entre as partes.

**FOTOPOTOCA (v. CARTUM):** a revista *O Cruzeiro* lançou, em 1963, uma seção de humor intitulada *Fotofofocas*, cujo estilo, mais tarde, foi consagrado em revistinhas especiais e recebeu o nome de fotopotoca. Trata-se de um cartum (v.) fotográfico que se caracteriza pela inserção de balões com diálogos humorísticos a partir de fotografias já publicadas na imprensa ou de gravuras antigas. Esses diálogos inventados para as personagens das fotos ou gravuras ironizam pessoas ou instituições políticas, sociais, religiosas, etc.

**FOTORREPORTAGEM (v. NOTÍCIA, REPORTAGEM):** matéria jornalística cuja informação vem centrada em fotos acompanhadas somente de legendas (v.) ou breves textos explicativos.

**FOTORROMANCE:** v. acima FOTONOVELA.

**FRASE (v. ADÁGIO, BREVE, CURTA, DITADO, MÁXIMA, MOTE, PROVÉRBIO, SENTENÇA):** segundo PEDROSA (in DIONÍSIO, A.P.; MACHADO, A.R.; BEZERRA, M.A., 2002, p. 151-165) o gênero "frase" é veiculado em jornais e revistas (*Folha de S.Paulo*, *O Estado de Minas*, *Veja*, *Istoé*, *Época*, *Contigo*, *Placar*, etc.), geralmente numa seção intitulada FRASES.[29] Por isso a opção de nomear o gênero como "frase".

---

[29] V. obra citada, à página 152, "Quadro 1: Identificação e caracterização da seção do gênero 'Frase'".

Estruturalmente, compõe-se da 'fala' dos locutores/autores (geralmente adultos e muito conhecidos: celebridades, artistas, políticos, jogadores de futebol...), mais o contexto 'recuperado' (informativo, atelado ou interpretativo/tendencioso) do editor. Este recorta de eventos comunicativos mais amplos do domínio discursivo político, artístico (TV, rádio, teatro e cinema), esportivo "frases" (*pérolas*) que são colocadas entre aspas, mesmo que não tenham sido proferidas literalmente pelo 'autor'. Há uma forma padrão predominante, cujas partes nem sempre aparecem integralmente: "*O contexto vem sempre depois da 'fala' selecionada e apresenta o esquema: identificação do locutor; um aposto que faz referência à sua profissão ou cargo que ocupa; um aposto sobreposto (facultativo), quando o locutor não for tão bem conhecido, ou quando necessitar de informação complementar; uma explicação sobre o assunto ou tópico da 'fala', podendo ser opinativo ou informativo*" (PEDROSA, 2002, p. 156).

De tom essencialmente crítico, irônico, humorístico, com ambiguidades, etc., é um texto de lazer bastante prazeroso, como os exemplos a seguir, retirados da obra citada (p. 153, 154 e 155):

1. Veja, 26/12/01

Entre um susto e outro, retórica e humor

O PLANALTO BRIGOU COM A PLANÍCIE

Dida Sampaio/ag. Estado

"Precisa acabar no Brasil essa mentalidade atrasada de que o presidente vai passear. Tenha paciência!" Fernando Henrique Cardoso, *presidente da República, rebatendo críticas a sua passagem pela Ilha turística de Bali, na Indonésia.*

2. Istoé 15/08/01

"*São todas cafonérrimas. Parece que se arrumaram para um velório.*" Frankie Mackey, estilista, sobre as socialites vestidas de preto no GP do Brasil.

3. Tudo, 21/12/01

"*Pelé, Coca-Cola e Jesus Cristo são os três maiores ícones mundiais.*" Edson Arantes do Nascimento, o Pelé, num ataque de modéstia.

4. Contigo, 20/11/01

"*Ele é simplinho, mas muito limpinho.*" Hebe em seu programa, dia 12, elogiando Ângelo de Jesus, que foi preso por roubar uma coxa de galinha.

**FRASE-TÍTULO:** v. TÍTULO

**FRIA (v. ARTIGO, CALHAU, FURO, GAVETA, NOTÍCIA, QUENTE e *STAND-BY*):** v. último parágrafo de Artigo e Notícia.

**FURO (v. ARTIGO, CALHAU, FRIA, GAVETA, NOTÍCIA, QUENTE e *STAND-BY*):** v. último parágrafo de Artigo e Notícia.

**FUNÉREO:** v. NECROLÓGIO, OBITUÁRIO.

# G

**GANCHO (v. LIDE):** espécie de lide (v.) de uma matéria jornalística que se caracteriza por ter um estilo textual *sui generis*: deve ser escrito, em poucas palavras e bem criativo, de tal maneira que prenda a atenção do(a) leitor(a) e o(a) leve a ler o restante do texto.

**GAVETA (v. ARTIGO, CALHAU, FRIA, FURO, NOTÍCIA, QUENTE e *STAND-BY*):** v. último parágrafo de Artigo e Notícia.

**GAZETILHA:** v. BLOG(O)NOVELA, FOLHETIM, FOLHETO, FOTONOVELA, NOVELA, RADIONOVELA, TELENOVELA.

**GIBI (v. HISTÓRIA EM QUADRINHOS – HQs –, BANDA DESENHADA, *COMICS*, DESENHO ANIMADO, MANGÁ):** publicação (revista) em quadrinhos, geralmente infanto-juvenil.

**GLOSSÁRIO (v. DICIONÁRIO, ENCICLOPÉDIA, VOCABULÁRIO, WIKIPÉDIA):** historicamente, na Idade Média e Renascença, reuniam-se, na parte final de um manuscrito ou enfeixada num volume próprio, anotações, antes interlineares (*glosas*), sobre o sentido de palavras antigas ou obscuras encontradas nos textos. Isso era um glossário. Hoje, são compilações várias, apresentadas em ordem alfabética ou temática, de opiniões, ideias de um indivíduo (escritor, filósofo, etc.) ou de um grupo de indivíduos, ou palavras, opiniões, ideias utilizadas e difundidas numa época, num movimento, etc. Também podem ser compilações de informações sobre alguma área do saber ou fazer humano, etc., como informática, zoologia, hotelaria, carpintaria, etc.

**GOSSIP (v. BLOGUICE, BOATO, CIBERFOFOCA, CIBERFOFOQUICE, COMENTÁRIO, FOFOCA, *HOAX*, LOROTA, MENTIRA):** muito comum em veículos especializados da imprensa falada, escrita e internética, o *gossip* constitui uma informação ou comentário sobre fatos de caráter pessoal e privado (fofoca, mexerico, boato) de personalidades do mundo esportivo, político, artístico, etc. Geralmente são textos "maldosos", jocosos, ambíguos que circulam em colunas sociais ou em seções especializadas que se dedicam aos bastidores da vida social dos chamados VIP (*Very Important People*).

**GRADE (v. GRELHA, MAPA DE PROGRAMAÇÃO):** esquema (v.), mapa de programação (v.), geralmente semanal ou mensal, de uma emissora de rádio ou televisão, impresso ou eletrônico, à disposição dos usuários. Grade ou grelha (v.) porque o suporte que contém a programação vem em forma de tabelas, não necessariamente simétricas, tracejadas horizontal e verticalmente, com os dias da semana, títulos dos programas, horários, duração, etc. Geralmente as colunas verticais representam os dias da semana e as faixas horizontais, os horários de cada dia.

**GRAFITE:** v. GRAFITO abaixo.

**GRAFITO (v. GRAFITE):** de origem italiana (*graffito*, no plural *graffiti*, daí o aportuguesamento para grafite, forma mais usada que grafito), lembra muito os desenhos rupestres cuja origem remonta ao homem da idade da pedra que registrava suas pinturas nas cavernas pré-históricas. Modernamente, constituem expressão mural urbana, geralmente clandestina, em forma de inscrições ou desenhos registrados em muros, paredes, monumentos, banheiros públicos, etc. Manifestação marginal assinada por indivíduos ou grupos, com seus "rabiscos", verdadeiros logotipos, pode ter caráter satírico, caricatural, poético, pornográfico, político ou publicitário. Para expressarem esses tipos de caráter, constroem uma escrita que transforma o código alfabético tradicional, usando letras quebradas e introduzindo elementos, preferencialmente de movimento, como setas, asas, pés, curvas, olhos, raios, etc.

**GRELHA:** mesmo que GRADE (v.).

**GUIA (v. MANUAL, ROTEIRO):** basicamente, trata-se de um documento (v.) ou de um manual (v.) ou roteiro (v.). Como documento (v.), podem-se citar alguns tipos: (i) documento com que se recebem mercadorias ou encomendas ou que as acompanha para poderem transitar livremente por quaisquer vias (rodoviária, férrea, aérea, etc.); (ii) documento que acompanha a correspondência oficial; (iii) documento expedido por escrivão, dirigido a uma repartição arrecadadora, mencionando os impostos ou taxas relativos a certos atos judiciais, que ali devem ser pagos; (iv) formulário (v.) com que se fazem recolhimentos às repartições arrecadadoras do Estado; (v) documento de autorização ou permissão para internamento de uma pessoa num hospital ou transferência de um local para outro, etc.

Como manual ou roteiro, trata-se de diversas obras de orientações e/ou instruções, como: (i) guia turístico: caderno, folha, encarte (v.), fôlder (v.) ou livrinho, que contém indicações ou instruções úteis a respeito de uma região ou localidade, monumentos históricos, etc. (localização, situação de ruas, lugares e monumentos para visitas, restaurantes, bares, horários de ônibus, trens, etc.); (ii), livro, manual (v.), publicação que contém orientações, instruções, ensinamentos, conselhos de diversas naturezas, como guias de saúde e higiene, de comportamentos, de orientações ao consumidor, etc.

**GRUPO DE DISCUSSÃO (v. AUDIOCONFERÊNCIA, CIBERCONFERÊNCIA, COLÓQUIO, CONVERSA/CONVERSAÇÃO, DEBATE, DIÁLOGO, DISCUSSÃO, E-FÓRUM, FÓRUM, FÓRUM DE DISCUSSÃO, FÓRUM ELETRÔNICO OU VIRTUAL, LISTA DE DISCUSSÃO, LISTA DE DISTRIBUIÇÃO, *NEWSGROUP*, TELECONFERÊNCIA, VIDEOCONFERÊNCIA):** mesmo que lista de discussão (v.).

**HABEAS CORPUS**: documento (v.) judicial por cujos termos se protege o direito de liberdade de locomoção de um indivíduo, lesado ou ameaçado por ato abusivo de autoridade.

Tipos:

a) preventivo: visa impedir que a lesão ao direito de ir e vir se constitua;

b) remediativo: visa fazer cessar o ato abusivo.

**HAGIOGRAFIA (v. BIOGRAFIA):** biografia (v.) da vida de um santo, exaltando-se principalmente suas qualidades espirituais.

*HAND-OUT* **(v. EMENTA, RESUMO, SINOPSE, SÍNTESE,** *RELEASE***):** texto/material informativo ou educacional, breve/curto, que complementa (às vezes, pode substituir) um curso, uma aula, uma apresentação, uma conferência, uma entrevista, etc., justamente por ser resumido. É muito usado em escolas e em encontros científicos, acadêmicos, jornalísticos, etc. Na imprensa, funciona como release (v.) que contém informações resumidas de um evento já ocorrido ou que ainda vai ocorrer.

*HEADER*: v. CABEÇA, CABEÇALHO, *HEADLINE*.

*HEADLINE*: v. CABEÇA, CABEÇALHO, *HEADER*.

**HIPERLINK (v.** *LINK***, PALAVRA-CHAVE,** *TAG***):** ver *LINK*.

**HISTÓRIA (v. CASO/CAUSO, CONTO, CONTO POPULAR, ESTÓRIA, ENREDO, LENDA, LOROTA, MENTIRA, NARRAÇÃO, NARRATIVA,**

NOVELA, RELATO): sequência/sucessão de ações, de acontecimentos reais ou imaginários/fictícios localizados em determinado contexto espacial e que constituem o significado ou o conteúdo, expressos no/pelo discurso narrativo (v. estória). Ou seja, a história seria a realidade do texto narrativo (acontecimentos e personagens) e o discurso (v.), o modo como o narrador expõe essa realidade ao leitor. Enquanto a história se constitui uma sequência de ações, o produto do ato narrativo, a narração (v.) é o ato produtivo do narrador e a narrativa (v.), ou récit, o discurso ou texto narrativo em que se organiza/constrói a história.

Alguns tipos: (i) história da carochinha ou conto da carochinha; (ii) do arco da velha: história espantosa, inacreditável (v. conto e conto popular); (iii) história em quadrinhos (v. abaixo).

Por extensão de sentido, *histórias* (usado mais no plural) designam narrativas inverossímeis ou destinadas a enganar, lograr o outro. Nesse caso o termo é sinônimo de lorota (v.), mentira (v.). Ver também FOFOCA.

**HISTÓRIA EM QUADRINHOS – HQs (v. BANDA DESENHADA, *COMICS*, DESENHO ANIMADO, GIBI, MANGÁ):** (doravante HQs) surgiu há mais ou menos 110 anos (finais do século XIX) e teve uma grande repercussão nos anos 30, nos Estados Unidos, quando os quadrinhos americanos dominaram o mundo e influenciaram o nascimento desse gênero por toda a parte, como destacado fenômeno cultural de massa. Eis algumas designações tradicionais pelas quais é ou foi conhecido, dependendo da definição ou conceito que se atribui ao gênero: banda desenhada (v.), histórias aos quadrinhos, histórias em quadrinhos, quadrinhos (v.), quadradinhos, bonecos, ilustrados (países lusófonos), *historietas* (espanhol), *funies, comics, cartoon* (inglês), *bande dessinée* (francês), *fumetti* (italiano), *graphic novel, graphic literature* (inglês). Combinando a linguagem verbal (narrativa escrita e a falada, colocadas em balões e legendas) e a visual (imagem gráfica), que tornam a comunicação rápida, conquistou leitores de todas as idades como meio de diversão. Ou seja, a palavra e a imagem, em geral e na prática, possuem o mesmo peso, diferentemente do mangá (v.) oriental japonês em que a maior economia do texto é superada pela força das imagens e sua sequência, o que torna o ritmo da leitura mais acelerado ainda.

Uma definição de HQs contida numa nota de Rodolphe Töpffer escrita em 1837 sobre Monsier Jabot *(in* Zink, 1999, p. 19), resumiria bem a caracterização desse gênero, que se encontra desenvolvido mais abaixo: "Este pequeno livro (Monsier Jabot) tem uma natureza mista. É constituído por uma série de desenhos. Cada um dos desenhos está acompanhado de uma ou duas linhas de texto. Os desenhos, sem esse texto, não teriam senão uma significação obscura; o texto, sem os desenhos, não significariam nada. O todo forma uma espécie de romance, tanto mais original que não se assemelha mais a um romance do que a qualquer outra coisa". E Benoît Peeters (*in* Zink, 1999, p. 18-19) sugere que essa nota explicativa de Töpffer seria a melhor definição de Banda Desenhada (v.): "Um século e meio mais tarde, a intuição de Töpffer mantém-se de uma espantosa actualidade. Longe de ser uma forma bastarda unindo melhor ou pior o visual e o verbal, a banda desenhada é uma linguagem coerente onde estes dois elementos se ligam de maneira indissociável. Não se trata nem de legendas (v.) nem de ilustrações, mas sim de uma verdadeira complementaridade entre o legível e o visível, duas instâncias que assumem cada uma sua parte da narratividade."

Se comparada com a construção formal da escrita narrativa tradicional, a HQs usa alguns recursos icônico-verbais próprios ou muito recorrentes, com uma morfossintaxe e sintaxe discursivas específicas: o desenho, o requadro (contorno do quadrinho (v.) ou vinheta (v.)), o balão, a figura, o uso de onomatopeias e de legendas (v.), a elipse (*sarjeta, closure/conexão*), a página ou prancha, conjugando discurso verbal e pictogramas.

Pode-se assim caracterizá-los:

(a) o *balão*: pode ter inúmeras formas e cores, mas recebeu esse nome por causa de sua forma mais convencional: o "redondo". Uma espécie de calda funciona como seta a indicar quem é o locutor, mas hoje foi substituída por um simples segmento de reta em vertical ou diagonal ou mesmo pela colocação estratégica da mensagem na vinheta (v.). Às vezes o balão é substituído por um retângulo sobre as personagens ou por uma legenda (v.) sob a vinheta (v.);

(b) a *vinheta*: também chamada de quadrado, quadradinho ou quadrinho, é geralmente de forma retangular ou quadrangular, funcionando como moldura de um momento da ação; assim como o balão, a vinheta é a moldura do discurso de uma personagem. A linha da moldura da vinheta pode até nem existir, mas tem a função de delimitar e separar uma da outra, ou seja, indicar o espaçamento entre as diferentes imagens;

(c) a *figura*, maneira ou maneiras como os personagens são "figurados" em cada gesto, em cada posição "imóvel" em que o protagonista deve se apresentar na ação/sequência narrativa. Isto é uma especificidade das HQs. Os leitores o "movimentam" em sua imaginação, dando-lhe vida, quando das leituras que fazem;

(d) a *onomatopeia*: herança dos *comics* (v.) norte-americanos, de uso pródigo, é uma marca plástica importante das HQs, junto com o balão, tanto como componente verbal de intensa sonoridade quanto como componente visual de intensa expressividade na interação entre as personagens. Essas características, portanto, destacam a função principal de "sinestesia" das onomatopeias nas HQs (c*rash, splash, flash, bown, wham, whum, crás, plás, vlam, vum, uóp, bum,* etc.), pois combinam expressividade sonora com estilização gráfica;

(e) a *elipse*: ao contrário da elipse tradicional, que pode parecer uma omissão, a elipse na HQs é um elemento discursivo sintático-semântico fundamental no estabelecimento de continuidade entre as vinhetas. A elipse seria o hiato, o espaço "vazio" – a sarjeta – que o leitor preencheria com sua imaginação, transformando duas ou mais imagens separadas numa só ideia. Esse corte entre as duas ou mais vinhetas é paradoxalmente o ponto de conexão e continuidade semântica entre as partes;

(f) a *página* ou *prancha*: página é um termo mais ligado a texto, já que a HQs é um texto, mesmo que venha sem palavras, e prancha, termo de origem gráfica, por nascer no ateliê do artista plástico, mas chega ao leitor como página de leitura. Há autores que chamam a página de *parágrafo* da HQs. A página ou prancha se organiza de maneira variada e pode ter uma ou mais vinhetas (v.), sendo o mais comum haver de duas a quatro tiras (v.) de dois a quatro quadrinhos que são lidas da esquerda para a direita e de cima para baixo, segundo nossas convenções do código verbal;

(g) *interação icônico-verbal*: pode se realizar de três maneiras:

i) como *discurso verbal*, que se constitui de dois tipos: – o discurso das personagens: conversação (v.) oralizada ou interiorizada pela qual as personagens interagem usando enunciados verbais ou icônicos que são apresentados em balões de configuração gráfica variada e/ou expressões faciais e corporais e – o discurso do narrador em *off*, localizado em lugar adequado dos pictogramas/vinhetas ou entre eles, funciona quase que como uma voz em *off*, com tonalidade estilística narrativa própria;

ii) como *fragmentos informativos*: tabuletas, paginas de livros, etc. e

iii) (que engloba os anteriores) *elementos iconizados* que fazem parte da plasticidade do texto: geralmente onomatopeias. Aqui palavras e imagens integram a composição visual de modo redundante e dinâmico, numa transgressão discursiva do uso tradicional da linguagem textual. A mensagem verbal iconiza-se, o desenho torna visualmente dinâmico o significado do código linguístico (forma das letras, logogramas, topogramas; pontuações codificadas – estrelas, velas, caveiras, formas geométricas...) e do espaço (formas das vinhetas e dos balões têm um valor expressivo);

(h) a *narrativa*: por seus ingredientes e montagem, pode-se dizer que se assemelha sobretudo à narrativa (v.) cinematográfica, o que se confirma pelas constantes adaptações ao desenho animado (v.). Por ser o pictograma ou a vinheta a unidade narrativa da HQs e por ser objeto de elaboração e dinamização de narrativas inspirado no cinema, com enquadramentos, planos, ângulos de focagem, cromatismos, etc., a *sucessividade dos pictogramas e textos* dá um dinamismo e um ritmo particulares à ação, as elipses (que separam os pictogramas) de eventos implícitos interligam os fatos que vão construindo essa ação e a *montagem* quebra a articulação linear desses fatos por uma articulação de duas ou mais ações em paralelo.

Em resumo, a HQs teria 3 características essenciais:

a) a maioria possui uma interação dinâmica, criativa e harmoniosa entre história (v.), palavras e imagens/desenhos/ilustrações;

b) a quase totalidade dos textos é do tipo narrativo;

c) o suporte deve ser manuseável e portátil, sendo o papel o mais comum.

**HOAX (v. BLOGUICE, BOATO, CIBERFOFOCA, CIBERCOMENTÁRIO, CIBERFOFOQUICE, COMENTÁRIO, FOFOCA, *GOSSIP*, LOROTA, MENTIRA):** boato que circula pela internet via correio eletrônico (v.) ou listas de distribuição (v.).

**HOLERITE:** v. CONTRACHEQUE e RECIBO.

***HOME PAGE*[30] (v. *HOTLIST*, *HOTPAGE*, *HOTSITE*, PÁGINA, PORTAL, *SITE*, SÍTIO, *WEBSITE*):**[31] muitas pessoas utilizam inadequadamente o termo

---

[30] Temos visto o composto home page escrito separadamente e também se juntando as palavras (*homepage*). Contudo estamos seguindo a ortografia que está em <http://www.houaiss.uol.com.br>, 2006.

[31] *Home pages* (páginas pessoais), sítios/sites, portais são entendidos por certos autores como gêneros introdutórios, por outros como ambientes de localização de informações. Ambientes são domínios de produção e processamento de textos na internet, que contém vários tipos de gênero e onde podem emergir outros novos gêneros. (v. NRs 17, 31 e 40).

*home page* para definir qualquer página *Web*. Rigorosamente, uma *home page* é a página de entrada ou inicial de um *site/sítio* (v.), mas o termo pode ser usado também para indicar a página principal de uma determinada seção. Por exemplo, no UOL existem várias áreas e, em cada uma delas, existe uma página principal que pode ser chamada de *home page* da área. Portanto, a *home page* tem duas funções básicas: introduz o usuário ao conteúdo geral do *site*/sítio e funciona como a porta oficial para a *Web*. Teria origem e semelhança em certos gêneros jornalísticos, como a primeira página de jornal, que indica, promove e orienta a leitura do conteúdo do jornal em seus vários cadernos. Em ambos (página inicial de jornal e *home page*) podemos encontrar sumário (v.), palavra-chave (v.), manchete (v.), índice (v.), quadros... *links* (v.) que ajudam a localização de informações, notícias e outras que são procuradas. Por esse tipo de gênero introdutório conter outros gêneros, como os citados acima (formariam uma "colônia de gêneros relacionados", conforme Bhatia, 2004), há estudiosos que consideram a *home page* como *ambiente* (v. NR 30). Mas o propósito comunicativo, tanto no modo de leitura (*moves*), já que é um texto, como no modo de navegação (*links* genéricos e específicos), já que a *Web* é um novo meio (nova mídia), apresenta novas estratégias retóricas de leitura hipertextual (combinação de recursos visuais, auditivos e audiovisuais: gráficos, neográficos, ícones diversos, cores, sublinhas, etc.) que fazem da *home page* um novo gênero introdutório virtual (eletrônico-digital).

Os moves podem ter as seguintes funções, segundo Askehave e Nielsen (2004 *apud* Bezerra, 2007, p. 120 *in* Araújo, 2007):

- *atrair a atenção*: chamada da atenção do leitor quando entra na *home page*;

- *saudação*: criação da sensação de boas-vindas;

- *identificação do proprietário*: consolidação, mediado por um logotipo, da imagem do proprietário e orientação do usuário sobre seus próprios interesses na *Web*;

- *indicação do conteúdo*: função central da home page e, geralmente, corresponde ao menu (v.) principal (v. abaixo *links* genéricos);

- *detalhamento do conteúdo*: oferta de informações mais detalhadas sobre alguns tópicos listados ou não no menu (v.) principal, através de sumários (v.) curtos ou lides (v.);

- *estabelecimento de credenciais*: estabelecimento de uma imagem confiável do proprietário do *site*/sítio (v.);

- *estabelecimento de contato*: possibilidade de o leitor entrar em contato com o proprietário;

- *estabelecimento de comunidade* (*discursiva*): através de identificação, senha e *login*, permissão de os usuários criarem uma relação de pertencimento com o *Website*;

- *promoção de outras organizações*: propaganda (v.) de outras companhias ou produtos, mediados por anúncios (v.) em forma de bâners (v.).

Os *links* (v.) genéricos, geralmente enunciados breves, em forma nominal, dão acesso aos principais tópicos do *site*/sítio (v.) pela barra (v.) de navegação fixa, sempre visível, localizada no topo da página (v.) e por menus (v.) complementares que podem vir à esquerda ou à direita da página.

Os *links* (v.) específicos antecipam uma informação, introduzindo o conteúdo parcial de um tópico cujo texto maior está no interior do site/sítio (v.). Cabe ao leitor decidir o acesso ou não ao texto completo. São mais dinâmicos que os genéricos, uma vez que podem ser atualizados constantemente.

**HOMILIA (v. DISCURSO, ORAÇÃO, PRÁTICA, SERMÃO):** pregação, prática (v.) ou comentário (v.) expositivo-argumentativo do Evangelho, visando explicá-lo e analisá-lo, geralmente após sua leitura, em um ato religioso (missa, funeral, bênção, etc.), feita em estilo mais coloquial que um sermão (v.) ou discurso (v.).

*HOTLIST* (v. *HOME PAGE*, *HOTPAGE*, *HOTSITE*, PÁGINA, PORTAL, *SITE*, SÍTIO, *WEBSITE*): lista (v.) de sítios/*sites* (v.) preferidos de um usuário reunidos no campo chamado "favoritos" ou *bookmarks*.

*HOTSITE* (v. *HOTLIST*, *HOME PAGE*, *HOTPAGE*, PÁGINA, PORTAL, *SITE*, SÍTIO, *WEBSITE*): sítio/*site* (v.) temporário, bastante conciso, com um tema específico promocional ou publicitário.

# I

*ICEBERG*: v. EXTRATO.

**ILUSTRAÇÃO (v. INDIFOTO, INFOGRÁFICO, LEGENDA):** diz o ditado que uma imagem, muitas vezes, vale mais que um texto. Esse é o sentido de ilustração: uma imagem (foto, gravura, desenho, gráfico, etc.) que representa um objeto por meios gráficos, plásticos, visuais, fotográficos, e acompanha textos de livros, revistas, sítios/*sites*, etc., ilustrando-os. Neste caso, a ilustração compõe o gênero, achamos, com o texto que ilustra. Mas também pode ser um tipo de legenda (v.) ou uma breve narrativa (v.), comentário (v.) ou citação (v.) que esclarece ou realça o texto de uma publicação ou documento ou uma exposição (v.) oral.

**IMEIO:** mesmo que *E-MAIL* na gíria de certos internautas que chegaram até a criar o verbo "imeiar", no sentido de enviar mensagens por "imeio".

**ÍNDICE (v. *BROCHURENARE*, CATÁLOGO, CATÁLOGO VIRTUAL, FICHÁRIO, LISTA, GLOSSÁRIO, RELAÇÃO, ROL, SUMÁRIO, TÁBUA, TABELA):** pode ser definido como uma lista (v.) detalhada de assuntos, nomes de pessoas, nomes geográficos, acontecimentos, etc., a qual orienta a localização dos itens num determinado texto. Há vários tipos de índice, como Índice/Tábua de matéria, Índice Onomástico (de nomes de pessoas), Índice Remissivo (de termos), etc.

Na bibliologia, pode ser: (i) enumeração/discriminação das principais divisões de uma obra, documento (v.), etc., (com títulos, seções, etc.), dentro da mesma ordem em que a matéria aí aparece, geralmente acrescida da indicação dos números de páginas em que estão respectivamente localizados; (ii) lista (v.), em geral alfabética, que inclui todos ou quase todos os itens (temas, tratados, nomes próprios mencionados) que se consideram de maior importância no texto de determinada publicação, e que, junto a cada item, indica o lugar (p. ex., o número da página) onde ele pode ser encontrado na publicação; (iii) um conjunto de pequenas abas ('orelhas'), com letras, palavras ou números impressos, apostas às bordas de determinadas páginas de livro ou caderno, que facilitam o acesso às diferentes seções do volume; ou ainda nos fichários, conjunto de cartões divisórios, também encimados por abas/orelhas com letras, palavras ou números que orientam o consulente na procura da ficha (v.) desejada.

**ÍNDICE DE MATÉRIA:** v. ÍNDICE, TÁBUA e TÁBUA DE MATÉRIA.

**INDIFOTO:** v. INFOGRÁFICO.

**INFOGRÁFICO (v. ILUSTRAÇÃO, INDIFOTO, LEGENDA, TABELA):** "Infográficos" são quadros informativos que misturam texto e ilustração (v.) para transmitir uma informação (v.) visualmente. Em vez de narrar, o infográfico mostra a notícia (v.) como ela é, com detalhes mais relevantes e forte apelo visual. Os infográficos são grande atrativo para a leitura das matérias (v.). Facilitam a compreensão do texto e oferecem uma noção mais rápida e clara dos sujeitos, do tempo e do espaço da notícia. São representações visuais de informação. Esses gráficos são usados onde a informação precisa ser explicada de forma mais dinâmica, como em mapas (v.), matérias jornalísticas e manuais técnicos, educativos ou científicos. É um recurso muitas vezes complexo, podendo se utilizar da combinação de fotografia, desenho e texto (v. Ilustração).

No *design* de jornais, por exemplo, o infográfico costuma ser usado para descrever como aconteceu determinado fato, quais suas consequências, além de explicar, por meio de ilustrações, diagramas e textos, fatos que o texto ou a foto sozinhos podem não conseguir detalhar com a mesma eficiência. Em outras palavras, trata-se de uma criação gráfica que se utiliza de recursos visuais, conjugados a textos curtos, com o objetivo de divulgar informações jornalísticas, sucinta e atraentemente, em jornalismo impresso, tele e webjornalismo.

(Fonte: http://pt.wikipedia.org/wiki/Infografia , em 26/10/09).

**INFORMAÇÃO (v. AVISO, COMUNICAÇÃO, COMUNICADO, INFORME, MENSAGEM):** conforme a esfera social de circulação e o objetivo, o gênero "informação" pode ter seu próprio sentido e tipo de discurso predominante: de relato, de opinião (argumentativo) ou instrucional. É um relato informativo, quando se trata de uma comunicação de interesse público em que se transmitem notícia (v.), acontecimento ou fato a serem divulgados pelos meios de comunicação, ou seja, um conjunto de atividades que têm por objetivo a coleta, o tratamento e a difusão de notícias junto ao público.

É um texto de opinião ou argumentativo, quando, no domínio discursivo burocrático, administrativo ou jurídico principalmente, traz opinião/juízo sobre o procedimento de pessoa física ou jurídica, quando traz um parecer (v.) técnico, um esclarecimento processual dado por uma repartição ou funcionário a uma autoridade competente, a partir de uma investigação (v.) ou inquérito (v.). Como exemplo, podem-se citar: na linguagem comercial, opinião ou parecer que contém dados sobre uma pessoa física ou sobre a evolução de uma pessoa jurídica, como um fornecedor; no direito falimentar, fase inicial do processo falimentar onde são apurados os bens, os direitos e as obrigações do falido; no direito administrativo, ato pelo qual órgão da administração pública faz esclarecimentos sobre o processo administrativo; no direito processual, conjunto de dados fornecidos pela autoridade impetrada no *habeas corpus* (v.) sobre o fato que se quer qualificar como abusivo.

Também usado na esfera militar, define-se como um conjunto de informes (documentos ou observações) já analisados, integrados e interpretados, que habilita um comandante a tomar decisões seguras relativas a uma linha de ação e à conduta da manobra.

Como discurso instrucional, trata-se de um texto usado para transmissão de informações com objetivo de ensinamento, orientação ou instrução (v.) sobre um conjunto de conhecimentos de determinado assunto.

**INFORMATIVO (v. BOLETIM).**

**INFORME (v. AVISO, COMUNICAÇÃO, COMUNICADO, INFORMAÇÃO, MENSAGEM):** v. INFORMAÇÃO acima.

**INGRESSO (v. CONVITE, ENTRADA):** cartão, senha, pedaço de papel, geralmente impresso, que dá direito de entrada a espetáculo, jogo, conferência, congresso, reunião, etc. Nesse caso, pode ser chamado de ingresso (v.), entrada (v), quando pago, e convite (v.), se de graça. Geralmente constam do ingresso ou convite (v.) nome do espetáculo, jogo..., local, data, preço, informações sobre local dos assentos, patrocinadores (quando houver). As informações vêm dispostas de maneira clara e objetiva, predominando enunciados formados por palavras e frases nominais curtas/breves.

**INICIAL:** v. PETIÇÃO.

**INQUÉRITO (v. INQUIRIÇÃO, INTERROGATÓRIO, INVESTIGAÇÃO, SINDICÂNCIA):** conjunto de atos e diligências com o fim de apurar a verdade de fatos, casos alegados, duvidosos. Estrutura-se geralmente como interrogatório (v), em que a autoridade faz perguntas diretas ao réu, ouve testemunhas, etc. O espaço formal dessa esfera comunicativa reflete-se no tom e no estilo das respostas que devem ser objetivas, claras, sem "volteios".

Tipos:

a) administrativo: objetiva apurar irregularidades no serviço público ou privado;

b) judicial (direito falimentar): com base no relatório (v.) apresentado pelo síndico da massa falida, procuram-se apurar os fatos e as responsabilidades pela falência;

c) parlamentar (direito constitucional): efetuado por uma comissão parlamentar de inquérito (CPI) para a apuração de algum fato ou circunstância que se repute irregular;

d) policial (direito processual, direito penal): conjunto de atos e diligências necessários para a apuração da autoria e demais circunstâncias de um ilícito penal. É também conhecido como investigação (v.) criminal;

e) policial-militar (direito penal, direito militar): procedimento sumário para a apuração de circunstâncias relacionadas a um crime militar.

**INQUIRIÇÃO:** v. INQUÉRITO, INTERROGATÓRIO, INVESTIGAÇÃO, SINDICÂNCIA.

**INSCRIÇÃO (v. EPÍGRAFE, FRASE, LEMA, LETREIRO, MÁXIMA, MOTE, PLACA):** enunciado curto, constituído de uma ou mais palavras, surgiu como desenho ou símbolo primitivo gravado ou pintado em rocha, caverna... (pintura rupestre), depois passa a ser comum aparecer em outros portadores (gravação em pedestais de estátuas, medalhas, vasos...), para consagração da memória de um fato ou de alguém (citação [v.] ou pensamento inédito em fachada de prédios, em monumentos arquitetônicos...), ou para perpetuação histórica de um pensamento; (em paredes, postes...) ou mesmo para indicação de caminho a se orientar (v. letreiro, placa).

Também é muito comum como ato ou efeito de incluir (algo, alguém) ou de incluir(-se) em um registro ou lista (v.), inscrever-se em algum concurso ou matricular-se em um curso ou escola.

Como termo jurídico, trata-se de um registro (inscrição) em livro próprio ou em órgão competente de certos atos legais (hipotecas, penhores, doações...), que só produzem efeitos jurídicos se se lhes conferem validade e capacidade para tal.

De forma e composição bastante variadas, desenhos ou símbolos primitivos gravados ou pintados em rocha, caverna, etc.

**INSTRUÇÃO (v. PRESCRIÇÃO, RECEITA):** orientação, explicação, regra, prescrição (v.) de como usar algo, de como agir, de como executar uma tarefa, de como jogar, etc. Embalagens, manuais de instrução (v. manual), bula(s) (v.), folhetos informativos (v. folheto), etc. são geralmente portadores desses tipos de textos instrucionais que se estruturam muitas vezes em itens, numerados ou não, iniciados por verbos no imperativo ou no infinitivo, para se transmitirem as orientações, regras de uso, prescrições, ou explicações.

Na informática, expressão ou código que especifica uma operação a ser executada pelo microprocessador e, se necessário, identifica os operandos.

Como termo jurídico, em processo civil ou penal, refere-se a atos e diligências esclarecedores e elucidadores, emanados de um autoridade, que, na forma das regras legais estabelecidas, devem ou podem ser praticados, no curso de um processo.

Na educação formal ou não, há um tipo de instrução programada que pode ser caracterizada como um método de ensino ou de treinamento em que o conteúdo a ser assimilado ou a tarefa a ser executada são apresentados em pequenas porções e só se passa a uma nova informação quando a anterior já foi compreendida ou executada, o que é feito com perguntas e sua imediata resposta correta, como reforço para garantir a apropriação do conhecimento. Esse tipo de estudo ou tarefa (v.) permite sua execução com ou sem a presença do professor ou instrutor.

**INTERROGATÓRIO (v. INVESTIGAÇÃO, INQUÉRITO, INQUIRIÇÃO, SINDICÂNCIA):** conjunto de perguntas que o magistrado ou autoridade judicial ou policial dirige ao réu sobre sua identidade e fatos que dizem respeito à acusação que lhe é feita, bem como as respostas que são dadas. Em geral, as perguntas são diretas e devem ser respondidas objetivamente, sem delongas, em tom respeitoso à autoridade constituída.

**INTERTÍTULO (v. ANTETÍTULO, BONÉ, CHAPÉU, ENTRETÍTULO, OLHO, SOBRETÍTULO, SUBTÍTULO, SUTIÃ e TÍTULO):** texto curto (em corpo menor) que vem no meio do título (v.), geralmente entre parênteses.

**INTIMAÇÃO (v. CITAÇÃO, NOTIFICAÇÃO):** na linguagem jurídica, ato judicial pelo qual se notifica determinada pessoa dos termos ou atos de um processo, para, por exemplo, comparecer junto a alguma autoridade, em data fixada, e responder à acusação constante do processo.

**INTRIGA (v. ARGUMENTO, ENREDO, FÁBULA, ROTEIRO, TRAMA):** conjunto de peripécias imaginadas pelo autor de uma peça (v.) dramática, de um romance (v.), de uma novela (v.), de um filme (v.), etc. Termo criado pelos formalistas russos em nível do plano macroestrutural de narrativas, a intriga traz peripécias que se traduzem em digressões não lineares subsidiárias à progressão da história cujos eventos são apresentados de forma encadeada, fomentando a imaginação e a cooperação interpretativa do leitor.

Às vezes, é um termo usado de maneira simplista como sinônimo de esquema (v.) ou sinopse (v.), reduzido(a) ao essencial das peripécias que constituem o enredo (v.).

**INTRODUÇÃO[32] (v. APRESENTAÇÃO, PREÂMBULO, PREFÁCIO, PRÓLOGO):** texto prévio que serve de abertura, introdução (v.) de uma monografia (v.), dissertação (v.), tese (v.), um livro, etc., promovendo a

---

[32] Bezerra (in: ARAÚJO, 2007, p. 114) designa, na mesma linha de Bhatia (2004), por "gêneros introdutórios" as *introduções, prefácios, prólogos, apresentações, preâmbulos...* que introduzem uma obra monográfica acadêmica, um livro ou uma revista científica. Nas palavras de Bezerra, são "*os gêneros que, no corpo físico ou virtual de um determinado suporte, usualmente se agregam ao gênero ou gêneros principais como uma proposta de leitura prévia, em termos de orientação, resumo e promoção da leitura dos gêneros que são introduzidos*" (livros, revistas, dissertações, teses, etc., no(a) corpo/modalidade físico(a) convencional). No(a) corpo/modalidade virtual, a *Home Page* (v.), o Portal (v.), o Sítio/*Site* seriam exemplos de gênero introdutórios.

leitura dos gêneros principais introduzidos. Geralmente traz o objetivo, a ideia central, a base teórica, a metodologia usada, a análise e conclusão desenvolvidos no trabalho monográfico.

**INVESTIGAÇÃO (v. INQUÉRITO, INQUIRIÇÃO, INTERROGATÓRIO, SINDICÂNCIA):** v. inquérito acima.

**INVOCAÇÃO (v. JACULATÓRIA, ORAÇÃO, PRECE, REZA):** como sinônimo de reza (v.) ou oração (v.), constitui um texto pelo qual se chama uma entidade sobrenatural em auxílio, em socorro, fazendo-se um pedido, rogo de proteção.

Na Literatura, texto da estrutura externa da epopeia (v.) cuja função é apelar, suplicar a entidades sobre-humanas (deuses ou musas), ajuda, auxílio na criação da obra que, na visão do poeta, transcende a sua capacidade. Geralmente aparece no início do texto épico, relacionada com a *proposição*, parte em que o autor antecipa e destaca o assunto a ser desenvolvido no poema (v.). Tal recurso também pode ocorrer em outras passagens do poema, sempre que o poeta necessite recorrer à ajuda sobrenatural ou divina.

# J

**JACULATÓRIA (v. OFÍCIO, ORAÇÃO, PRECE, REZA):** oração (v.) breve, pronunciada ou rezada mentalmente, geralmente numa única frase ou com poucos enunciados, em que o fiel invoca a Deus ou a algum santo, com humilde confiança, em estilo laudatório e invocatório (duas sequências injuntivas ligadas na sua formulação imperativa, como, por exemplo, "meu Senhor e meu Deus, dai..."; "Senhora Aparecida, protegei..." ou "Virgem Aparecida, sede nossa...") para a obtenção de graças ou perdão, a depender da circunstância.

No Nordeste do Brasil, cada uma das rezas (v. reza) populares é usada para situações determinadas, como para espantar algum bicho no mato, para livrar-se de entalo na garganta, para agradecer a boa colheita ou a comida na mesa, etc. Em ambos os casos, predomina o conteúdo de grande fervor religioso e o mesmo estilo acima definido.

***JINGLE*** **(v. CORTINA, *SPOT*):** pequena canção publicitária, veiculada no cinema, no rádio ou na televisão, ou seja, uma mensagem publicitária musicada que consiste em estribilho simples e de curta duração, próprio para ser lembrado e cantarolado com facilidade. Quando veiculado no cinema ou na TV, o texto vem acompanhado de imagem.

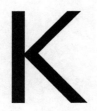

***KICKER***: texto jocoso e humorístico, breve e curto, que vem após um noticiário.

# L

**LADAINHA (v. JACULATÓRIA, OFÍCIO, ORAÇÃO, PRECE, REZA):** oração (v.) ou prece (v.) litúrgica usada em rituais religiosos diversos, onde os fiéis, organizados ou não em procissão, entoam uma série de curtas e repetidas invocações a Deus, a Jesus Cristo, à Virgem e/ou aos santos, louvando-os ou solicitando-lhes graças e ajudas. Recitadas pelo celebrante, as invocações se alternam com as respostas do grupo que o acompanha (fiéis e/ou religiosos).

**LAMBE-LAMBE:** cartaz de rua, bastante simples, usado para divulgação de *shows*. Como são colocados em muros ou tapumes, sem licença das prefeituras, e podem ser multados, os nomes dos locais dos eventos e endereços costumam não aparecer.

**LAPADA:** reportagem (v.) que reúne vários temas ou assuntos. Assim uma **lapada esporte** traz notícias de vários assuntos esportivos ao mesmo tempo; uma **lapada internacional** traz, numa única reportagem, notícias diversas de vários países.

**LARANJADA:** v. CASCATA

**LAYOUT:** v. LEIAUTE

*LEAD*: v. LIDE.

**LEGENDA (v. CABEÇA-DE-CLICHÊ, ILUSTRAÇÃO, INDIFOTO, INFOGRÁFICO, LETREIRO, TELELEGENDA; como sinônimo de LENDA, v. este verbete abaixo): texto breve, objetivo, em cujo enunciado predomina a frase nominal, que serve para acrescentar informações à imagem publicada ou ratifica a informação dada visualmente. Pode ser inserido ao lado, abaixo ou dentro da imagem (foto, gráfico, ilustração, etc.). Algumas características: como a legenda deve indicar ou ampliar o significado da imagem, nunca deve ser redundante, óbvia, nem uma simples etiqueta de identificação (v.). Pelo contrário, deve ser um complemento efetivo daquilo ao que ela se refere. Deve ser criativa e chamar a atenção do leitor para detalhes que lhe possam escapar ou ajudá-lo a compreender melhor o objeto referido ou, ainda, despertar o interesse do leitor para releituras mais atenciosas e detalhadas desse objeto. Há legendas de vários tipos: explicativa, informativa, interpretativa, satírica, irônica, instigadora, humorística, etc.

No cinema, televisão ou vídeo, qualquer texto projetado na tela: título (v.), créditos (v.) de abertura, de apresentação (v.) ou de finalização de um filme, novela, telejornal, programa de entrevista (v.), legendas de um filme, etc.

Como legenda de filme, texto que esclarece o espectador sobre as situações vividas pelos personagens (especialmente no cinema mudo) ou sobre o conteúdo dos diálogos (no cinema mudo, ou, quando traduzidos, nos filmes sonorizados).

**LEIA-ME (v. *READme*):** arquivo de notas informativas e/ou instruções que serve de orientações ao usuário para instalação e utilização de um programa de computador. O discurso construído é essencialmente instrucional como o é o discurso de manuais de instrução em geral (v. MANUAL).

**LEIAUTE (v. *LAYOUT*, ESBOÇO, RAFE):** vem do inglês *layout*: esboço (v.) de página de jornal ou revista, peça publicitária, capa (v.) de uma publicação, anúncio (v.), folheto (v.), logomarca, vinheta (v.), rótulo (v.), etc. Apresentam-se no leiaute os elementos visuais básicos (título -v., ilustração -v., manchas de texto, etc.) do trabalho criado, porém um pouco mais elaborado que o rafe (v.).

**LEMA (v. DIVISA, INSCRIÇÃO, FRASE, MÁXIMA, MOTE):** na lógica, premissa de um silogismo, ou seja, proposição preliminar cuja demonstração prévia é necessária para demonstrar a tese principal que se pretende estabelecer.

Enunciado síntese, geralmente pouco extenso, do ideal ou objetivo de uma instituição, de um clube, agremiação, etc.

**LENDA (v. CONTO, CONTO POPULAR, ESTÓRIA, FÁBULA, HISTÓRIA, LEGENDA, LENDAS URBANAS):** narrativa ou crendice acerca de seres maravilhosos e encantatórios, de origem humana ou não, existentes no imaginário popular. Trata-se de história (v.), também chamada legenda (v.), cheia de mistério e fantasia, de origem no conto popular (v), que nasceu com o objetivo de explicar acontecimentos que teriam causas desconhecidas. Na busca do maravilhoso, o ser humano sempre procurou dar sentido à movimentação dos astros, à migração de animais, aos fenômenos naturais, etc. Essa narrativa de caráter maravilhoso pode também se referir a um fato histórico que, centralizado em torno de algum herói popular (revolucionário, santo, guerreiro), se amplifica e se transforma sob o efeito da evocação poética ou da imaginação popular. Desse modo, como o conto popular oral, apresenta algumas características básicas: (i) rica em ações e situações antigas; (ii) permanência no tempo; (iii) de autoria anônima ou desconhecida; (iv) transmissão e divulgação de geração em geração entre pessoas e comunidades; (v) convergência das ações para o tema ou foco da lenda, como a busca, por exemplo, de um mundo feliz, de paz, de justiça, etc.; (vi) sequência lógica no tempo e no espaço narrativos; (vii) destaque de algum personagem por seus poderes sobrenaturais ou atos de heroísmo; (viii) relação direta da história com o momento histórico da região e da comunidade que a cria e (ix) final emblemático, com desenlace maravilhoso ou extraordinário.

**LENDAS URBANAS (v. CASO, CONTO, FÁBULA, HISTÓRIA, LENDA):** vem do inglês *urban legends*: histórias (v.) inventadas, falsas, mentirosas, na maioria trotes, que são veiculadas pela internet, muitas vezes, em velocidade espantosa, via *e-mail* (v.) principalmente. São correntes que prometem enriquecimento rápido, trotes, alertas sobre terríveis vírus que destroem tudo, alertas assustadores sobre fatos inusitados, como explosões de micro-ondas e celulares, recebimento de computadores ou dinheiro de Bill Gates e outros personagens importantes da informática, etc.

**LETREIRO (v. CARTAZ, FRASE, INSCRIÇÃO, LEGENDA, *OUTDOOR*, PAINEL, PLACA):** inscrição (v.) em tabuleta, que serve aos mais diversos tipos de informação: avisos (v.), sinalização de estradas e ruas (v. Placa), especificações de guichês, nomes de estabelecimentos, de profissionais autônomos, propaganda (v.), etc.

No cinema, televisão, vídeo, v. acima LEGENDA.

Como regionalismo brasileiro: cada uma das inscrições (v. inscrição) rupestres descobertas em rochas (pinturas, desenhos, pedras lavradas, pedras riscadas, pedras pintadas, etc.). Nesse caso, pode ter forma e composição variada.

**LÉXICO:** v. DICIONÁRIO e VOCABULÁRIO.

**LIBELO:** como termo jurídico, trata-se de uma dedução (v.) ou acusação apresentada pelas partes a um magistrado antes do início do processo, na qual se encontra o essencial da acusação ou da defesa, cuja apresentação (v.) pode ser escrita ou oral.

No uso cotidiano, trata-se de um texto, geralmente curto, de cunho difamatório, injurioso ou satírico.

**LIÇÃO (v. AULA):** faz parte do gênero discursivo escolar e se caracteriza por ser uma exposição oral (v.) de matéria escolar feita pelo professor aos alunos durante determinado espaço de tempo (em média, 50 minutos). Nesse caso seria sinônimo de aula (v.). Também pode se referir ao que é aprendido pelo aluno, ou ao exercício que para isso faça. Neste caso, é muito comum a expressão "tomar lição", referindo-se à parte de matéria que constitui uma unidade didática, sob a forma de exercício, texto, matéria ditada, exposição oral (v.), que o professor marca ao aluno para estudar e que deve recitar ou explicar em aula seguinte. Em outras palavras, aquilo que o aluno aprende ou prepara para apresentar ao professor. Como sinônimo de conferência (v.), palestra (v.), ou mesmo curso, trata-se de exposição (v.) dirigida a um tipo de audiência particular, feita por professor ou pessoa especializada num dado campo do saber, como, por exemplo, as lições de Joaquim Mattoso Câmara Jr. na Universidade Federal do Rio de Janeiro.

**LIDÃO (v. ABERTURA, ANTETÍTULO, CABEÇA, GANCHO, *LEAD*, LIDE, LINHA FINA, NARIZ DE CERA, OLHO, SUBLIDE, SUBTÍTULO):** como a própria forma aumentativa indica, trata-se de um lide (v.) amplo, que abrange várias matérias (v.) com títulos e lides específicos. Também pode ser um subtítulo (v.) ou antetítulo (v.), cujo enunciado sinóptico (v. lide), em corpo maior do que o do texto e menor do que o do título, compõe-se de duas ou três linhas, sem ponto final.

**LIDE (v. ABERTURA, CABEÇA, CABEÇALHO, GANCHO, *LEAD*, LIDÃO, LINHA FINA, NARIZ DE CERA, OLHO, SUBLIDE):** em inglês (*lead*), é a técnica de gancho (v.) mais usada na redação de notícias. Geralmente, como abertura de texto, apresenta sucintamente o assunto ou destaca o fato essencial ou ainda o clímax da notícia (v.). Resume-se numa linha ou parágrafo introdutória(o) que apresenta os principais tópicos da matéria desenvolvida num texto jornalístico, abrindo-o. Caracteriza-se por poder resumir o assunto, destacar o fato principal ou criar ambiente para despertar a curiosidade do leitor sobre a matéria jornalística. Nesse sentido, deve responder às seguintes perguntas: *Quem? O quê? Quando? Como? Onde? Por quê?*, não necessariamente nessa ordem. Modernamente, essas perguntas, segundo alguns, podem aprisionar/enquadrar o discurso jornalístico. Contudo os defensores do lide alegam que a versatilidade da ordem das perguntas deixa livre o jornalista, não sendo, portanto, um modelo fechado. Conforme o estilo do jornal, há regras expressas para a redação do lide: dimensão (número mínimo ou máximo de linhas); divisão em dois parágrafos (lide e sublide – v.), disposição dos elementos presentes nas perguntas acima, etc.

Entretanto, há várias características e/ou exigências do lide, como se pode destacar (v. Bond, 1962, *in* Rabaça & Barbosa, 2002, p. 426-428): (i) resumo do fato; (ii) identificação das pessoas e lugares; (iii) destaque do ponto peculiar da história; (iv) relato-síntese das mais recentes notícias do acontecido; (v) estímulo da curiosidade do leitor para que continue a ler a reportagem (v.) e (vi) inserção da notícia num contexto amplo, destacando-se fatos passados e interligados.

Também, a partir da mesma obra acima citada (Bond, 1962), pode-se dividir o lide nos seguintes tipos: (i) lide condensado; (ii) lide de apelo direto; (iii) lide circunstancial; (iv) lide de citação ou de entre aspas; (v) lide descritivo; (vi) lide ativador de interesse; (vii) lide enumerado; (viii) lide por contraste, etc.

**LINHA FINA (v. ABERTURA, CABEÇA, GANCHO, *LEAD*, LIDÃO, LIDE, OLHO, SUBLIDE):** subtítulo (v.) cujo enunciado sinóptico (v. lide) se compõe de uma só linha, sem ponto final.

***LINK*(v. *HIPERLINK*, PALAVRA-CHAVE, *TAG*):**[33] em hipertextos, um (*hiper*) *link* (ligação) é uma conexão de uma palavra, imagem ou objeto para outro, ou seja, é o nome dado à ligação, ao elo que leva a outras

---

[33] Seria o *(HIPER)LINK* um gênero? Fica em aberto a discussão, embora o tenhamos colocado em nosso dicionário, já que é um enunciado com características específicas e *sui generis*, que o diferenciariam, por exemplo, de palavra-chave (v.).

unidades de informação em um documento-hipertexto. O (*hiper*)*link* pode fazer referência a outra parte do mesmo documento (v.) ou a outros documentos. As ligações (*elos, nós, hiperlinks*) normalmente indicadas por meio de uma palavra, imagem, objeto, ícone fixo ou móvel, texto curto ou mais extenso, vêm digitadas em cor diferente da do (hiper)texto original ou sublinhadas, podendo abrir um campo de leitura (navegação) muito amplo e diversificado. Ao clicar na ligação, o usuário é levado até o texto ou textos interligados.

**LISTA (v. CATÁLOGO, LISTAGEM, ORDEM, ROL):** texto em que se relacionam pessoas ou coisas, obedecendo-se a uma sequência alfabética, numérica, temporal, cronológica, etc.: lista telefônica, lista de mercadorias, lista de compras, lista de chamada, etc. A lista de chamada (escolar ou não), por exemplo, impressa ou à mão, é uma sequência de nomes em ordem alfabética, geralmente precedidos de número de identificação. A lista escolar pode vir escrita numa folha avulsa ou dentro de uma caderneta ou diário (v.) de registro de frequência.

**LISTA DE DISCUSSÃO (v. AUDIOCONFERÊNCIA, CIBERCONFERÊNCIA, COLÓQUIO, CONFERÊNCIA, CONVERSA/CONVERSAÇÃO, DEBATE, DIÁLOGO, DISCUSSÃO, *E-FÓRUM*, FÓRUM, FÓRUM DE DISCUSSÃO, FÓRUM ELETRÔNICO OU VIRTUAL, GRUPO DE DISCUSSÃO, LISTA DE DISTRIBUIÇÃO, *NEWSGROUP*, TELECONFERÊNCIA, VIDEOCONFERÊNCIA):** grupo de discussão (v.) que debate algum tema específico e cujas mensagens são distribuídas por correio eletrônico (v.) àqueles que estão inscritos nas listas de tais tipos de ambiente ou fórum de discussão (v.). Trata-se de uma comunicação assíncrona, mediada por um *moderador* (*owner*) ou *Webmaster* que difunde as regras específicas da lista, organiza as mensagens recebidas e pode fazer-lhes uma triagem antes de direcioná-las aos participantes, bem como controlar os assuntos e o número de usuários. Sua presença é importante, mesmo que não faça o controle com todo o rigor. Possuindo um endereço eletrônico (v.), inscrito e liberado pelo *owner*, o internauta posta sua mensagem (v.) que será lida por todos os usuários. As mensagens vinculam-se a um assunto específico que pode estar relacionado a *websites* ou a temas determinados por um grupo específico de usuários de chats/salas de bate-papo (v.).

**LISTA DE DISTRIBUIÇÃO (v. AUDIOCONFERÊNCIA, CIBERCONFERÊNCIA, COLÓQUIO, CONFERÊNCIA, CONVERSA/CONVERSAÇÃO, DEBATE,**

**DIÁLOGO, DISCUSSÃO, *E-FÓRUM*, FÓRUM, FÓRUM DE DISCUSSÃO, FÓRUM ELETRÔNICO OU VIRTUAL, GRUPO DE DISCUSSÃO, LISTA DE DISCUSSÃO, *NEWSGROUP*, TELECONFERÊNCIA, VIDEOCONFERÊNCIA):** as listas de distribuição (*mailing lists*) permitem a criação de grupos de discussão (v.) ou lista de discussão (v.), usando-se apenas o correio eletrônico (v.). Funcionam por meio de um servidor de listas responsável por manter o nome dos usuários que assinam o serviço, enviando ao servidor, via correio eletrônico (v.), um comando. Os usuários utilizam-se desse correio para mandar mensagens ao servidor de listas, que se encarrega de enviar uma cópia a cada um dos participantes.

**LISTAGEM:** v. LISTA acima.

**LOROTA (v. BLOGUICE, BOATO, CIBERCOMENTÁRIO, CIBERFOFOCA, CIBERFOFOQUICE, COMENTÁRIO, FOFOCA, *HOAX*, LOROTA, MENTIRA):** dito mentiroso, história mal-contada, palavreado com objetivo de enganar, conversa fiada, patranha, treta, bazófia, gabolice.

**LOUVAÇÃO (v. LOUVAMENTO, LOUVOR):** enunciado elogioso em versos (em geral de sete sílabas métricas e uma só rima) feito por poetas ou cantadores populares para homenagear pessoas, comemorar casamentos, nascimentos, batizados e festas sertanejas. Pode também ser um canto musicado popular de louvor a pessoas pelos seus feitos.

**LOUVAMENTO:** mesmo que LOUVAÇÃO.

**LOUVOR (v. APOLOGIA, CONGRATULAÇÃO, CUMPRIMENTO, FELICITAÇÃO, LOUVAÇÃO, LOUVAMENTO, PARABÉM/ÉNS, SAUDAÇÃO):** manifestação discursiva honrosa em que se reconhece, distingue-se ou se homenageia alguém por seus méritos ou se agradece ou se louva alguém por algum benefício recebido. Essa manifestação também pode ser feita com exagero de palavras e atitudes, em estilo/modo adulatório, para se obterem vantagens.

**LUGAR-COMUM:** v. CHAVÃO e CLICHÊ.

# M

**MANCHETE (v. CHAMADA, ENTRADA, *FLASH*, MANCHETINHA, RUBRICA, VINHETA, TÍTULO):** pode se referir ao título (v.) principal, de maior destaque, em letras grandes, no alto da primeira página de jornal ou revista, alusivo à mais importante entre as notícias (v.) ou reportagens (v.) contidas na edição ou ao título (v.) de maior destaque no alto de cada página. Geralmente é um enunciado breve, mas de grande força enunciativa, que chama (v. chamada) a atenção do leitor para o fato de maior destaque e até pode atrair o leitor para a leitura da matéria jornalística destacada. Como enunciado curto e objetivo, sintetiza com precisão a informação (v.) mais importante do texto e sempre procura expressar o aspecto mais específico do assunto, não o mais geral. Por essa característica fundamental, a manchete/título é uma espécie de *link* (v.) que o leitor tem para decidir se vai ler ou não o texto integral.

**MANCHETINHA (v. CHAMADA, *FLASH*, MANCHETE):** comparada com a Manchete (v.), título principal, manchetinha é o segundo título, em tamanho e importância jornalística, que vem geralmente na primeira página ou nas páginas internas de um jornal ou revista. Possui também as características funcionais, formais e composicionais da manchete.

**MANDADO (v. DESPACHO, ORDEM):** ordem (v.), determinação ou despacho (v.) escrito enviado de superior a inferior, ou seja, emanado de autoridade. Como termo jurídico, trata-se de ordem (v.) escrita emitida por autoridade pública prescrevendo o cumprimento de determinado ato judicial ou administrativo. Nesse caso, pode haver alguns tipos: (i) mandado de busca e apreensão; (ii) mandado administrativo; (iii) mandado executivo (ordem de penhora ou execução); (iv) mandado de segurança, etc. Este último pode ser definido como mandado de garantia constitucional que protege o direito individual líquido e certo, não amparado por habeas corpus, contra ilegalidade e abusos de poder, seja qual for a autoridade que os pratique.

**MANGÁ (v. BANDA DESENHADA, *COMICS*, DESENHO ANIMADO, GIBI, HISTÓRIA EM QUADRINHOS – HQs –, QUADRINHOS):** quadrinho (v.) produzido no Japão, o mangá ("Man" significa involuntário e "gá", imagem) é escrito da direita para a esquerda, como o é a escrita nipônica. Esta característica foi mantida no Brasil. Cada mangá, impresso geralmente em preto e branco, possui em torno de 200 páginas.

O termo foi criado em 1814 pelo artista Katsushika Hokusai para se referir a um estilo de arte fluido e sutil. Contemporaneamente, há pessoas que atribuem sua origem a Osamu Tezuka, em 1940. Outros, ao cartunista Suiho Tagawa, que inventou, em 1931, o famoso cachorro vira-latas preto e branco Norakuro, que se alistou no exército imperial e virou o mascote das tropas japonesas que lutavam contra os chineses que queriam ocupar a Manchúria.

Comparando o mangá com as HQs (v.) ocidentais, nestas a palavra, embora quase sempre ocupe um espaço marginal ou complementar à imagem, praticamente tem o mesmo peso dela, o que já não acontece no mangá, que se destaca pela força das imagens e economia de texto. Diálogos e descrições se reduzem ao mínimo. Em contrapartida, abusa-se das onomatopeias. Tudo isso acelera o ritmo da leitura. Influenciado pelas escolas de teatro milenares japonesas que enfatizam o gestual exagerado e as expressões faciais carregadas e caricatas, essas expressões e gestos podem ser vistos claramente nos rostos e nos corpos dos personagens desenhados. Os protagonistas, diferentemente dos das HQs ocidentais, transformam-se constantemente no tempo, apresentando-se de diversas formas, inclusive ficando velhos e morrendo. Neste caso, o mangá, então, não é mais publicado, mesmo que a história tenha feito grande sucesso.

**MANIFESTO (v. ABAIXO-ASSINADO):** declaração (v.) pública de estilo formal, construída em interlocução direta com seu público-alvo, na qual um governo, um partido político, um sindicato, uma corrente, uma categoria, um grupo de pessoas ou uma pessoa expõe determinada decisão, posição, programa ou concepção. Pode vir seguido de uma lista de assinaturas, como no ABAIXO-ASSINADO (v.).

**MANUAL (v. COMPÊNDIO, GUIA, ROTEIRO):** caracteriza-se, em geral, pelo predomínio do discurso instrucional e didático, em que as orientações são dadas usando-se o imperativo, o infinitivo, sempre numa interlocução direta com o leitor. Como tal, pode ser:

(i) uma obra, espécie de compêndio, de formato pequeno que contém noções ou diretrizes relativas a uma disciplina, a uma ciência, programa escolar, etc.;

(ii) (ii) livro que orienta a execução ou o aperfeiçoamento de determinada tarefa ou técnica. Muitas vezes, trata-se de um guia (v.) prático, como por exemplo, um manual de digitação, de corte e costura;

(iii) livreto descritivo e explicativo que acompanha determinados produtos, orientando acerca do uso, do funcionamento, da conservação, instalação, etc., como os manuais que acompanham os eletrodomésticos ou eletroeletrônicos, etc.

No discurso religioso, é um livro que traz os ritos e as orações próprios de certos ofícios religiosos, pelos quais se devem administrar os sacramentos. Como livro de orações, também é conhecido como breviário (v.).

O gênero textual "manual" configura-se da seguinte maneira:

a) quanto ao conteúdo:

- conjunto de normas/noções práticas sobre comportamentos/procedimentos a serem cumpridos para que uma tarefa seja bem executada;

- conjunto de orientações explícita ou implicitamente entendidas como ordens, o qual estabelece um saber fazer ao leitor/ouvinte;

- lista de mandamentos que obriga o leitor/ouvinte a executar alguma coisa segundo o cânone estabelecido.

b) quanto ao discurso:

- discurso isento de ambiguidades;

- discurso que torna legítimas aspirações diversas a classes sociais e a épocas várias;

- discurso que oferece saberes e deveres idealizados;

- discurso no qual predomina a cena enunciativa de aconselhamento;

- discurso em que o enunciador manipula o leitor (enunciatário) em direção à aceitação de certos valores sociais, por exemplo, ou outros valores.

c) quanto ao linguístico-discursivo, predomínio de:
- léxico pouco hermético;
- verbos no modo imperativo ou futuro e infinitivo com valor de imperativo (Coma/Comerás/Comer com moderação!);
- orações subordinadas substantivas subjetivas: é preciso comer com moderação! Não fica bem arrotar na mesa!
- enunciados curtos e coordenados e parágrafos breves;
- uso reduzido de coesão anafórica.

**MAPA (v. ATLAS, CARTA GEOGRÁFICA):** representação gráfica e convencional, em papel, cartolina, tela, etc., dos dados referentes à superfície do globo terrestre, a uma região dessa superfície, à esfera celeste, ao movimento de ventos, a fenômenos geológicos, hidrográficos, etc. Usa uma linguagem técnica específica e muitos ícones para representar esses dados e fenômenos. Eis alguns exemplos de tipos de mapa ou carta (v.):

(i) de marear, náutica ou de navegação: marca diariamente a posição do navio, tomando a latitude e a longitude;

(ii) topográfica: marca a topografia de cidade ou país.

(iii) de correntes: apresenta as direções, extensões e velocidades das correntes oceânicas;

(iv) de reconhecimento: elaborada a partir de reconhecimentos topográficos, sem muita precisão;

(v) de ventos: indica os ventos predominantes e os dias em que sopram os outros, com previsões que cobrem períodos que vão de alguns meses a um ano;

(vi) geográfica: representa a distribuição dos fenômenos geográficos na superfície da Terra, em forma plana;

(vii) geológica: representa espacialmente informações geológicas, como rochas, estruturas, depósitos minerais e localidades fossilíferas;

(viii) geral (termo de marinha): abrange grande extensão da superfície terrestre (um continente, um oceano, etc.);

(ix) hidrográfica: representa uma região hidrográfica, indicando costas, ilhas, baixios, correntezas, etc., importantes para a navegação;

(x) náutica ou de navegação: elaborado para navegação, contém, em geral, maior parte de representação de trechos de mar do que de terra;

(xi) polar: carta em que o círculo máximo tangencia um dos polos da Terra

(xii) sinóptica: prevê o tempo, registrando direção e força dos ventos, estado do mar, temperatura, umidade, etc.

**MAPA DE PROGRAMAÇÃO:** v. GRADE e GRELHA.

**MÁSCARA ou MÁSCARA DIGITAL:** v. APELIDO, *NICK, NICKNAME*.

**MATÉRIA (v. NOTÍCIA, REPORTAGEM):** como matéria é tudo aquilo de que se trata, ou seja, um assunto, expresso por escrito ou oralmente, como o teor de um debate (v.), o material de uma pesquisa (v.), etc. Nesse sentido, passa a ser um termo muito geral. Interessa-nos aqui destacar matéria como gênero textual do discurso jornalístico (falado, escrito, televisivo, internético) que pode se referir a qualquer texto jornalístico, ou especificamente a uma notícia (v.), ou ainda a matéria de propaganda (v.) que, paga por anunciantes, se assemelha a um texto jornalístico, mas distingue-se deste por receber tratamento multissemiótico especial.

**MÁXIMA (v. ADÁGIO, DITADO, MOTE, PROVÉRBIO):** enunciado breve, ritmado, rimado ou não, muitas vezes uma frase nominal, que expressa uma observação de valor geral, regra moral, princípio de conduta ou mesmo pensamento dito sem qualquer conotação de valor.

**MEMENTO (v. MEMORANDO ou MEMORÂNDUM, MEMORIAL):** no discurso religioso ou eclesiástico, refere-se a cada uma das duas preces do cânone da missa que começam por essa palavra e por meio das quais o sacerdote faz que sejam lembrados os vivos ou os mortos, em cuja intenção as orações são feitas. Também pode referir-se a um texto (cântico) litúrgico fúnebre.

Como memorando (v.), apontamento (v.), nota (v.), anotação (v.), trata-se de um texto que se usa para trazer alguma coisa à lembrança. Esse tipo de anotação (v.) geralmente é feito em caderneta, agenda (v.), folheto (v.) ou livrinho, de forma breve, resumindo-se o essencial do assunto a ser lembrado.

**MEMORANDO ou MEMORÂNDUM (v. MEMENTO, MEMORIAL):** o que caracteriza este gênero é o estilo de escrita breve e objetiva, em todos os tipos. Assim:

(i) como sinônimo de memento (v. acima), trata-se de anotação breve, que facilita a lembrança de algo;

(ii) como participação ou aviso (v.) por escrito, no discurso comercial, trata-se de nota (v.) escrita ou pequena carta (v.), enviada por um comerciante quando de um lançamento de nova mercadoria, uma operação comercial, etc.;

(iii) como correspondência (v.) interna rápida, tipo circular (v.), trata-se de texto escrito, breve e informal, cuja mensagem é usada como instrumento de comunicação administrativa, em impresso apropriado, em formato menor que o de carta e

(iv) no discurso diplomático, refere-se a um texto oral, com breve exposição (v.) do assunto, pelo qual um diplomata expõe ao governo, junto ao qual está acreditado, determinado ponto de vista do governo de seu país. Poder ser também uma nota (v.) diplomática escrita, com breve exposição (v.) a respeito de uma questão, enviada por um país a outro, como se fosse uma carta (v.).

**MEMÓRIA(S) (v. MEMENTO, MEMORANDO ou MEMORÂNDUM RELATO, RELATÓRIO):** conta a mitologia grega que a deusa da memória, Mnemosyne, protetora das artes e da história e musa da poesia narrativa épica, tornava imortal o humano que tivesse registrado em alguma obra um herói e seus feitos. Assim também hoje esse caráter reatualizativo do passado ganha imortalidade quando se resgata um momento passado, esquecido em algum canto da memória, tornando-o eterno. O gênero memórias faz exatamente isso: resgata o passado social existente em cada indivíduo, geralmente mais velho, que vai relatar suas lembranças, numa entrevista oral (v.), ao escritor de um texto narrativo de memórias, que deve, em primeira pessoa, assumir a voz do entrevistado. O texto de memórias se caracteriza por ter um estilo referencial em que o passado se presentifica em objetos, coisas, lembranças... e se concretiza em expressões como "naquele tempo", "antigamente", verbos narrativos no tempo passado, palavras "antigas" que devem ser explicadas, etc.

**MEMORIAL (v. MEMENTO, MEMORANDO ou MEMORÂNDUM, MEMÓRIA(S), RELATO, RELATÓRIO):** como sinônimo de memento (v.) ou memorando (v.), trata-se de anotação (v.) breve, que facilita a lembrança de algo, feita em caderneta, agenda (v.), livrinho, etc., como vimos acima em memento (v.).

No discurso acadêmico se assemelha a um *Curriculum Vitae* (v.) pelo conteúdo, já que faz um relato (v.) das principais atividades da vida profissional científica e acadêmica do indivíduo. Também no discurso jurídico, é um tipo de relatório (v.) que descreve fatos relativos a uma perícia (v.) ou diligência, ou pode ser ainda qualquer sustentação expositivo-argumentativa feita a autoridade judiciária ou administrativa, geralmente vinda no final do processo.

**MENSAGEM (v. AVISO, COMUNICAÇÃO, COMUNICADO, FELICITAÇÃO, INFORMAÇÃO, INFORME):** comunicação (v.), geralmente curta e breve, que transmite a alguém um aviso (v.), um comunicado (v.), uma informação (v.), uma felicitação (v.), uma ordem (v.), etc. São exemplos dessas mensagens, feitas oralmente ou por escrito, pelos meios de comunicação (rádio, TV, jornais, correspondência (v.) comum ou oficial, internet – v. correio eletrônico e mensagem instantânea), a comunicação oficial entre os Poderes Executivo e Legislativo de uma nação ou o discurso escrito enviado por chefe de Estado ao Poder Legislativo para informar sobre fatos oficiais; o comunicado (v.) de autoridade a uma coletividade, como as mensagens de Natal do papa ou do presidente da República à nação; felicitação (v.) ou louvor (v.) escritos e endereçados a uma entidade por motivo solene, etc.

**MENSAGEM INSTANTÂNEA (v. PITACO, TORPEDO):** mensagens enviadas por programas como *AIM, ICQ* e *MSN*, entre outros, que podem ser lidas instantaneamente por outra pessoa conectada à internet. Os programas de mensagens instantâneas diferem do correio eletrônico (v.) por serem mais simples e capazes de estabelecer diálogos (v.) *on-line* imediatos.

**MENTIRA:** v. BLOGUICE, BOATO, CIBERCOMENTÁRIO, CIBERFOFOCA, CIBERFOFOQUICE, COMENTÁRIO, FOFOCA, *GOSSIP, HOAX,* LOROTA.

**MENU (v. BARRA, CARDÁPIO, CARTA):** como relação (v.) de iguarias, bebidas, sobremesas, etc., usada em restaurantes e bares, ver o verbete *cardápio.* Na informática (ver *barra*), refere-se a uma lista (v.) ou rol (v.) de opções ou entradas colocadas à disposição do usuário. O menu aparece nas *home pages* (v.) e *sites*/sítios (v.), listando as funções de que o usuário poderá se servir, utilizando-se de um programa ou de um *software.*

**MINIBLOG(UE) (v. *BLOG*, BLOGUE, CIBERCONVERSA, DIARIOSFERA, DIÁRIO DIGITAL, DIÁRIO ELETRÔNICO, DIÁRIO ÍNTIMO, DIÁRIO PESSOAL, *FOTOBLOG*(UE), *WEBLOG, WEBBLOGUE*):** os textos do miniblog(ue) são mais curtos e mais breves que os *posts* dos *blogs* (geralmente com menos de 200 caracteres; na ferramenta Twitter, apenas 140) e predomina o conteúdo pessoal e lúdico do cotidiano, num estilo em que a sátira, o humor, as tiradas, as frases de efeito estão sempre presentes.

Eis bom exemplo do que é possível criar com o Twitter, usando apenas 140 caracteres:

Veja o início da entrevista com **tio.faso** (Fábio Sousa), empresário-bonequeiro criador do site marcamaria, que iniciou seu projeto de uma HQ em 140 caracteres. A entrevista foi realizada por Fernando Souza, no dia 15 de Fevereiro de 2009 no site http://www.twitterbrasil.org/:

1. Como surgiu a ideia?

Passei a semana vendo um monte de aplicações legais sendo lançadas para o Twitter, como o migre.me – do qual já virei usuário compulsivo –, e fiquei com aquele pulguinha atrás da orelha, querendo fazer algo do tipo. Mas como não sei programar direito, estava deixando esse sonho guardado no bolso.

De madrugada (sempre ela) eu resolvi reeditar um dos primeiros bonecos que eu fiz, atualizando o traço e unindo com outro projeto de HQ que não deu certo. Desenhei algumas poses e pensei em fazer outra tirinha, mas senti que não tinha capacidade para tanto. Foi aí que eu me lembrei do Twitter e nas frases de efeito que algumas pessoas colocam. Em pouco tempo eu estava na frente do computador colorindo e publicando o danado. Acabei criando uma espécie de "micro-hq" (na falta de um nome melhor). Fora que esse tipo de desenho + twittada eu faço em torno de 15 minutos, o que está sendo um ótimo desestressante para mim (trabalho umas 12h a 14h por dia e só vou dormir depois das 2h).

**MINUTA (v. BORRÃO, RASCUNHO):** versão inicial ou intermediária (não definitiva) de um documento (v.), como, por exemplo, a minuta de um contrato (v.), de um projeto (v.), de uma pauta (v.) de reunião, etc.

Mantém, ainda hoje, a característica etimológica do latim medieval (*minúta*) de rascunho, borrão. *Minúta* era 'antigos borrões escritos com letra muito pequena'.

Como termo jurídico, integrante do pedido (v.) de agravo, trata-se de um texto produzido pelo agravante. Este (ou o seu representante) expõe na *minuta* as razões em que baseia o recurso que interpõe perante os juízes de instância superior. À *minuta* pode se opor a *contraminuta*, que contém as razões da parte contra quem se interpôs agravo.

**MISSIVA:** v. CARTA, EPÍSTOLA.

**MOÇÃO:** proposição feita em uma assembleia deliberativa, por qualquer dos membros participantes, para que seja avaliada e votada. A moção pode ser relativa a qualquer incidente que surja nessa assembleia ou fora dela. Geralmente é uma proposta de apoio a alguém ou a um grupo, por motivos vários.

**MONOGRAFIA (v. ARTIGO CIENTÍFICO, COMPOSIÇÃO, DISCURSO, DISSERTAÇÃO, ENSAIO, RELATO DE CASO, RELATÓRIO CIENTÍFICO, TESE):** pode-se falar de monografia em dois sentidos: o primeiro, utilizado por professores e alunos de graduação, refere-se a um trabalho acadêmico simples, de caráter não muito profundo, que serve como uma espécie de treino para futuros trabalhos científicos como a dissertação (v.) ou a tese (v.). Hoje a monografia é muito utilizada como Trabalho de Conclusão de Curso de graduação (TCC). O segundo, mais rigoroso, refere-se à monografia como um trabalho escrito, pormenorizado, em que se pretende dar um tratamento profundo a algum tema particular de um ramo de conhecimento, ou a personagens, localidades, acontecimentos, etc. Como o próprio nome diz (do grego *monos* = um só e *graphein* = escrever), trata-se de um trabalho que se caracteriza pela abordagem de um só tema, estudado de forma delimitada e em profundidade, como a dissertação de mestrado (v.) ou a tese de doutorado (v.).

Geralmente os autores de livros e manuais (v. manual) que orientam a confecção de trabalhos acadêmicos ou científicos chamam a atenção sobre a organização interna desse tipo de texto, a qual deve primar pela ordenação das partes para que se possa ter uma rápida visão do todo e também possa facilitar o manuseio, a compreensão e a leitura do texto. Para tal, essa organização se caracteriza pela presença de partes imprescindíveis (capa, folha de rosto, sumário, referências bibliográficas), além das obrigatórias (Introdução, Desenvolvimento e

Conclusão/Recomendações Finais) e das que se fazem necessárias ou não de acordo com a natureza do trabalho (dedicatória, agradecimentos, resumo ou sinopse, tabelas, abreviaturas, símbolos, ilustrações, glossário, anexos, adendos, índices... – ver a maioria desses termos neste dicionário).

**MONSTRO (v. ESBOÇO, ESCOPO, ESCORÇO, ESQUEMA, *LAYOUT*, LEIAUTE, RAFE, ROTEIRO, SINOPSE):** esboço de um *spot* (v.), *jingle* (v.) ou *script* (v.), seja uma música ou um texto provisórios.

**MOTE (v. ADÁGIO, DITADO, DIVISA, LEMA, MÁXIMA, SENTENÇA, PROVÉRBIO):** na literatura renascentista e, posteriormente, na barroca, geralmente era uma estrofe, anteposta ao início de um poema, que era utilizada pelos poetas como motivo da obra cujo conteúdo desenvolve a ideia sugerida pela estrofe. Também pode ser um adágio (v.), uma máxima (v.) ou sentença (v.) breve que escritores, dramaturgos, poetas, etc. tomavam ou tomam como ponto de partida para o desenvolvimento de sua obra ou para resumir-lhe o sentido. Exemplo clássico é o de Gil Vicente, dramaturgo português, que escreveu *A farsa de Inês Pereira* a partir de um mote popular.

Como sinônimo de *ditado*, *máxima* ou *provérbio* (v. estes verbetes neste dicionário), trata-se de um enunciado breve de cunho satírico.

Como sinônimo de *lema* (v.), também é um enunciado breve usado como divisa (v.) pelos cavaleiros quando participavam de grandes e arriscados empreendimentos. Na heráldica, trata-se da *divisa* (v.) de certos brasões.

# N

**NARIZ DE CERA (v. LIDE, LIDÃO):** preâmbulo longo e vago que introduzia uma notícia (v.) jornalística e constituía uma espécie de lide (v.) atual. Era uma forma tradicional, muitas vezes, desnecessária de introduzir o texto jornalístico.

**NARRAÇÃO (v. CASO, CAUSO, CONTO, ESTÓRIA, HISTÓRIA, NARRATIVA, NOVELA, ROMANCE):** termo de variada acepção, sendo a mais comum a de ação, processo de enunciação narrativa, efeito dessa enunciação e algo oposto à descrição (v.). Quando se faz a exposição escrita ou oral (v.) de um acontecimento ou de uma série de acontecimentos (reais ou imaginários), mais ou menos sequenciados, em que personagens se movimentam em certo espaço à medida que o tempo passa (*tempo da narração* em relação à narrativa: posterior, anterior, concomitante e durativo), tem-se a atitude linguística ou organização do discurso da narração. Embora o termo narração também seja usado, às vezes, como sinônimo de narrativa (v. abaixo), não é uma história (v.), no sentido fabuloso do termo, mas a premissa argumentativa, segundo concepção barthesiana.

É também uma das partes da epopeia (v.), considerada a mais importante, pois executa a qualidade propriamente narrativa do gênero épico (relato de comportamentos heroicos, históricos, episódios mitológicos, etc.).

Em oposição à descrição (v.), geralmente mais estática e contemplativa, a narração é o procedimento expresso pelo relato (v.) de eventos e conflitos que configuram o desenrolar da ação, como se definiu acima. Contudo a descrição (v.) assegura a inter-relação ação, personagem e meio. A ação possui um movimento temporal que dinamiza a narrativa (v.). Essa dinamização requer formas verbais como o pretérito perfeito e sua variante estilística que é o presente histórico.

No ensino de produção de textos na escola, trata-se de um tipo de redação escolar tradicional, ao lado da descrição (v.) e da dissertação (v.), formando a famosa trilogia tão ensinada e trabalhada nas aulas de Língua Materna, segundo modelos literários. Nesse caso, narração engloba tanto ficção quanto relatos de experiências vividas situadas no tempo. Geralmente, na escola, propõe-se um título a partir do qual o aluno deve inventar uma história ou relatar uma experiência por que passou. Assim relatos de passeios ao campo, a parques, ou acidentes e incidentes pessoais se misturam a histórias ficcionais, como conteúdos do mesmo "balaio". (v. abaixo, no verbete NARRATIVA, a estrutura composicional das narrações de ficção, tradicionalmente ensinadas nas escolas).

**NARRATIVA (v. CAUSO, CONTO, ESTÓRIA, HISTÓRIA, NARRAÇÃO, NOVELA, ROMANCE):** assim como se viu logo acima no verbete narração, narrativa também pode ser empregada em variadas acepções. Aqui interessa mais narrativa como modo, pois para outras acepções, como enunciado, como conjunto dos conteúdos desse enunciado ou ato de os narrar, há termos mais específicos como narração (v.) ou história (v.). Narrativa, nesse sentido, seria exposição de um acontecimento ou de uma série de acontecimentos mais ou menos encadeados, reais ou imaginários, por meio de palavras ou de imagens. Há, portanto, dois aspectos importantes a serem considerados: (i) a narrativa pode realizar-se em suportes expressivos variados (verbal, icônico ou verbo-icônicos, como nas histórias em quadrinhos (v.), cinema (v.), narrativa literária – conto, novela, romance (v. todos), etc. – ) e (ii) a narrativa não se concretiza só no plano estético-literário, isto é, uma narrativa caracterizada pela presença de personagens inseridos em situações imaginárias (ficção) e realizada em diversos gêneros narrativos, mas também se realiza em situações funcionais e contextos comunicacionais como nos gêneros textuais de narrativa de imprensa: notícia, reportagem... (v.), historiografia (v.), relatórios (v.) diversos, anedotas,[34] etc.

A narrativa, como fenômeno ou universo eminentemente dinâmico, possui dois planos básicos intersubmetidos:

(i) o da história (v.) que possui três categorias básicas: personagem e seus tipos;[35] espaço e seus modos de existência e ação e suas variedades compositivas.

(ii) o do discurso que possui duas categorias básicas: o tempo que ordena ou organiza a velocidade da narrativa, etc. e a perspectiva narrativa com registros estilísticos discursivos diversos.

A história geralmente passa de um estado inicial de equilíbrio, de quebra desse equilíbrio para um estado final em que, após um conjunto de fatos e acontecimentos, se restabelece o equilíbrio (diferente ou não do inicial). Em função disso, embora não se possa defender um rigor estrutural, já que há uma diversificação sequencial imensa dos fatos nos textos narrativos, costuma-se dizer que um texto narrativo apresenta a seguinte estrutura composicional:

(a) Apresentação: parte em que se apresentam alguns personagens e expõem-se algumas circunstâncias da história, como o momento e o lugar em que a ação se desenvolverá. O autor, de certa maneira, cria um cenário e marca o tempo para o início das ações do(s) personagem(ens).[36]

---

[34] Neste segundo caso, autores como Schneuwly, Dolz e colaboradores (2004) preferem separar a cultura literária ficcional (Narrar) da cultura da documentação e memorização das ações humanas situadas no tempo (Relatar). Nesse sentido, colocam os gêneros textuais anedota (v.), relatório (v.), notícia (v.), reportagem (v.), biografia (v.) não romanceada, etc. no rol dos discursos de experiência vividas que devem ser inseridos na ordem do relatar, e não do narrar (v. Quadro 2 – p. 29-30 deste dicionário).

[35] Os personagens, categoria de grande importância em um texto narrativo, podem ser divididos em protagonista (personagem principal) e antagonista (personagem que tenta impedir o protagonista de realizar seus propósitos). Os personagens secundários chamam-se adjuvantes ou coadjuvantes.

[36] Nem todo texto narrativo possui esta primeira parte, pois, muitas vezes, há narrativas em que, já de início, se mostra a ação em pleno desenvolvimento.

(b) Complicação: aqui se inicia propriamente a ação. Algo acontece, por algum motivo, ou algum personagem toma uma atitude que pode provocar transformações no ou nos episódios iniciais. Esse processo de transformação leva ao clímax.

(c) Clímax: ponto crítico máximo da história.

(d) Desfecho ou desenlace: solução do(s) conflito(s) conduzido(s) pelas ações dos personagens, ou seja, restabelecimento do equilíbrio.

Outro elemento fundamental da narrativa é o narrador, responsável pelo processo de produção do discurso narrativo (o enunciado), que não deve ser confundido com o autor ou escritor empírico da criação literária. O narrador atua como intermediário entre a ação narrada e o leitor. Pode ser um dos personagens (principal ou secundário) e narra o que presencia em primeira pessoa (eu, nós), isto é, apresenta o que testemunha ao participar dos acontecimentos, criando um efeito de subjetividade maior; ou pode expor a ação como quem observa de fora, narrando em terceira pessoa (ele, ela, eles, elas), criando um efeito de sentido aparente de objetividade ou de neutralidade. Neste caso, pode ser onisciente ou onipresente, em função das posições que assume diante dos fatos.

Como onisciente, conhece tudo, até pensamentos e sentimentos dos personagens e por isso é capaz de comentar, analisar e criticar tudo, como faz o personagem Quincas Borba, de Machado de Assis, no romance Quincas Borba.

Como onipresente, é um narrador-observador que também conhece os fatos, mas parece não invadir o interior dos personagens para comentar comportamentos, sentimentos ou intenções. Pode-se dizer que é como se a história se narrasse sozinha. Mas isso é um mito, pois, por menos que apareçam as marcas do sujeito da enunciação, a sua ocultação já se constitui uma opção discursiva intencional de índole pragmática.

**NECROLOGIA (v. OBITUÁRIO):** relação nominal de óbitos, com dados pessoais da pessoa falecida, geralmente assentados em livro próprio.

---

servidores, as mensagens (v. mensagem) enviadas por seus usuários. Assim, todo o conjunto de mensagens colocado nos grupos de discussão (v.) está sempre atualizado. *Usenet* é também conhecido como *Usenet News* ou apenas *News* ou ainda *Netnews*.

**NECROLÓGIO (v. FUNÉREO, OBITUÁRIO):** elogio, oral ou escrito, a alguém falecido, em forma de discurso. Quando escrito, geralmente é publicado em jornal ou revista como notícia (v.) do passamento. Se se trata de pessoa importante da vida política, literária, esportiva, social, etc., a notícia vem acompanhada de uma biografia (v.) elogiosa em que se destacam feitos, obras, pensamentos, etc. do(a) falecido(a).

**NECROPSIA:** v. AUTÓPSIA e NECROSCOPIA.

**NECROSCOPIA:** v. AUTÓPSIA e NECROPSIA.

**NETIQUETA (v. ETIQUETA, TWITIQUETA):** do francês, "netiquette", conjunto de regras de etiqueta que disciplinam a interação na internet. Ensina, entre outras coisas, como se comportar em grupos de discussão e como escrever mensagens de forma a preservar a eficiência da Rede e ampliar o potencial de comunicação. O estilo e a estrutura composicional se assemelham aos da etiqueta tradicional. Quanto ao estilo, predomina o discurso instrucional, pois são regras de comportamento e conduta, organizadas, em sequência. Ou seja, quanto à estrutura composicional, geralmente se organiza em frases curtas, como se fossem "mandamentos":

Não convidar pessoas para outro canal.

Não incluir banidos por outro usuário.

Não repassar e-mail a desconhecidos.

Não chamar ninguém em "privado" sem motivo.

Responder sempre ao que lhe perguntarem.

***NEWSGROUP* (v. AUDIOCONFERÊNCIA, CIBERCONFERÊNCIA, COLÓQUIO, CONFERÊNCIA, CONVERSA/CONVERSAÇÃO, DEBATE, DIÁLOGO, DISCUSSÃO, *E-FÓRUM*, FÓRUM, FÓRUM DE DISCUSSÃO, FÓRUM ELETRÔNICO ou VIRTUAL, GRUPO DE DISCUSSÃO, LISTA DE DISCUSSÃO, LISTA DE DISTRIBUIÇÃO, TELECONFERÊNCIA, VIDEOCONFERÊNCIA):** grupo de discussão (v.) da Usenet.[37] Cada nó da rede de computadores pode oferecer cópias dos *newsgroups* da *Usenet*

---

[37] *USENET*: rede de grupos de discussão (v.) amplamente disseminada na internet. A rede é formada por grupos de discussão (v.), chamados *newsgroups* (v.). Cada servidor que participa da *Usenet* troca, com os demais sempre

aos seus usuários. As mensagens (v.) dos usuários são armazenadas pelos nós, que trocam entre si as novas mensagens. Assim, os newsgroups da Usenet mantêm sempre uma base atualizada de mensagens numa espécie de quadro de avisos.

Para organizar as discussões, cada *newsgroup* é dedicado a um assunto e organizado em uma hierarquia. Existem, por exemplo, as hierarquias *comp* (sobre computadores), *bio* (sobre biologia), *soc* (sobre aspectos sociais e culturais), *misc* (uma hierarquia para assuntos alternativos que não cabem nas outras), *talk* (para bate-papo), *rec* (atividades e *hobbies*). Considera-se falta de netiqueta (v.) colocar perguntas fora do objetivo de um grupo.

**NICK ou NICKNAME**: v. *ALIAS*, APELIDO, MÁSCARA, MÁSCARA DIGITAL.

**NOMEAÇÃO**: texto bastante formal, em que a autoridade competente designa ou nomeia alguém para um cargo (ou função) público ou privado. Geralmente é publicado em algum Diário Oficial ou Empresarial ou Órgão de Imprensa. Desse tipo de texto, constam geralmente os dados pessoais do(a) nomeado(a), cargo ou função a ser exercido(a), local, período, etc.

**NOTA (v. BOLETIM, COMUNICADO, *FEATURE*, INFORMAÇÃO, INFORMATIVO, INFORME, MENSAGEM, NOTA-PÉ, NOTA-SUELTO, *SUELTO*)**: pode ser, no jargão jornalístico, uma notícia (v.) curta, breve e concisa, destinada à informação rápida, como uma nota de falecimento.

Como exemplo, abaixo a nota divulgada pela assessoria de imprensa do hospital onde faleceu Dercy Gonçalves:

*Faleceu nesta tarde de sábado, dia 19 de julho, às 16:45, a atriz Dercy Gonçalves, de 101 anos. A paciente estava internada no Centro de Tratamento Intensivo (CTI) do Hospital São Lucas, em Copacabana – Zona Sul do Rio de Janeiro – desde a madrugada de hoje (19). A paciente apresentava uma pneumonia comunitária grave, que evoluiu para uma sepse pulmonar e insuficiência respiratória.* (http://diversao.uol.com.br/ultnot/2008/07/19/morte_dercy_goncalves.jhtm19/07/2008).

---

atualizado. *Usenet* é também conhecido como *Usenet News* ou apenas *News* ou ainda *Netnews*.

**NOTA BIBLIOGRÁFICA:** nota da obra ou obras que serviram de fonte para a produção de um texto.

**NOTA COBERTA:** notícia (v.) breve com imagem ilustrativa (v. ilustração).

**NOTA DE REPRODUÇÃO:** publicada na seção/página de créditos (v. crédito e página de créditos) ou no expediente (v.) de uma obra, determina os critérios de sua reprodução parcial ou total. Geralmente a nota é lacônica e objetiva: "Todos os direitos reservados". Ou "É autorizada/permitida a reprodução total ou parcial desta publicação, desde que citada a fonte."

**NOTA DE RESPONSABILIDADE:** assim como o verbete anterior, a nota de responsabilidade é publicada na seção/página de créditos (v. crédito e página de créditos) ou no expediente (v.) de uma obra ou órgão de imprensa e explica qual é a responsabilidade do autor ou do editor quanto ao conteúdo de uma publicação. Por exemplo: "Esta revista/Este periódico não se responsabiliza pelos conceitos emitidos nos artigos assinados". Ou "As opiniões emitidas neste trabalho/nesta obra são de inteira responsabilidade do autor."

**NOTA DE RODAPÉ:** em textos (ARTIGO CIENTÍFICO, LIVRO, DISSERTAÇÃO, TESE, etc. v. todos), as notas constituem observações que não devem ser incluídas no texto principal. Quanto ao conteúdo, podem conter comentários marginais, fazer indicações das citações feitas, traduções de textos citados em língua estrangeira ou arcaica, etc. As notas geralmente vêm no rodapé, no final de capítulo ou no final do texto, após referências bibliográficas ou bibliografia (v.). Quando impressas nas margens lateral ou interna da página, recebem o nome de Nota Marginal (v.).

**NOTA MARGINAL:** v. NOTA DE RODAPÉ acima.

**NOTA PRÉVIA:** para alguns autores seria o mesmo que PREFÁCIO (v.).

**NOTA-PÉ (v. NOTA):** em telejornalismo, informação rápida acrescentada pelo apresentador ou pelo "âncora" ao final de uma matéria (v.).

**NOTA-SUELTO:** v. NOTA e *SUELTO*.

**NOTÍCIA (v. CALHAU, *FAIT-DIVERS*, MATÉRIA, REPORTAGEM):** relato (v.) ou narrativa (v.) de fatos, acontecimentos, informações, recentes ou atuais, do cotidiano, ocorridos na cidade, no campo, no país ou no mundo, os quais têm grande importância para a comunidade e o público leitor, ouvinte ou espectador. Esses fatos são, pois, veiculados em jornal, revista, rádio, televisão, internet...

Quanto à situação de produção de uma notícia, pode-se dizer primeiramente que seus leitores podem ser múltiplos e desconhecidos. Sabe-se, talvez, o perfil do leitor pelo tipo de jornal (revista) comprado: há os de grande circulação e os de circulação mais restrita. Há os considerados mais "sérios", há os populares sensacionalistas, etc. Mas, apesar dessa variedade, sabe-se também que o leitor, na sua maioria, lê o jornal/revista de maneira rápida e transversal. Um segundo aspecto da notícia é que ela raramente vem assinada, ou seja, o redator é desconhecido, mas há uma diretriz geral editorial a ser seguida. Nesse sentido, quanto à situação de interação, o discurso construído é autônomo. Quanto ao objeto, tem-se um discurso mais referencial, privilegiando-se o modo indicativo (geralmente o presente nas manchetes (v.) ou títulos (v.) e o perfectivo – perfeito ou futuro do presente – nos lides [v.]. Ou seja têm-se enunciados mais referenciais e menos opinativos, já que relata fatos, acontecimentos, etc., conforme definição acima. Quanto ao objetivo, calcado num compromisso ético, a notícia visa informar os leitores o mais neutramente possível e com grande fidedignidade. Por isso o predomínio da 3ª pessoa, numa linguagem que tenta conciliar registros linguísticos formais e informais, seleção lexical própria, numa busca de comunicação eficiente e de grande aceitação social. Posições e aferições subjetivas devem ser evitadas para que o próprio leitor faça sua avaliação.

Quanto a temáticas e conteúdos, a notícia é o relato (v.) de transformações (da ordem do fazer), de deslocamentos (da ordem do ir) e de enunciações observáveis no mundo (da ordem do dizer), de interesse do leitor. As aparências são o universo da notícia. Não basta que seja verdadeira. Ela precisa parecer verdadeira. Em função disso, na estruturação geral da notícia, os eventos/fatos devem se ordenar mais pelo interesse ou importância decrescente na perspectiva de quem relata ou na suposta perspectiva de quem ouve/lê do que pela sequência temporal deles. Por isso a necessidade de uma seleção prévia de fatos mais importantes, que devem ser ordenados criteriosamente, sempre tendo em mente a tentativa de tornar a leitura e a compreensão da notícia o mais fácil possível.

Inicia-se com o *Lead*/Lide (v.), que deve informar quem fez o que, a quem, quando, onde, como, por que e para que e depois continua-se o relato dos fatos, seguindo-se a ordem previamente selecionada. Depois vem o corpo de texto, que é a parte mais desenvolvida de uma notícia (v.), em que consta a documentação das afirmativas presentes no lide (v.), para uma melhor compreensão do ocorrido. O jornalista deve desenvolver, coesa e coerentemente, cada elemento básico da cabeça (v.) com elementos novos acrescentados no corpo do texto, costurando-os na ordem de sua importância e cronologia.

Quando uma notícia (ou artigo – v.) tem importância secundária e ocupa "buracos" (falta de material editorial ou erro de cálculo de diagramação) nos jornais, recebe o nome de calhau (v.). Se a matéria não precisa ser publicada imediatamente por não ter compromisso com a atualidade recebe o nome de fria (v.). Contudo, se as informações são inéditas e atualíssimas e devem ser publicadas de imediato, a matéria recebe o nome de quente (v.). Trata-se de um furo (v.), quando a notícia é importante e publicada em primeira mão.

**NOTIFICAÇÃO (v. CITAÇÃO, INTIMAÇÃO):** aviso, observação, comentário, advertência, informação (v. todos esses verbetes ou artigos) sobre algum fato, alguma coisa a respeito de alguém. Por exemplo: notificação de alguma decisão tomada por um chefe, intimação judicial, notificação escolar sobre comportamento de alunos, decisões diversas da diretoria, etc.

**NOVELA (v. BLOG(O)NOVELA, FOLHETIM, FOLHETO, FOTOAVENTURA, FOTONOVELA, GAZETILHA, RADIONOVELA, TELENOVELA):** etimologicamente, novela significa aquilo que é novo, novidade (do latim novus, \_\_ a, \_\_ um). Mesmo tendo origem única no latim, apresenta diferentes acepções em línguas diferentes. No espanhol (novela) ou no inglês (novela e novel), possui o sentido de romance (v.), enquanto que em português, italiano (novella), francês (nouvelle) e alemão (novelle) os termos possuem o mesmo significado, como se verá abaixo. Ou seja, um gênero narrativo cujas origens e funções relacionam-se com as canções de gesta, de temática aventuresca e de comportamentos heroicos que serviam para divertir e entreter as pessoas. Na Idade Média, nasceram as Novelas de Cavalaria (de aventuras e gestos heroicos), e nos primórdios do Renascimento, as Novelas Sentimentais. Mas, só no Romantismo, atinge a maturidade com a função de evasão e diverte a burguesia com sua temática aventurosa, passional e fantástica. No romantismo e no período pós-romântico, ela se firmou como um gênero narrativo cuja construção possui as categorias fundamentais de uma narrativa (v.), mas com suas próprias especificidades, o que a diferencia do romance (v.) ou do conto (v.). Assim, por exemplo, a ação, de relativa simplicidade, desenvolve-se em ritmo rápido, concentrado, com tendência a um único desfecho; o tempo é linear, sem desvios bruscos e sem anacronias; o espaço geralmente é obscurecido por uma personagem caracterizada por sua excepcionalidade, turbulência ou caráter incomum. A extensão, nem tão longa quanto o romance (v) e nem tão curta quanto o conto (v.), não é um critério distintivo tão rigoroso. Mais importante neste aspecto é a concentração temática, reforçada por uma estrutura repetitiva, que foge da minuciosa elaboração do romance e, ao mesmo tempo, da propensão restritiva do conto.

**NUPÉDIA (v. BLOGÁRIO, CIBERBLOGÁRIO, CIBERGLOSSÁRIO, DICIONÁRIO, DICIONÁRIO ELETRÔNICO, ENCICLOPÉDIA, GLOSSÁRIO, *TWICTIONARY*, VOCABULÁRIO, WEBOPÉDIA, WIKIPÉDIA):** semelhante à Wikipédia (v.), mas sem conexão editorial mútua, também é um projeto aberto de enciclopédia (v.) on-line, com todas as características de formatação, estrutura e estilo.

# O

**OBITUÁRIO:** v. FUNÉREO, NECROLOGIA e NECROLÓGIO.

**OFÍCIO (v. CARTA, REQUERIMENTO):** no discurso religioso, mesmo que prece (v.) ou oração (v.) No discurso oficial, semelhante à carta (v.), tanto na forma quanto no estilo, trata-se de uma comunicação escrita formal, adotada no serviço público, entre autoridades da mesma categoria, ou de autoridades a particulares, ou de inferiores a superiores hierárquicos. O formato do papel (formato ofício), usado nesse tipo de correspondência, acabou por consagrar um tipo de papel conhecido como "tamanho ofício".

**OLHO (v. ANTETÍTULO, CHAMADA, INTERTÍTULO):** pode ser sinônimo de antetítulo (v.), mas se caracteriza mais como excerto, pequeno e importante, que é retirado da matéria (v.) principal, colocado em destaque gráfico, e serve de chamada (v.) para essa matéria.

**ORAÇÃO (v. DISCURSO, JACULATÓRIA, HOMILIA, OFÍCIO, PRECE, PRÉDICA, REZA, SERMÃO):** súplica, pedido dirigido a Deus, a santo, a uma divindade. O assunto pode ser o mais variado possível, desde pedidos de saúde para quem reza ou para outras pessoas, obtenção de graças, agradecimentos, etc. Mas, geralmente, predomina o estilo direto de uma interlocução com Deus, um santo ou divindade, de maneira respeitosa e, muitas vezes, usando-se um tratamento formal, como VÓS, Senhor, etc.

Oração pode ser sinônimo de discurso (v.), sermão (v.), prédica (v.) ou homilia (v.), constituindo uma fala eloquente, de cunho religioso, moral, etc., que, em geral, é proferida, em ocasião solene, no púlpito, pelo pregador – um sacerdote, um pastor, etc.

**ORDEM (v. CATÁLOGO, LISTA, LISTAGEM, ROL, PROGRAMA):** no discurso oral informal do cotidiano, a ordem é um texto, geralmente curto, de tom autoritário ou imperativo, dado por pessoas que têm certa ou total ascensão sobre quem a recebe. No discurso formal de instituições diversas, públicas ou privadas, trata-se de uma determinação de origem superior, de autoridade (ordem de diretoria, ordem judicial [v. mandado], ordem comercial, bancária, ordem de serviço, etc.). Nestes casos, geralmente é um documento (v.) que habilita, determina ou autoriza a execução de uma ação, de um serviço, remessa de mercadorias, recebimento de pagamentos, transferência monetária, etc.

Como *ordem do dia*, no discurso de autoridade militar, trata-se de uma publicação que o comandante do corpo faz a cada dia, com determinações e instruções (v. instrução) diversas, e comentários (v.) em datas especiais.

Como *ordem do dia*, pode ser usado também como sinônimo de pauta (v.) ou agenda (v.): assuntos, pontos ou matérias, previamente definidos, que se pretendem discutir, executar, votar... numa sessão, reunião ou assembleia.

Como sinônimo de lista (v.), trata-se de texto em que se relacionam pessoas ou coisas, obedecendo-se a uma sequência alfabética, numérica, temporal ou cronológica, etc. Por exemplo, ordem de chegada de pessoas ou de entrada de papéis, documentos, etc. em determinado estabelecimento.

***OUTBUS:*** v. *BIKEDOOR, BUSDOOR, OUTDOOR, TAXIDOOR,* TRANSPORTE.

***OUTDOOR* (v. ANÚNCIO, BÂNER, CARTAZ, CLASSIFICADO, COMERCIAL, PAINEL, PROPAGANDA, RECLAME, RECLAMO, TRANSPORTE):** anúncio (v.) divulgado em suportes de cartaz (v.), ou painel (v.) multissemiótico ou painel luminoso, geralmente de dimensão ampla, exposto à margem de vias urbanas e rodovias, para divulgar produtos, eventos os mais diversos, mensagens (v. mensagem), propagandas políticas, religiosas, etc. Geralmente apresenta coerções genéricas do tipo:

(i) apelo visual forte;

(ii) textualização apresentada em grandes dimensões espaciais;

(iii) recorrência de implicitações;

(iv) parcimônia verbal (poucas palavras).

Este tipo de anúncio pode variar de suporte, como os ônibus (*busdoor* ou *outbus* – v.) ou os táxis (*taxidoor* – v.) ou ainda as bicicletas (*bikedoor* – v.) e apresentar outras coerções genéricas que podem levá-los a ser considerados como novos gêneros em "constelação" com *outdoor*.

# P

**PÁGINA (v. *HOME PAGE*, PORTAL, *SITE*/SÍTIO):** na internet, conjunto de informações (texto, gráficos e informações em multimídia) contidas num único arquivo em *hipertexto* ou por ele referenciadas, capazes de serem exibidas no vídeo de um computador por um programa tipo-navegador.

**PÁGINA DE CRÉDITOS:** v. FOLHA DE ROSTO (verso).

**PÁGINA DE ROSTO:** v. FOLHA DE ROSTO, ROSTO.

**PAINEL (v. ANÚNCIO, BÂNER, *BANNER*, CARTAZ, CLASSIFICADO, COMERCIAL, PROPAGANDA, *RECLAME*, RECLAMO, TRANSPORTE):** por suas características e coerções genéricas semelhantes/iguais às do *outdoor*, pode-se considerá-los como verbetes sinônimos.

**PALAVRA-CHAVE (v. *HIPERLINK*, *LINK*, *TAG*):** palavras ou expressões que resumem o sentido de um texto ou que o identificam. Numa coleção de informações classificadas (arquivos, listagens, catálogos de livros e revistas, etc.), a palavra-chave identifica verbetes (v.) correlacionados ou pertencentes à mesma área de interesse.

**PALAVRAS CRUZADAS:** jogo inventado pelo jornalista norte-americano Arthur Wynne em 1913, a partir do quadrado mágico, constitui-se de palavras que se entrecruzam horizontal e verticalmente e devem ser adivinhadas pelo jogador com base em definições ou sinônimos dados pelo autor.

**PALESTRA (v. AULA, CONFERÊNCIA, DEBATE, EXPOSIÇÃO, EXPOSIÇÃO ORAL, LIÇÃO, PRELEÇÃO, TELECONFERÊNCIA, VIDEOCONFERÊNCIA):** conferência (v.) ou debate (v.) sobre tema cultural ou científico. (V. CONFERÊNCIA).

**PANFLETO (v. DIATRIBE, FÔLDER, FOLHETIM, FOLHETO, PROSPECTO, VOLANTE):** texto publicitário curto, impresso em folha avulsa, com distribuição corpo a corpo feita em locais de grande circulação. Como texto de conteúdo político, usado para convocar/convidar a população ou determinados grupos sociais para alguma manifestação/ato/contestação pública, circula também em folha avulsa e o texto é de estilo veemente e sensacionalista.

*PAPER* **(v. ARTIGO, ARTIGO CIENTÍFICO, ENSAIO):** como o ensaio (v.), é texto de opinião ou expositivo, em prosa livre, que discorre sobre tema/assunto específico (científico, histórico, filosófico ou de teoria literária, etc.), sem esgotá-lo e caracteriza-se pela visão de síntese e tratamento crítico, predominando o discurso expositivo-argumentativo. Na universidade, substitui o termo ensaio (v.), principalmente pela não exigência do aprofundamento do tema e da extensão do texto a ser produzido.

**PAPO:** v. BATE-PAPO, BATE-PAPO VIRTUAL, *CHAT*, CONVERSA, CONVERSAÇÃO.

**PARECER:** texto técnico em que um especialista, objetivamente, (às vezes, seguindo critérios preestabelecidos), emite uma opinião em resposta a uma consulta que se lhe faz, com o intuito de se tirar uma dúvida, de se analisar uma questão, um artigo (v.) a ser publicado, etc.

**PARÓDIA:** texto geralmente jocoso ou satírico que se caracteriza por ser essencial e intencionalmente intertextual e interdiscursivo, já que "importa" elementos de um texto (ou textos) já existente(s). A paródia, de origem literária, se estendeu ao cinema, teatro, música, etc.

**PASSAGEM (v. BILHETE):** papel, senha (v.), boleto (v.) ou cartão (v.) impresso que constitui o contrato de transporte de uma pessoa ou de um grupo por via aérea, marítima, férrea, fluvial, lacustre, rodoviária, etc. e representa o preço, por ele pago ao transportador, referente a um determinado percurso.

**PASSWORD:** v. CÓDIGO e SENHA.

**PAUTA (v. AGENDA, MEMORANDO, ROTEIRO):** pode tratar-se de uma súmula das matérias a serem feitas numa edição específica de um veículo de comunicação. Ou seja, ser uma agenda ou roteiro (v.) dos principais temas ou assuntos que serão noticiados e divulgados numa determinada edição na imprensa falada, escrita ou televisiva. Nesse caso, podem também acompanhar, de acordo com o gênero, um planejamento esquematizado de quais ângulos serão focalizados numa reportagem (v.), um resumo dos assuntos e a sugestão de como o tema pode ser tratado e desdobrado, numa notícia, por exemplo, sem uma linha de ação obrigatoriamente pré-determinada. Trata-se de uma orientação metodológica e não de uma coerção dos editores responsáveis. Além desses elementos (enfoques, resumo, tratamento do tema, etc.), podem acompanhar sugestões de lide (v. lide e notícia), de perguntas a possíveis entrevistados (v. entrevista), dados (nomes, endereços, telefones) de possíveis fontes, etc., que poderão ser usados em futuras edições. Pode ser também uma ordem do dia (v. ORDEM) a ser observada num colegiado, público ou privado e, na linguagem jurídica, a relação (v.) dos processos a serem julgados por um tribunal, fixada no átrio da sede do órgão e publicada no Diário da Justiça ou similar, para que os interessados deles tomem conhecimento.

**PEÇA TEATRAL:** texto escrito ou encenado em que os diálogos são os que mais bem imitam as situações reais. Nelas os personagens conversam entre si para dar ao espectador a sensação de estar dentro da cena. Na peça de teatro não existe a figura do narrador, apenas os diálogos e as rubricas, que orientam o leitor ou o diretor sobre a montagem da cena, o figurino usado pelos personagens e a entonação da voz, por exemplo. A maneira como as coisas são ditas permite ao leitor fazer inferências sobre as características de cada personagem e compreender os conflitos da trama.

**PEDIDO:** v. AUTORIZAÇÃO e PETIÇÃO.

**PERFIL VIRTUAL:** v. AUTORRETRATO VIRTUAL.

**PERÍCIA:** exame técnico/laudo pericial de caráter especializado (perícia médica física e/ou mental, perícia odontológica, perícia policial, etc.), cujos resultados são bem detalhados e minuciosos e podem ser expressos em forma de relatório ou preenchidos em fichas que depois são encaminhados a quem de direito no processo. Podem, por exemplo, em julgamentos, servir de prova contra ou a favor de alguém e se constituem elementos importantes que permitem ao juiz tomar decisões.

**PESQUISA (v. ARTIGO, ARTIGO CIENTÍFICO, DISCURSO, DISSERTAÇÃO, ENQUETE, ENSAIO, ESTUDO, EXAME, MONOGRAFIA, RELATO DE CASO, RELATÓRIO CIENTÍFICO, TESE):** conjunto de atividades que têm por finalidade a descoberta de novos conhecimentos no domínio científico, literário, artístico, etc. Ligados à ideia geral de pesquisa estão os conceitos de ciência e tecnologia, pesquisa básica e pesquisa aplicada. A pesquisa básica, também conhecida como pesquisa pura, ou como pesquisa acadêmica, liga-se ao conceito de ciência como conjunto organizado de conhecimentos sobre determinado objeto. A pesquisa aplicada forneceria os fundamentos para o desenvolvimento da pesquisa tecnológica, entendendo-se tecnologia também como um conjunto de conhecimentos, mas aplicados a um determinado ramo de atividade. Tanto a pesquisa básica quanto a pesquisa aplicada, realizadas comumente em universidades e empresas, exigem a formulação de um bom projeto (v.), cujos resultados podem tomar a forma de artigo científico (v.), dissertação (v.), monografia (v.), tese (v.), etc.

Além da pesquisa científica, há a pesquisa de opinião, conhecida também como enquete (v.), geralmente realizada em forma de entrevista (v.), que é usada no cotidiano, com objetivos diversos (avaliação de audiência de programas, de produtos, de serviços, de candidaturas, etc.), recebendo cada tipo uma denominação específica, conforme o objetivo. Entre outras pesquisas de opinião que visam fazer levantamento de informações detalhadas a respeito da opinião do público acerca de determinado assunto, acontecimento, etc., têm-se:

(i) *pesquisa de audiência*: feita com o público exposto às transmissões de uma emissora de rádio ou televisão ou a um determinado programa para saber a frequência e a intensidade com que a emissora ou o programa é ouvido ou assistido;

(ii) *pesquisa de mercado*: coleta e análise interpretativa de fatos relativos a um produto ou serviço capazes de influir na sua comercialização e na planificação de sua propaganda (v), com a finalidade de se observarem as tendências dos consumidores e tornar mais racional e fácil a venda de produtos;

(iii) *pesquisa de motivação*: visa conhecer a reação psicológica do público diante de um produto, marca, serviço, etc.;

(iv) *pesquisa administrativa*: verificação de problemas de organização e utilização de recursos humanos, materiais e financeiros por métodos matemáticos e estatísticos.

**PETIÇÃO (v. ABAIXO-ASSINADO, INICIAL, REQUERIMENTO):** formulação escrita de pedido (v.), dirigida ao juiz competente ou que preside ao feito. Trata-se, portanto, de um documento (v.), em que a parte autora, fundada no direito da pessoa, alega seus direitos e exige providências jurisdicionais. Alto grau de formalidade linguística e interlocutiva é uma coerção genérica típica desse tipo de gênero, cuja estrutura composicional se assemelha à do requerimento (v.).

**PIADA (v. ANEDOTA):** gênero de funcionamento tipicamente anônimo, a piada se caracteriza por ser uma história (v.) curta de final surpreendente, às vezes picante ou obscena, contada para provocar risos. De temática variadíssima (preconceitos – sexualidade, racismo, etnias, etc. – instituições, profissões, etc.), as piadas refletem e refratam a sociedade, segundo Freud 1905 (*in* Possenti, 2002), porque trazem um conteúdo que é, de alguma maneira, reprimido (*repressão*) e, por isso, dependem de sua técnica de disparar o humor, ou por uma característica linguística ou pela controvérsia em que um dos pontos de vista é considerado de mau gosto, incivilizado. O ponto de vista nunca é expresso explicitamente, o leitor tem que descobrir o seu porquê. Ainda em Freud, além da *repressão*, a *condensação* é outra característica da piada. Ou seja: um trecho de uma piada pode ser lido de duas maneiras (ambiguidade) e entendido de duas maneiras. Esse jogo da ambiguidade constrói a piada, como em coisas do tipo *éter na mente* x *eternamente* x *é ter na mente* x *eterna mente*. A característica do *final surpreendente*, presente na definição inicial deste verbete (v.), é uma das mais típicas das piadas, pois elas ou apresentam sentido duplo (*condensação*) ou mudam de tema ou assunto (*deslocamento*), quebrando a exigência da unidade discursiva de outros textos chamados "sérios" que, culturalmente, devem manter a unidade, o mesmo tópico ou tema ou assunto.

**PINGUE-PONGUE (v. CONFERÊNCIA DE IMPRENSA, COLETIVA, ENREVISTA):** entrevista (v.) rápida, com perguntas e respostas, breves e curtas, geralmente formadas de uma ou poucas palavras. Em geral, o pingue-pongue se faz no final de uma entrevista mais longa. Neste caso, constitui parte de uma entrevista, mas pode constituir um gênero diferente, quando é produzido à parte. Usa-se, então, o termo Pingue-Pongue para se referir a uma entrevista editada na forma de diálogo, com perguntas e respostas (rápidas).

**PITACO:** v. TORPEDO.

**PLACA (v. CARTAZ, FRASE, INSCRIÇÃO, LETREIRO, PAINEL, *OUTDOOR*):** assim como o *outdoor* (v.), o cartaz (v.) ou o painel (v.), a placa é um *suporte*, com formato de tabuleta, geralmente de bronze, mármore, granito, metal, ou outro material, que pode trazer uma inscrição (v.) comemorativa, uma propaganda (v.), uma homenagem (placa de rua), etc. Pode ser também uma chapa que, emitida pela administração pública, representa sinal oficial de concessão de certas licenças e autorizações, como, por exemplo, a placa de carro ou de moto de metal que, colocada na dianteira ou na traseira de um veículo automotor, registra o número de licenciamento desse veículo. Por extensão de sentido, placa passa a constituir um gênero escrito quando se refere aos textos comemorativos, de propaganda (v.) ou de qualquer dessas licenças ou autorizações, geralmente curtos e objetivos, codificados alfanumericamente, como as placas de veículos, em muitas partes do mundo.

***PLOT* (v. ENREDO, ROTEIRO, SINOPSE):** tipo de enredo (v.), menor que sinopse (v.), que se resume na ideia básica da trama (v.) principal de um história: conto, novela, quadrinhos, filme (v. todos) etc. Rabaça & Barbosa, 2002, 575: 2ª. col., assim escrevem o *Plot* do filme Central do Brasil: "uma mulher que ganha a vida escrevendo cartas para os outros vai para o Nordeste com um menino e acaba encontrando os irmãos".

**POEMA:** composição poética em versos, de tamanho muito variado.

**PORTAL (v. PÁGINA, *HOME PAGE*, *SITE*/SÍTIO):** site (v.) que se propõe ser a porta de entrada da *Web* para as pessoas em geral. Tipicamente, um portal possui um catálogo de sites e um mecanismo de busca (v. NRs 27, 30 e 31). Um portal pode oferecer grande variedade de serviços, tais como correio eletrônico (v.), fóruns de discussão (v.), dispositivos de busca, informações gerais e temáticas, páginas de comércio eletrônico e muitos outros.

**POSFÁCIO (v. ADENDO, ANEXO, APÊNDICE):** adendo (v.), explicação ou advertência colocados no fim de um livro, depois de pronto. Trata-se de um enunciado de esclarecimento (v.), justificação, comentário (v.) que se coloca após o corpo do texto.

**POST** (v. ARTIGO, ARTIGO CIENTÍFICO, ARTIGO DE OPINIÃO, *CIBERPAPER*, COMENTÁRIO, EDITORIAL, VERBETE): forma substantiva do verbo "*to post*", em inglês, refere-se a uma entrada de texto efetuada num *weblog/blog* (v.). O conteúdo centra-se na temática proposta pelo *blog*, e conforme o tipo de *blog* (v.) – diários pessoais, informativos ou profissionais – será o conteúdo dos comentários (v.) enviados pelos leitores, que têm muita liberdade de expressar o que quiserem. Em geral, as postagens são organizadas de forma cronologicamente inversa na página, de forma que as informações mais atualizadas apareçam primeiro. *Post* e comentário (v.) podem ser construídos multissemioticamente, pois, atualmente, a maioria dos *blogs* (v.) é compatível com o recurso de inserção de imagens, vídeos e áudio, além do próprio texto. O *post* é geralmente um texto do tipo narrativo (relatos), descritivo e opinativo. Já o comentário (v.), texto em geral curto, é do tipo opinativo, pois expressa uma opinião sobre o tema desenvolvido no *post* do blogueiro.

**PÔSTER** (v. CARTAZ, PAINEL, *OUTDOOR*): aquilo que era um cartaz (v.) impresso, com motivos variados, usado geralmente para decoração em espaços públicos ou privados ou propaganda, passou, na academia, a ser um novo gênero, muito usado em eventos científicos. Nesses eventos, deixa-se, geralmente, a modalidade de exposição em forma de pôster aos alunos de graduação, enquanto outras modalidades (comunicações individuais ou coordenadas) ficam para alunos de pós-graduação (mestrandos e doutorandos e demais pesquisadores. O pôster pode ser um suporte de propaganda ou decoração, como o pode ser o cartaz, o *outdoor*, o painel, etc. (v. todos), mas como gênero possui conteúdo, composição e estilo bem característicos. Quanto ao conteúdo, geralmente traz um tema científico que se pesquisa. Encimado pelo título do trabalho de pesquisa, vêm, em seguida, objeto, objetivo, embasamento teórico, metodologia de pesquisa e de análise, resultados e/ou conclusões (possíveis) e bibliografia básica. Predomina, em todas as partes que compõem a estrutura do pôster, uma linguagem objetiva, sintética, sinóptica.

**POSTURA** (v. EDITAL, ÉDITO ou EDITO): determinação escrita em que a autoridade máxima de um município obriga os cidadãos a cumprirem certos deveres expressos em leis, normas ou regulamentos de um município.

**POVO FALA** (v. ENQUETE): pesquisa de opinião (v.) sobre um determinado assunto, muito usada pelo telejornalismo ou pelo radiojornalismo.

Nesse tipo de entrevista (v.) o repórter faz a mesma pergunta para várias pessoas, sem identificação dos entrevistados.

**PRÁTICA (v. DISCURSO, HOMILIA, ORAÇÃO, PRÉDICA, SERMÃO):** no discurso religioso, como a homilia (v.), trata-se de uma curta pregação ou comentário (v.) expositivo-argumentativo do Evangelho, visando explicá-lo e analisá-lo, geralmente após sua leitura, em um ato religioso (missa, funeral, bênção, etc.), feita em estilo mais familiar ou coloquial que um sermão (v.) ou discurso (v.).

**PREÂMBULO (v. APRESENTAÇÃO, INTRODUÇÃO, PREFÁCIO, PRÓLOGO):** texto introdutório (v. NR 31) a leis ou decretos, geralmente se trata de um relatório (v.) ou exposição (v.) de motivos que os antecede, anunciando sua promulgação.

**PRECE (v. JACULATÓRIA, ORAÇÃO, REZA):** conforme se viu em oração (v.), prece é uma mensagem (v.) oral, escrita ou em pensamento, pela qual alguém se dirige a uma divindade ou a um santo, pedindo uma ajuda, uma bênção, ou agradecendo uma graça recebida.

**PRÉDICA (v. DISCURSO, HOMILIA, ORAÇÃO, PRÁTICA, SERMÃO):** discurso religioso.

**PREDIÇÃO (v. PROFECIA):** afirmação de algo que pode acontecer no futuro, ajudado por alguma inspiração de ordem sobrenatural. Predomina aí uma linguagem de tom profético e místico.

**PREFÁCIO (v. APRESENTAÇÃO, INTRODUÇÃO, PREÂMBULO, PRÓLOGO):** texto preliminar de apresentação (v.), geralmente breve, escrito pelo autor ou por outrem (outra pessoa de reconhecida competência, como a autora do Prefácio deste dicionário, ou o editor), colocado no começo de um livro, com explicações sobre seu conteúdo, objetivos ou sobre a pessoa do autor. Trata-se de um enunciado de esclarecimento (v.), justificação, comentário (v.) ou apresentação (v.) que precede o corpo do texto. Trata-se de um texto típico de gênero introdutório do discurso acadêmico ou editorial (v. NR 31).

**PRELEÇÃO (v. AULA, CONFERÊNCIA, LIÇÃO, PALESTRA):** palestra (v.) ou lição (v.) com finalidade explicativa, didática ou educativa.

**PRESCRIÇÃO (v. INSTRUÇÃO, RECEITA):** conjunto de medidas não cirúrgicas (medicamentos, dietas, cuidados higiênicos e outros, etc.) determinadas pelo médico para o tratamento de um doente. Há o predomínio da linguagem instrucional com uso de formas verbais (imperativo, infinitivo) de valor imperativo.

**PRESS RELEASE**: v. *RELEASE*.

**PROFECIA (v. PREDIÇÃO):** como na predição (v.), o conteúdo se refere à previsão de algo que possa acontecer no futuro, e o tom é preditivo e místico. Acredita-se que na profecia haja inspiração divina.

**PROGNOSE:** mesmo que prognóstico (v. abaixo).

**PROGNÓSTICO (v. PROGNOSE):** traça o provável desenvolvimento futuro ou o resultado de um processo. Na medicina, por exemplo, trata-se da predição (v.) ou prognose (v.) do curso ou do suposto resultado de uma doença. Em sentido geral, o termo se refere a previsões de acontecimentos futuros, mediante sinais, sintomas ou indícios.

**PROGRAMA (v. LISTA, ORDEM, PROGRAMAÇÃO, ROL):** lista (v.) escrita em que se organizam objetivamente, numa linguagem direta (e, às vezes, se comentam) a composição (v.) ou a programação (v.) de um espetáculo, um concerto, uma cerimônia, etc. Ou seja, trata-se de uma publicação que anuncia ou descreve os detalhes desses eventos, como, por exemplo, o programa de uma peça teatral (v.) que, além da programação (v.), pode conter informações sobre a peça, o autor, os artistas, fotos, depoimentos (v.), excertos da peça, críticas, etc.

No discurso escolar, pode se referir a uma lista (v.) com o nome das disciplinas que compõem um curso ou a um conjunto discriminado dos tópicos sobre os quais versam essas disciplinas, ou ainda a uma lista de matérias, tópicos ou temas que serão cobrados num concurso.

No discurso político, refere-se a uma discriminação ou exposição (v.) escrita ou oral das intenções, planos e projetos (v.) de uma chapa, um candidato, um partido político, etc.

No meios de comunicação, refere-se ao conjunto de quadros (programação) em que se divide o tempo nas transmissões radiofônicas ou televisivas, com suas características e assuntos próprios (programas humorístico, musical, jornalístico, etc.).

**PROGRAMAÇÃO:** v. PROGRAMA acima.

**PROJETO:** descrição (v.) escrita e detalhada de um empreendimento, de uma construção, de uma pesquisa, etc. a serem realizados. Por ser amplo, ele pode conter vários outros gêneros textuais. Pode haver vários tipos de projeto, entre outros, destaca-se aqui o projeto de pesquisa científica (v. pesquisa) que pode ser definido como um trabalho em que se desenvolve uma proposta teórica sobre determinado tema ou assunto e, para tal, seguem-se algumas etapas e, finalmente, vêm sua elaboração e formulação. Quanto ao desenvolvimento da proposta teórica, exige-se do pesquisador um conhecimento da área a ser pesquisada, uma definição e delimitação do assunto e a geração de hipóteses ou perguntas investigativas. Quanto às etapas, duas são muito importantes: a pesquisa de fontes (identificação e levantamento de informações) e a análise e seleção de material coletado (leitura e organização do material coletado).

Para elaboração e formulação, há uma estrutura composicional básica que é bom seguir: (i) *Introdução* (exposição inicial do objeto de pesquisa, dos objetivos, da base teórica, metodologia e divisão do trabalho, entre outros aspectos); (ii) *Dados e Metodologia ou Material e Métodos* ( detalhamento do objeto a ser estudado e que método e técnicas está-se seguindo na coleta do material e interpretação dos dados); (iii) *Cronograma* (previsão do tempo a ser gasto em todas as etapas e atividades do projeto); (iv) *Orçamento* (previsão de gastos diversos: recursos materiais – material de consumo e permanente – e recursos humanos, transporte, estadias, etc.) e (v) *Bibliografia* (obras consultadas, seguindo-se, nas citações, as regras da ABNT).

**PRÓLOGO (v. APRESENTAÇÃO, INTRODUÇÃO, PREÂMBULO, PREFÁCIO):** historicamente, no antigo teatro grego, refere-se à primeira parte da tragédia, em forma de diálogo entre personagens ou de monólogo, na qual se fazia a exposição (v.) do tema da tragédia e, por extensão de sentido, hoje, em uma peça teatral, é a cena ou monólogo iniciais, em que geralmente são dados elementos precedentes ou elucidativos da trama que vai se desenrolar. Na bibliologia, é um gênero textual sinônimo de PREFÁCIO (v.).

**PROMO (v. CHAMADA, PROMOBOXE e CAIXA):** abreviação de PROMOBOXE (v.)

**PROMOBOXE (v. CHAMADA, PROMO e CAIXA):** chamada (v.) que aparece no alto da primeira página do jornal ou de um de seus cadernos. É editada separada por fios da matéria principal.

**PROPAGANDA (v. ANÚNCIO, CLASSIFICADO, COMERCIAL, RECLAME, RECLAMO):** o discurso publicitário usa *outdoors* (v.), televisão, rádio, jornal, revista, internet para vender seus produtos através de mensagens (v. mensagem) que procuram convencer para conseguir consumidores. É a propaganda, cujas mensagens geralmente são curtas, breves, diretas e positivas, com predomínio da forma imperativa (interlocução direta, com uso da segunda pessoa, vocativos, etc.), presente no *slogan* (v.), um enunciado repetido à exaustão. Aliado a essa estratégia discursiva verbal, o texto publicitário compõe-se também de linguagem não verbal, em que o formato do suporte, as imagens, ilustrações e animações são de grande importância na construção de um discurso que explora os desejos de consumo da sociedade moderna. Quando veiculados em rádio, televisão, internet, também o som é de suma importância. É um gênero textual essencialmente multissemiótico, em que os argumentos de venda, embora pareçam lógicos, caracterizam-se por apelos totalmente emocionais e pelo uso de padrões sociais, estéticos, etc. estereotipados.

**PROSPECTO (v. FILIPETA, FÔLDER, FOLHETO, SANTINHO, VOLANTE):** o mesmo que fôlder.

**PROTOCOLO (v. ETIQUETA, RECIBO, REGISTRO):** registro (v.) resumido de atos públicos, oficiais, de audiências nos tribunais, negociações diplomáticas, da correspondência oficial de uma empresa, universidade, repartição pública, etc., feita em suporte específico, como o tradicional "livro de protocolos".

Também pode ser cartão (v.) ou recibo (v.) em que o protocolador anota a data e o número de ordem com que foi registrado no livro de protocolo um processo (v.) ou requerimento (v.) ou outro documento (v.).

Como sinônimo de etiqueta (v.), é um conjunto de regras, de formalidades de atos públicos, usado entre Estados, nos altos escalões do governo e em cerimonial diplomático.

Quando se trata de um acordo prévio entre partes que fazem algum tipo de transação inicial, como nas relações comerciais, políticas, diplomáticas, etc., recebe o nome de *protocolo de intenções*. Entre duas ou mais nações, este tipo de protocolo é menos importante que o tratado (v.) ou a convenção.

**PROVA (v. EXAME, TESTE):** trabalho (v.), teste ou exame escolar, oral ou escrito, que pode ser composto de uma série de perguntas abertas ou fechadas, cuja finalidade é avaliar os conhecimentos do(a) estudante.

**PROVÉRBIO (v. ADÁGIO, DITADO, MÁXIMA, MOTE, SENTENÇA):** frase curta, geralmente de origem popular, com ritmo e rima, rica em imagens, que sintetiza um conceito a respeito da realidade ou uma regra social ou moral (p. ex.: *Deus ajuda a quem madruga*).

O livro dos Provérbios, na Bíblia, traz esse tipo de frase curta, breve e pequena que visa aconselhar, educar, edificar...

QUADRO (v. CATÁLOGO, ÍNDICE, LISTA, SUMÁRIO, TABELA, TÁBUA, TABUADA): disposição ordenada de fatos, de horários diversos, etc. ou lista (v.) ou relação (v.) de membros de uma corporação, sociedade, empresa, repartição, etc. Como resenha (v.) ou sinopse (v.), trata-se de uma exposição (v.) resumida, geralmente comparativa, de um assunto qualquer, em forma de tabela (v.), que contém linhas ligadas por chaves (igual a quadro sinótico).

QUADRINHO: v. BANDA DESENHADA, HISTÓRIA EM QUADRINHOS – HQs.

QUEIXA-CRIME (v. QUERELA): peça inaugural nos crimes de ação penal privada, em que o próprio ofendido, ou quem tiver qualidade para representá-lo, faz uma exposição (v.) ou relato (v.) do fato criminoso com todas as suas circunstâncias.

QUERELA (v. DEBATE, DISCUSSÃO, QUEIXA-CRIME): no direito penal, mesmo que queixa-crime. Por extensão de sentido, debate/discussão (v.) inflamado(a) sobre pontos de vista contrários.

QUESTIONÁRIO: conjunto, relação ou sequência, oral ou escrita, de perguntas ou questões feitas para diversos fins: para servir de guia, por exemplo, a uma investigação (v.), a uma entrevista (v.), a um trabalho (v.) de pesquisa escolar, etc.

# R

**RABICHO (v. ADENDO):** adendo (v.) que se adiciona ao pé de um anúncio (v.) ou mensagem (v.).

**RADIONOVELA (v. BLOG(O)NOVELA, FOLHETIM, FOLHETO, FOTOAVENTURA, FOTONOVELA, GAZETILHA, NOVELA, TELENOVELA):** também chamado de Folhetim Radiofônico, pode se realizar de duas formas: (i) teatro radiofônico: reproduz praticamente os discursos do texto original como o são, respeitando seu tempo e o ritmo dramático e dispensa a voz mediadora do narrador; (ii) adaptação: maior liberdade no uso do texto original, num processo reelaborativo do tempo, valorizando os episódios dialogados, mantendo-se a voz mediadora do narrador.

A radionovela caracteriza-se por: (a) *serialidade*: episódios relativamente curtos/breves (entre quinze a trinta minutos) que se distribuem num longo período de tempo; (b) *encadeamento*: os episódios/capítulos se interligam por meio de várias estratégias discursivas e sempre param num ápice narrativo que leva o ouvinte a esperar "com ansiedade" o próximo episódio ou capítulo; (c) *papel do narrador*: inicia e termina cada episódio, numa entonação dramática que colabora com a expectativa do ouvinte para a resolução da ação interrompida no(s) episódio(s) seguinte(s); (d) *temática*: ingredientes temáticos do cotidiano (fortes paixões, vida doméstica comum aliada a dramas familiares intensos diversos, etc.) que mantêm o interesse do público que acompanha a história, geralmente, em alta audiência; (e) *final feliz*: ação ou intriga tensa que se concretiza num *happy end* tão longamente esperado pelo radiouvinte; (f) *aspectos externos*: a radionovela depende da publicidade, e a continuidade ou o rumo da narrativa dependem da reação dos radiouvintes; (g) *autoria*: um conjunto de profissionais, e não só o autor ou autores da narrativa, pode intervir na produção e realização da história inicialmente criada.

**RAFE (v. *LAYOUT*, LEIAUTE, ESBOÇO):** palavra que vem do inglês *rough*, pode-se dizer que é um esboço (v.) mais rústico que o leiaute (v. detalhes neste verbete).

**RASCUNHO (v. BORRÃO, MINUTA):** esboço de qualquer texto que é escrito sem preocupação formal, gráfica, conteudística, etc. definitivas e em que se anotam possíveis correções e alterações que serão registradas no produto textual final.

***README*:** v. LEIA-ME.

**RECADO (v. AVISO, BILHETE, COMUNICAÇÃO, PITACO, *SCRAP*, TORPEDO):** aviso (v.), comunicação (v.), verbal ou por escrito, levados ou deixados a outrem. O recado geralmente é curto e objetivo. Seu grau de formalidade depende de com quem se faz a interlocução.

**RECEITA (v. INSTRUÇÃO, PRESCRIÇÃO):** prescrição (v.) médica referente a medicações ou cuidados a serem administrados aos pacientes. Também se refere a fórmulas a serem aviadas em farmácia de manipulação e fórmulas para a preparação de produtos industriais ou de economia doméstica. Em culinária, são instruções que orientam a preparação de uma iguaria. Em todos os casos, predomina uma linguagem instrucional com uso de formas verbais (imperativo, infinitivo) de valor imperativo ou impessoal. Em culinária, a receita estrutura-se geralmente em duas partes: Ingredientes e Modo de Preparo (Confecção), incluindo-se, muitas vezes, a maneira de servir.

**RECENSÃO (v. ABSTRATO/*ABSTRACT*, EMENTA, RESENHA, RESUMO, SINOPSE, SÍNTESE, SUMÁRIO):** resenha (v.) ou resumo (v.) crítico de uma obra, que deve conter as informações básicas, avaliação dessas informações e o tratamento dado a elas, bem como a sustentação da avaliação com evidências do próprio texto resenhado (v. maiores informações em RESENHA).

**RECIBO (v. COMPROVANTE, CONTRACHEQUE, HOLERITE, PROTOCOLO):** texto escrito em que se reconhece (pessoa física ou jurídica) que se recebeu dinheiro, valores, documentos, etc., como forma de quitação ou de pagamento de uma dívida ou de entrega de documentos. Trata-se de um texto curto, titulado com a palavra RECIBO e do qual constam o nome de quem se recebe, o valor e a referência ao objeto quitado (dívida). Depois se colocam local e data, seguidos de assinatura de quem recebeu. Como recibo de documentos, ver protocolo.

Pode se referir também a um documento que comprova o depósito dos vencimentos de um funcionário em sua conta bancária, ou que o habilita a receber na tesouraria. Nesse caso se usa mais o termo contracheque (v.) ou holerite (v.).

**RECLAME:** v. ANÚNCIO, BÂNER, CARTAZ, CLASSIFICADO, COMERCIAL, *OUTDOOR*, PAINEL, PROPAGANDA, RECLAMO. Reclame é uma palavra que caiu em desuso.

**RECLAMO (v. ANÚNCIO, BÂNER, CARTAZ, CLASSIFICADO, COMERCIAL, *OUTDOOR*, PAINEL, PROPAGANDA, RECLAME):** publicidade feita por meio de cartaz (v.), anúncio (v.), prospecto (v.), etc., com o objetivo de divulgar uma empresa ou a venda de um produto.

**REFERÊNCIA BIBLIOGRÁFICA (v. BIBLIOGRAFIA, CITAÇÃO):** bibliografia (v.) consultada para a elaboração de uma pesquisa (v.), tese (v.), artigo (v.), etc., que vem citada no corpo de um texto ou em nota de rodapé (v. NOTA: tipos). A citação (v.), como informação obtida de outra fonte, pode ser direta (transcrição literal de um excerto); indireta (et passim), isto é, reprodução fiel das ideias do autor, sem cópia literal e citação de citação (apud, in): citação feita por outro autor, já que não se teve acesso direto ao texto original. Toda citação segue regras da ABNT e pode ser apresentada em ordem alfabética, por assunto ou por data.

**REFRÃO (v. BORDÃO, ESTRIBILHO):** também conhecido como estribilho (v.), pode ser um verso ou conjunto de versos que é repetido a intervalos regulares em determinados tipos de canção lírica. Dizem que se trata de um expediente popular ligado à memorização de textos populares e à prática da dança associada à poesia.

**REGIMENTO (v. CÓDIGO, CONSTITUIÇÃO, ESTATUTO, REGULAMENTO):** como estatuto (v.), trata-se de um conjunto de normas que regem o funcionamento interno de uma instituição pública ou particular e, como regulamento (v.), de um conjunto de normas impostas ou consentidas.

**REGISTRO (v. CARTEIRA, CERTIFICADO, CERTIDÃO, DOCUMENTO, PROTOCOLO, RECIBO):** textos de assentamentos diversos (nascimento, casamento, óbitos, partilhas, firmas, patentes, estatutos, contratos, documentos, testamentos, etc.), registrados em livros próprios, em cartórios, juntas comerciais, etc., com seus valores jurídicos e legais específicos.

**REGULAMENTO (v. CÓDIGO, CONSTITUIÇÃO, ESTATUTO, REGIMENTO):** conjunto de regras, prescrições para qualquer instituição ou corpo coletivo (militar, civil, governamental, etc.), que determinam ou a conduta de uma corporação (v. regulamento) ou regem o funcionamento de uma instituição (v. regimento).

**RELAÇÃO (v. CATÁLOGO, LISTA, LISTAGEM, ROL, SCRIPT):** lista (v.) ou listagem (v.) que contém nomes de pessoas ou de coisas em sequência, que obedece a determinados critérios, como, por exemplo, a ordem alfabética.

**RELÂMPAGO:** v. TROVÃO.

**RELATO (v. CAUSO, CONTO, ESTÓRIA, HISTÓRIA, NARRAÇÃO, NARRATIVA, MEMORIAL, RELATÓRIO):** narração (v.) não ficcional escrita ou oral sobre um acontecimento ou fato acontecido, feita geralmente usando-se o pretérito perfeito ou o presente histórico.

**RELATO DE CASO (v. ARTIGO, ARTIGO CIENTÍFICO, *CASE*, *CASE HISTORY*, DISSERTAÇÃO, EXPOSIÇÃO, EXPOSIÇÃO ORAL, MEMORIAL, MONOGRAFIA, RELATO, RELATÓRIO, TESE):** documento (v.) em que se expõem os resultados, as conclusões às quais chegaram os membros de uma comissão (ou uma pessoa) encarregada de efetuar uma pesquisa, ou de estudar um problema particular ou um projeto qualquer. Os dados devem ser apresentados de forma muito organizada para que se possa lê-los em diferentes níveis. Pode se apresentar como um documento final ou parcial de resultados que, periódica e parceladamente, vão se somando até o final, dado seu caráter funcional e informativo. Como resultado de pesquisa (v.) que é, exige planejamento, coleta e seleção de material e dados que serão analisados e relatados. Nesse sentido, assim se estrutura: (i) *Introdução* (justificativas, diretrizes, delimitações e explicações necessárias); (ii) *corpo ou texto principal* (descrição (v.) detalhada do objeto do relatório, análise e resultados) e (iii) *conclusões e recomendações finais* (resultados práticos, sugestões de atividades ou medidas a serem tomadas, a partir do que foi apresentado e analisado antes). A composição do texto final varia de acordo com o tipo de relatório: administrativo, policial, de viagem, de estágio, de visita, de projeto, de investigação, etc.

Como termo jurídico, é a parte da decisão judicial em que se expõem os fatos e questões debatidos no processo ou o relato (v.) elaborado por autoridade policial após o fim do inquérito (v.) policial, que contém as investigações feitas para a averiguação dos indícios de autoria e da existência do fato criminoso, que servirão posteriormente de base ao oferecimento da ação penal. Também, como termo jurídico, se refere à primeira parte da sentença (v.), onde o juiz expõe os principais fatos que ocorreram no decorrer do processo. Após o relatório vem a fundamentação, e depois a conclusão da sentença (v.), com a decisão do juiz.

**RELATÓRIO:** v. RELATO, RELATO DE CASO.

***RELEASE* (v. *AUDIO-RELEASE*, EMENTA, *HAND OUT*, *PRESS RELEASE*, RESUMO, SINOPSE, SÍNTESE, *VIDEO-RELEASE*):** material informativo, resumido/sinóptico, espécie de *Hand Out* (v.), distribuído entre jornalistas da imprensa falada, escrita, televisiva e internética, antes de solenidades, entrevistas, lançamentos de filmes, livros, etc., com resumos, sinopses, biografias, dados específicos, roteiros, etc., que podem facilitar o trabalho jornalístico. Geralmente é um material distribuído por uma instituição privada ou pública, governamental ou não, que deseja vê-lo publicado e divulgado gratuitamente pelos meios de comunicação. O texto é, em geral, preparado por relações públicas dessas instituições e enviado às redações ou distribuído pessoalmente aos repórteres. Quanto ao conteúdo, trata-se da informação a partir do ponto de vista da instituição e, por isso, de valor relativo. Quanto à composição ou estilo, se assemelha ao resumo (v.) ou à sinopse (v.) por seu caráter sintético, conciso e breve. O Release pode ser distribuído em cópias impressas, *site* (v.), *e-mail* (v.), ou em fitas de áudio (v. *áudio-release*) ou de vídeo (v. *vídeo-release*).

**REMISSÃO (v. CHAMADA):** chamada (v.) que se coloca em jornais e revistas e contém informações (entre outras: número da página, nome da coluna, da seção, do caderno, etc.) que orientam o leitor na busca e localização de matéria de seu interesse.

**REPERTÓRIO (v. CATÁLOGO, ÍNDICE, LISTA, LISTAGEM, RELAÇÃO, ROL, SUMÁRIO):** lista (v.), listagem (v.) ou relação (v.) de assuntos dispostos em determinada ordem, o que facilita encontrá-los.

No discurso artístico em geral (teatro, cinema, música...), refere-se ao conjunto, por exemplo, das peças teatrais ou das composições musicais pertencentes a um determinado autor, ou a uma época, uma escola, etc.; ou ao conjunto das peças que já foram apresentadas por uma companhia teatral ou que estão sendo remontadas periodicamente, ou que foram escolhidas para montagens futuras; ou ainda ao conjunto de músicas interpretadas ou executadas por um cantor, um instrumentista, uma orquestra, etc. e, ou mesmo, ao conjunto dos papéis interpretados por um ator ou uma atriz.

No discurso jurídico, trata-se de um rol (v.) de publicações de leis, de jurisprudências e de pareceres.

**REPORTAGEM (v. MATÉRIA, NOTÍCIA):** texto jornalístico (escrito, filmado, televisionado), que é veiculado por órgãos da imprensa, resultado de uma atividade jornalística (pesquisa, cobertura de eventos, seleção de dados, interpretação e tratamento), que basicamente consiste em adquirir informações sobre determinado assunto ou acontecimento para transformá-las em noticiário. O resultado é uma notícia (v.), geralmente mais longa, com ingredientes críticos, que podem ir além de uma notícia, no sentido tradicional (v.), embora tenham muita semelhança em sua construção composicional e discursiva.

**REQUERIMENTO (v. ABAIXO-ASSINADO, CARTA, PETIÇÃO):** petição (v.) por escrito, segundo as formalidades legais, contendo uma reivindicação ou pedido e, por extensão de sentido, qualquer petição verbal ou por escrito. Como documento formal, segue as regras de uma carta (v.) da correspondência formal, quanto à linguagem e interlocução. Quanto à composição, titula-se a palavra REQUERIMENTO, seguido do Vocativo. Após, o texto principal, que contém o objeto requerido, geralmente, finalizado com a expressão "Nestes termos, pede(-se) deferimento", seguida de local, data e, abaixo, a assinatura ou assinaturas.

**RESENHA (v. ABSTRATO/*ABSTRACT*, EMENTA, RECENSÃO, RESUMO, SÍNTESE, SINOPSE, SUMÁRIO):** breve comentário (v.) crítico ou uma avaliação (v.) de uma obra que deve conter o assunto e como ele é abordado e tratado, a organização, a ilustração, se houver, etc. Uma resenha ou recensão crítica (v.) deve ser feita levando-se em consideração os conhecimentos prévios sobre o assunto, se há alguma característica especial, como a obra foi escrita (estilo), se tem alguma utilidade para o leitor, se há similaridade com outra(s) obra(s) do autor ou de outro(s) autor(es). Nesse sentido, a produção de resenha implica atividades de leitura, interpretação e resumo prévios e um posicionamento em face de uma questão potencialmente controversa que exigirá uma boa sustentação argumentativa em favor do ponto de vista defendido, já que haverá leitores que não comungam com a mesma tese. No início, devem-se citar as referências bibliográficas completas, incluindo número total de páginas e preço da obra. A extensão vai depender do espaço (jornal, periódico, etc.) onde vai ser publicada.

No jornalismo, tipo de resumo (v.) de texto, de extensão maior que a da sinopse (v.), em que se pode fazer também uma análise crítica ou informativa de uma obra ou ainda uma sinopse (v.) geral do que de fundamental ocorreu em determinado período, em matéria de noticiário.

**RESUMO (v. ABSTRATO/*ABSTRACT*, EMENTA, RECENSÃO, RELEASE, RESENHA, SÍNTESE, SINOPSE, SUMÁRIO):** pode ser uma apresentação abreviada de um texto ou conteúdo de livro, peça teatral, argumento de filme, etc. Constitui, então, um gênero em que se reduz um texto qualquer, apresentando-se seu conteúdo de forma concisa e coerente, mantendo-se o tipo textual do texto principal. Também pode se referir a uma exposição (v.) sintetizada de um acontecimento ou de uma série de acontecimentos, das características básicas de alguma coisa, com a finalidade de transmitir uma ideia geral sobre seu sentido.

Pode-se classificar o resumo em alguns tipos:

(i) Preliminar: resumo de trabalho não concluído, enviado para apresentação em eventos científicos;

(ii) Indicativo: não dispensa a leitura do texto original, pois exclui dados essenciais;

(iii) Informativo: dispensa a leitura do texto original, pois apresenta os dados necessários à compreensão total;

(iv) Informativo-indicativo: fusão dos dois anteriores;

(v) Resumo crítico: v. RECENSÃO e RESENHA.

Como RESUMO de trabalhos científicos, v. ABSTRATO/*ABSTRACT*.

**RESUMO EXECUTIVO (v. SUMÁRIO EXECUTIVO):** produzido pelo autor ou pelo editor, contém informações sobre a publicação, seu conteúdo, utilidade, etc., sem algum tipo de avaliação.

**RETRANCA (v. *STORY*):** código (v.), geralmente alfanumérico, usado em originais impressos (jornais e revistas) para identificação e posterior reagrupamento e organização de paginação. No caso de audiovisuais no telejornalismo, serve para identificação das matérias que serão usadas num determinado programa (telejornal, e.g.). Como por exemplo: "Vt rj 5 lula" (reportagem gravada no Rio de Janeiro sobre Lula, no mês de maio).

**RETRATAÇÃO:** texto escrito ou oral em que um jornal, um periódico ou uma emissora de rádio ou TV retratam-se por alguma difamação feita, desdizendo-se e reconhecendo a falsidade imputada ao(à) ofendido(a). Conforme a Lei de Imprensa, no seu artigo 26, a retração deve circular "... no mesmo jornal ou periódico, no mesmo local, com os mesmos caracteres e sob a mesma epígrafe, ou a mesma estação emissora e no mesmo programa e horário".

**RETRATO (v. AUTORRETRATO, AUTORRETRATO VIRTUAL, PERFIL VIRTUAL):** descrição (v.) pormenorizada dos traços (perfil físico) e/ou do caráter (perfil psicológico) de uma pessoa ou de tudo que se relaciona com o homem. Pode-se também fazer o retrato de um animal ou objeto. A não ser que se os personifique, a descrição, nesse caso, centra-se nos traços/detalhes físicos. Predomina no retrato o estilo descritivo em que se faz intenso uso da adjetivação e de verbos de estado, uma vez que carregam as características conceituais, físicas e/ou psicológicas do "objeto" retratado.

**REZA (v. JACULATÓRIA, OFÍCIO, ORAÇÃO, PRECE):** além de súplica que se faz a uma divindade, como sinônimo de prece (v.) ou oração (v.), pode ser também uma série de palavras que, por superstição ou crendice, é proferida com o objetivo de benzer ou de afastar o mal.

**ROL (v. CATÁLOGO, LISTA, LISTAGEM, ORDEM, PROGRAMA, RELAÇÃO):** pode ser tanto uma série de palavras, frases, ideias como uma relação (v.), lista (v.) ou enumeração um tanto minuciosa de coisas, bens, quantias, circunstâncias, pessoas vivas ou mortas, testemunhas, seguindo determinada ordem, para registro (v.), fixação ou recordação. Assim, por exemplo, na linguagem jurídica, pode referir-se a uma relação (v.) de bens de uma pessoa, necessária nos casos de partilha, concurso de credores, falência, etc. ou de testemunhas que seriam utilizadas pela acusação ou pela defesa em um processo.

**ROMANCE (v. CASO/CAUSO, CIBER-ROMANCE, CONTO, CONTO POPULAR, ESTÓRIA, FÁBULA, HISTÓRIA, LENDA, NARRAÇÃO, NARRATIVA, NOVELA, RELATO):** segundo <http://www.houaiss.uol.com.br>, (v. BIBLIOGRAFIA, no final deste dicionário) a palavra *romanicé*, "já como sinônima da sua motivadora *látíne loqui*, já como gradação semântica em que a pureza presumida em *latíné loqui* não fosse preservada, equivalendo assim *romanicé loqui* a 'falar língua românica', isto é, 'língua popular falada de base romana mas já não latim'; esse *romanìcé*, substantivo ('falar [em] românico'), é a fonte do fr. *roman*, port. esp. *romance*, it. *romanzo*, prov. *romans* (sXI-XIII); assim, depois de significar língua vernácula, passou a significar composição escrita em língua vernácula".

Nesse sentido, é um dos gêneros mais conhecidos da literatura. Herdeiro da epopeia (v.) é tipicamente um gênero do modo narrativo, assim como a novela (v.) e o conto (v.). Escrito em prosa, mais ou menos longo, narram-se nele fatos imaginários, às vezes inspirados em histórias reais, cujo centro de interesse pode estar no relato (v.) de aventuras, no estudo de costumes ou tipos psicológicos, na crítica social, etc. A distinção entre romance e novela (v.) não é clara, mas costuma-se definir que no romance há um paralelo de várias ações, enquanto na novela há uma concatenação de ações individualizadas. No romance, uma personagem pode surgir em meio à história e desaparecer depois de cumprir sua função. Outra distinção importante é que, no romance, o final é um enfraquecimento de uma combinação e ligação de elementos heterogêneos, não coincidindo com o clímax, que é o ponto culminante da narrativa.[38]

---

[38] Ver mais diferenças no verbete Novela. Quanto às diferenças com o Conto, ver os verbetes Conto e Conto Popular.

Entre outros, podem-se citar alguns tipos de romance, segundo o conteúdo e temática desenvolvidos:

(i) cíclico: em vários volumes, narram-se aventuras das mesmas personagens, de uma família ou de diversos tipos de um mesmo grupo ou sociedade;

(ii) de capa e espada: aventuras de espadachins;

(iii) de cavalaria: aventuras dos cavaleiros andantes;

(iv) de costumes: as paixões, os interesses, as atitudes, o comportamento, etc. de uma época, região ou classe social;

(v) de folhetim (v.): romance de aventuras cuja narrativa, publicada em episódios pela imprensa, suscita o interesse do leitor pelas repetidas surpresas que a ação contém;

(vi) didático: história (v.) fictícia para propagar um ensinamento;

(vii) epistolar: a ação é narrada mediada pela correspondência trocada entre algumas personagens;

(vii) histórico: a ação se desenrola com personagens e cenas extraídos da história;

(viii) negro: predominam personagens dominados por vícios, pela loucura e por paixões criminosas e a ação é repleta de crimes pavorosos;

(ix) pastoril: antiga forma literária de caráter bucólico, cujos heróis eram pastores;

(x) pessoal ou autobiográfico: o que é construído, em sua maior parte, com informações autobiográficas;

(xi) policial: investigação de um crime ou mistério, na maioria das vezes efetuada por um policial ou por um detetive particular;

(xii) psicológico: explorando vários níveis da atividade mental, focaliza em profundidade a complexidade emocional de seus personagens.

**ROSTO:** v. FOLHA DE ROSTO, PÁGINA DE ROSTO.

**ROTEIRO (v. ARGUMENTO, ENREDO, GUIA, ITINERÁRIO, MANUAL, RELAÇÃO, *SCRIPT*):** itinerário (v.), guia (v.), manual (v.) ou descrição (v.) minuciosa de viagem com vários tipos de indicação (geográfica, culinária, hoteleira, etc.). Pode ser também um guia (v.) com indicação e localização de ruas, praças, parques, etc. de uma localidade. Na linguagem da marinha, manual (v.) que descreve minuciosamente pontos e acidentes geográficos de regiões costeiras ou ilhas, com indicação de correntes, ventos, marés, faróis, cidades litorâneas, sugestão de rotas para cada época do ano, etc. (Semelhantemente, pode ser também um manual de aviação). Nos casos acima, pode acompanhar o texto verbal (geralmente curto, formado por enunciados lexicais e frases nominais) desenhos, ícones, etc. que completam as informações.

No caso de apresentações orais ou escritas (palestra (v.), aula (v.), debate (v.) ou similares) de outras esferas discursivas (escolas, universidades, indústrias, etc.), trata-se de uma relação de tópicos importantes a serem abordados.

No cinema (v.), radiofonia, teatro (v.) ou televisão, texto (v. *script*) que resulta do desenvolvimento do argumento (v.) de filme (v.), vídeo (v.), novela (v.), programa (v.) de rádio ou televisão, peça teatral (v.), etc., dividido em planos, sequências e cenas, com as rubricas (v.) técnicas, cenários e todos os diálogos.

**RÓTULO (v. CONTRA-RÓTULO, ETIQUETA):** texto objetivo mas minucioso, impresso, que vem afixado em recipientes e embalagens. Geralmente traz informações sobre o produto ali contido: marca, principais características, apelos mercadológicos, nome e endereço do fabricante, peso, composição, teores, etc.

Como etiqueta (v.), colada ou impressa na lombada de um livro, revista ou outro tipo similar de suporte, informa o título da obra, autor, volume, etc.

**RUBRICA (v. ASSINATURA, VERBETE):** sinal próprio do assinante; assinatura abreviada. Na linguagem jornalística, é o título (v.) ou entrada (v.) que constitui indicação geral do assunto veiculado ou do gênero textual, como, por exemplo: editorial (v.), classificado (v.), palavras cruzadas (v.), entrevista (v.), etc.

**SAIA-E-BLUSA:** anúncio (v.) impresso misto (imagem, que ocupa 2/3 do espaço + texto) e, abaixo, título (v.), texto breve e assinatura (v.) do anunciante.

**SALMO:** no discurso religioso, oração (v.) (ou cântico sagrado), em gênero poético lírico, cuja característica é o duplo ritmo, o das palavras e o das ideias, para ser acompanhada pelo saltério, espécie de harpa, ou outro instrumento de cordas ou de sopro.

No Antigo Testamento, cada um dos 150 poemas líricos do Livro dos Salmos, atribuídos, em sua maior parte, ao rei Davi (1015 a.C.-975 a.C.?), e que foram musicados para uso em ritual religioso.

**SANTINHO (v. FILIPETA, FOLHETO, PANFLETO, PROSPECTO, VOLANTE):** por metonímia, já que o "santinho" religioso estampa uma pequena imagem que representa a figura humana de Cristo, da Virgem Maria ou de um santo, na publicidade política deu-se também o nome de "santinho" a um pequeno prospecto (v.) de propaganda eleitoral com retrato e número do candidato a cargo público. Além do retrato e do número que, geralmente, vêm na frente do santinho, no verso do costuma-se colocar a proposta política e/ou o currículo do candidato, comumente numa linguagem de tom/estilo de convencimento, uma vez que o objetivo desse volante (v.) é fazer o eleitor votar no candidato estampado no santinho. Um *slogan* (v) geralmente compõe o texto total de tom propagandístico do candidato.

**SÁTIRA:** narrativa (v.) humorística, burlesca, de crítica mordaz, picante aos costumes, situações sociais, instituições ou pessoas, literária ou teatral, escrita em prosa ou verso, pressupõe sempre uma atitude ofensiva e insatisfação diante do *status quo*.

***SCRAP* (v. AVISO, BILHETE, PITACO, RECADO, TORPEDO):** em inglês significa "pedaço de papel, recorte", por extensão, refere-se a um texto semelhante ao bilhete (v.), pelo estilo e estrutura, em que o internauta deixa um recado (v.) em *websites* de comunidade *on-line* como o Orkut.[39]

***SCRIPT* (v. ARGUMENTO, ENREDO, GRADE, GUIA, LEIA-ME, MANUAL, MAPA DE PROGRAMAÇÃO, MONSTRO, ROTEIRO):** etimologicamente, roteiro (v.) manuscrito de uma peça teatral, de um filme, de um programa radiofônico ou televisivo. Contém indicações cênicas e outras instruções necessárias à execução dessas atividades artísticas. Na informática, é sinônimo de LEIA-LE (v.) e contém uma sequência de instruções (v. Instrução), em linguagem injuntiva simples, sobre a execução de um programa (v.). Abreviação de *manuscript*.

**SENHA (v. CÓDIGO):** linguagem, secreta ou não, em que entram palavras, às quais, convencionalmente, se dão significações diferentes das que normalmente possuem, muito usada por agentes secretos, policiais, etc. Também em certos tipos de jogo ou gincana aparecem frequentemente. Pode ser também um conjunto sistemático de sinais, números ou abreviações (podendo ser alfanumérico), destinados a possibilitar brevidade de expressão ou economia de palavras, para vários fins, como acesso a contas bancárias, a dados da vida escolar e acadêmica, da vida profissional, acesso a sistema de computação, etc., exclusivamente para usuários autorizados.

**SENTENÇA (v. ADÁGIO, DITADO, MÁXIMA, MOTE, PROVÉRBIO):** enunciado, geralmente não muito longo, que encerra um pensamento de ordem geral e de valor moral. Pode ser também uma decisão, uma

---

[39] O <www.orkut.com> é um *website* de comunidade *on-line* projetado para amigos. O principal objetivo deste serviço é tornar a vida social do usuário e dos amigos mais ativa e estimulante. Pelo menos foi o que pretendia seu criador, o engenheiro da Google que o desenvolveu, Orkut Buyukkokten.

resolução ou uma solução dada por um júri, uma autoridade, etc. a toda e qualquer questão submetida à sua jurisdição ou ainda mesmo uma decisão inabalável, conceito, opinião sensata ou fundamentada, dada por qualquer pessoa.

**SEPARATA (v. ENCARTE):** assim como o encarte (v.), talvez nem se pudesse falar aqui de um gênero específico, pois se trata de um impresso, opúsculo ou publicação que contém artigos diversos publicados em jornal ou revista, mantendo-se neles a mesma composição tipográfica. Os diversos textos publicados em separata constituiriam cada qual um determinado gênero e a separata, um suporte, como o é o encarte (v.).

**SERMÃO:** v. DISCURSO, HOMILIA, OFÍCIO, ORAÇÃO, PRECE, PRÉDICA, REZA.

**SINDICÂNCIA:** v. INQUÉRITO, INTERROGATÓRIO, INVESTIGAÇÃO.

**SINOPSE (v. EMENTA, *PLOT*, RESUMO, SÍNTESE, *STORY LINE*, SUMÁRIO):** em revista científica, assim como o resumo (v.) ou *abstract* (v.), trata-se de uma apresentação (v.) breve e concisa de um artigo (v.) e que, para dar ao leitor um apanhado do texto integral, é colocada entre este e o título. Também pode ser uma síntese (v.) de um filme, de um livro, de uma ópera, etc.

**SÍNTESE:** v. EMENTA, RESUMO, SINOPSE, SUMÁRIO.

**SITCOM (v. TELENOVELA):** abreviação do inglês *situation commedy*, ou seja, comédia de situação, criada pela televisão norte-americana. Embora se divida em capítulos/episódios, estes constituem histórias completas. Contudo Sitcom tem os ingredientes leves e superficiais de uma telenovela (v.) humorística e as características de serialidade, encadeamento, final feliz das telenovelas em geral, etc.

**SÍTIO**[40]**:** v. *SITE*.

***SITE* (v. *HOME PAGE*, *HOTLIST*, *HOTPAGE*, *HOTSITE*, PÁGINA, PORTAL, *WEB SITE*):** coleção de arquivos *Web* sobre um determinado assunto com um início chamado *Home Page* (v.) ou página (v.) pessoal. Um site pode conter uma ou mais páginas (v.). O termo *site* também pode

---

[40] Na linguagem da internet, palavra da língua portuguesa que se sugere para substituir *site* (v.) em inglês. No português de Portugal já o é de uso geral, enquanto no português brasileiro ainda se usa muito mais a palavra inglesa. O <http://www.houaiss.uol.com.br> sugere o uso de SÍTIO.

ser usado com o sentido de uma instituição que oferece serviços aos usuários.[41]

**SLOGAN (v. CHAMADA, FOGUETE):** enunciado conciso, breve e curto, fácil de ser lembrado. É utilizado em campanhas políticas, de publicidade (v.), de propaganda (v.), para lançar um produto, marca, etc.

**SOBRETÍTULO (v. ANTETÍTULO, BONÉ, CHAPÉU, ENTRETÍTULO, INTERTÍTULO, LEAD, LIDÃO, *LIDE*, SUBTÍTULO, SUTIÃ e TÍTULO):** sinônimo de ANTETÍTULO.

**SOMA:** v. SÚMULA.

**SPOT (v. ANÚNCIO, BÂNER, *BANNER*, *CIBERSPOT*(E), COMERCIAL, CORTINA, E-ANÚNCIO, FOGUETE, *JINGLE*):** texto publicitário breve falado, gravado em fita ou disco, usado em transmissão radiofônica. Pode haver efeitos sonoros acompanhando o texto.

**STAND-BY (v. ARTIGO, CALHAU, FRIA, FURO, GAVETA, NOTÍCIA e QUENTE):** matéria (v.) jornalística fria (v. último parágrafo de Artigo e Notícia).

***STORY*:** v. RETRANCA.

***STORY-BOARD* (v. CINEMINHA, INFOGRÁFICO, *E-STORY-BOARD*, *STORY-BOARD* ELETRÔNICO):** o mesmo que CINEMINHA.

***STORY-BOARD* ELETRÔNICO (v. *E-STORY-BOARD*):** o mesmo que CINEMINHA ou *STORY-BOARD*, quando produzido em sistema eletrônico de processamento de imagens e textos.

***STORY LINE*:** v. SINOPSE.

**SUBLIDE (v. ABERTURA, CABEÇA, GANCHO, *LEAD*, LIDÃO, LIDE, LINHA FINA, OLHO):** desmembramento do lide (v.), geralmente se constituindo como segundo parágrafo da matéria, com características discursivas e estilísticas semelhantes às do lide, pode-se, metaforicamente, dizer que é "o pescoço que equilibra a cabeça" (o lide) em relação ao corpo da notícia. Daí sua importância de articulação do texto narrativo jornalístico.

---

[41] Nesse caso, pode-se dizer que *site* seria mais um *ambiente* que um gênero textual, entendendo-se *ambientes* como domínios de produção e processamento de textos onde emergem novos gêneros textuais aí abrigados ou condicionados. Como exemplos, podemos citar os AMBIENTES: *WEB*, *E-MAIL*, FOROS DE DISCUSSÃO, *CHAT*, *MUD* e de AUDIO e VIDEO (v. WALLACE, 1999, p. 19-30 e MARCUSCHI, 2004, p. 25-28). (v. também NR 27).

**SUBTÍTULO (v. ANTETÍTULO, BONÉ, CHAPÉU, ENTRETÍTULO, INTERTÍTULO, *LEAD*, LIDÃO, LIDE, SOBRETÍTULO, SUTIÃ e TÍTULO):** título (v.) secundário, que se segue ao principal e o complementa, geralmente expandindo-o.

***SUELTO*** **(v. BOLETIM, COMUNICADO, INFORMAÇÃO, INFORMATIVO, INFORME, MENSAGEM, *NEWSLETTER*, NOTA, NOTA-PÉ, NOTA-SUELTO, TÓPICO):** termo espanhol já em desuso no português, substituído por Nota (v.), mas que se refere a um gênero textual específico. Estilisticamente, a nota-suelto é um texto breve, de informação rápida, seguido de comentários e juízos de valor, com parágrafos curtos e traz um tom que oscila entre a ironia e o chiste.

**SUMA:** v. SÚMULA.

**SUMÁRIO (v. ABSTRATO/*ABSTRACT*, CATÁLOGO, ÍNDICE, GLOSSÁRIO, LISTA, RELAÇÃO, RESUMO, ROL, SINOPSE, TÁBUA, TABELA):** resumo (v.) dos pontos principais de livro, discurso (v.), exposição (v.), dissertação (v.), tese (v.), etc. Resumo (v.), indicação de poucas linhas, no início de um capítulo, do assunto nele tratado. Como sinônimo de índice (v.), discriminação das principais divisões de uma obra, documento (v.), etc. (com títulos, seções, etc.), dentro da mesma ordem em que a matéria aí aparece, geralmente acrescida da indicação dos números de páginas em que as divisões estão respectivamente localizadas.

Na teoria literária, define toda a forma de resumo (v.) da história (v.), que tem como funções frequentes a ligação entre episódios (v.) ou de resumo (v.) de acontecimentos secundários ou subalternos, numa rápida preparação de ações subsequentes relevantes, etc. Contudo, sem se valorizar sua conexão importante com outras categorias técnico-narrativas ligadas à ordem temporal, ao foco narrativo, às vozes narrativas...

**SUMÁRIO EXECUTIVO:** v. RESUMO EXECUTIVO.

**SÚMULA ou SOMA ou SUMA (v. EMENTA, RESUMO, SINOPSE, SÍNTESE):** etimologicamente, é uma pequena, breve, condensada suma ou soma, sinopse (v.) de informações ou acontecimentos registrados num suporte tipo cartão, como, por exemplo, a súmula de um jogo, preenchida pelo juiz.

**SUPLEMENTO:** v. ADENDA e ADENDO.

**SUTIÃ (v. BONÉ, ANTETÍTULO, CHAPÉU, ENTRETÍTULO, INTERTÍTULO, SOBRETÍTULO, SUBTÍTULO e TÍTULO):** trata-se de um ANTETÍTULO (v.), também chamado de CHAPÉU.

# T

**TABELA (v. CATÁLOGO, ÍNDICE, INDIFOTO, INFOGRÁFICO, LISTA, SUMÁRIO, TÁBUA, TABUADA):** como tábua (v. abaixo) ou quadro (v.), trata-se de uma relação de preços, de pessoas, coisas, quantias, horários e dias de trabalho em forma de escala, mercadorias, jogos de um campeonato ou certame, com a indicação das respectivas datas, etc., organizada em determinada ordem.

No discurso jornalístico sua função é apresentar informações de maneira clara e de rápida leitura. Deve ser visualmente atraente e conter informações exatas redigidas de forma concisa. (v. ilustração ao lado)

**TÁBUA (v. CATÁLOGO, ÍNDICE, LISTA, QUADRO, SUMÁRIO, TABELA, TABUADA):** trata-se de um quadro (v.), tabela (v.), sumário (v.) ou lista (v.) sistematicamente organizado(a) em colunas, enumeradas ou não, usado(a) para diversos tipos de consulta: de dados; de pessoas; de matérias de um livro; de números (tabuada – v.), de logaritmos, etc.

Como código (v.), pode ser uma lista (v.) de instruções comportamentais e outras, mandamentos, leis, etc., também organizados em enunciados curtos, colocados em ordem, e redigidos no estilo instrucional, com predomínio de verbos de valor imperativo, como o próprio imperativo, o infinitivo e o futuro do presente. Na história da religião, o código do Antigo Testamento, ditado por Deus a Moisés no monte Sinai, com os dez mandamentos de Sua lei, é um exemplo clássico do uso do futuro do presente: "Não furtarás; Não desejarás a mulher do próximo; Amarás ao próximo como a ti mesmo", etc.

**TÁBUA DE MATÉRIA:** v. ÍNDICE, ÍNDICE DE MATÉRIA e TÁBUA.

**TABUADA (v. TÁBUA):** tabela (v.) das quatro operações fundamentais, entre os números de um a dez. Esta tábua (v.) de números, metodicamente organizados, permite obter, por consulta direta, o resultado de uma operação de multiplicação, adição, subtração ou divisão.

***TAG* (v. *LINK*, *HIPERLINK*, PALAVRA-CHAVE):** é uma palavra-chave (v.) relevante ou termo associado semanticamente a uma informação (ex: uma imagem, um artigo, um vídeo). Uma tag descreve e permite uma classificação da informação baseada em palavras-chave, que formam um campo semântico com o referente. Usualmente, as *tags* são escolhidas informalmente, e como se trata de uma escolha pessoal do autor ou criador do item de conteúdo, elas não fazem parte de um esquema formal de classificação. É um recurso encontrado muito comumente em *sites* (v.) de conteúdo colaborativo recentes, e, por essa razão, *tagging* associa-se à onda Web 2.0. Isso facilita pesquisar conteúdos, seja em redes sociais, seja em sites especializados.

***TAG-LINE* (v. *SLOGAN*):** frase de efeito, às vezes semelhante a um *slogan* (v.), que vem no final de um texto jornalístico. Às vezes, é repetida várias vezes, no final de todas as edições de uma coluna de jornal, por fazer parte de uma campanha com um fim específico.

**TAREFA (v. DEVER DE CASA, TRABALHO):** no discurso escolar, refere-se aos variados tipos de pesquisa, trabalho (v.) ou dever de casa (v.) determinados pelos professores. Por isso cada tarefa constituirá um gênero específico, dependendo do que o professor solicite ou determine.

***TAXIDOOR*:** v. *BIKEDOOR, BUSDOOR, OUTBUS, OUTDOOR*.

***TEASER* (v. ANÚNCIO, COMERCIAL, PROPAGANDA):** anúncio (v.) provocador (*teaser*, em inglês), usado em lançamentos ou inovações de produtos ou lançamentos de eventos, com o fim de despertar o interesse do público, antes mesmo de o produto estar no mercado ou o evento acontecer.

**TEATRO:** v. PEÇA TEATRAL.

**TELECONFERÊNCIA (v. AUDIOCONFERÊNCIA, CIBERCONFERÊNCIA, CONVERSA/CONVERSAÇÃO, *E-FÓRUM*, FÓRUM, FÓRUM DE DISCUSSÃO, FÓRUM ELETRÔNICO ou VIRTUAL, GRUPO DE DISCUSSÃO, LISTA DE DISCUSSÃO, LISTA DE DISTRIBUIÇÃO, *NEWSGROUP*, VIDEOCONFERÊNCIA):** conferência (v.), debate (v.), discussão (v.), fórum (v.) realizado(a) via telefone fixo ou móvel, via televisão ou computador.

**TELEDRAMA:** v. TELENOVELA e TELETEATRO.

**TELEFONADA:** v. TELEFONEMA.

**TELEFONEMA (v. BATE-PAPO/PAPO, BATE-PAPO VIRTUAL, *CHAT*, COLÓQUIO, CONVERSA, CONVERSAÇÃO, DEBATE, DIÁLOGO):** conversa (v.) ou conversação (v.) via telefone. Ao contrário da conversação canônica tradicional que se dá face a face, portanto presencial, síncrona espacial e temporalmente, o telefonema (também conhecido como telefonada) é feito a distância, por isso os espaços dos interlocutores são diferentes, embora o tempo seja o mesmo como na conversa tradicional. Essa característica modifica a construção dos diálogos, a interação verbal entre os falantes e, por isso, tem-se outro gênero do discurso, embora haja muitas semelhanças entre a conversação tradicional e a telefônica, pois esses atos de fala se fazem mediados pelo diálogo (v.), a forma canônica da conversação (v.).

**TELEGRAMA (v. BILHETE, CARTA, *E-MAIL*, FONADO, FONEGRAMA):** enunciado típico da correspondência social, ao lado da carta (v), bilhete (v.), *e-mail* (v.), etc., pode conter uma mensagem (v.) de congratulações, pêsames ou informações várias cuja transmissão é feita via telégrafo. Por ser cobrado pelos Correios por "palavra", geralmente o texto é curto, eliminando-se, na redação, os conectores entre palavras e frases (linguagem telegráfica, como é conhecida). Como outros gêneros de textos da correspondência, a interlocução é direta e fática. Devem ser preenchidos os espaços do destinatário e seu endereço e, após o corpo do telegrama, vem a "assinatura", ou seja, o nome de quem envia.

Com a invenção do telefone, criou-se o telegrama fonado, que facilita a vida do emissor, pois ele não precisa ir até uma agência ou posto de correio para escrever e enviar um telegrama. O emissor passa as suas informações postais, as do destinatário e o texto a uma atendente da companhia telefônica, que se encarrega de fazer chegar o telegrama fonado ao destino. O telegrama fonado possui as mesmas características de um telegrama comum.

**TELENOVELA (v. BLOG(O)NOVELA, FOLHETIM, FOLHETO, FOTONOVELA, RADIONOVELA, GAZETILHA, NOVELA):** novela (v. definição) escrita diretamente ou adaptada (de obra literária, peça teatral, etc.) para a televisão. A telenovela apresenta praticamente as mesmas características da radionovela: (a) *serialidade*; (b) *encadeamento*; (c) *temática*; d) *final feliz*; e) *aspectos externos*; f) *autoria* (v. explicação detalhada de cada item em radionovela).

**TELETEATRO:** v. TELEDRAMA e TELENOVELA.

**TESE (v. ARTIGO, ARTIGO CIENTÍFICO, COMPOSIÇÃO, DISCURSO, DISSERTAÇÃO, ENSAIO, EXPOSIÇÃO, MONOGRAFIA, RELATO DE CASO, RELATÓRIO CIENTÍFICO):** designação comum às proposições monográficas que se defendem em público, nas escolas superiores, em fim de curso de pós-graduação, como a tese de doutorado. Trata-se, pois, de um trabalho monográfico (v. monografia, suas características e organização composicional) expositivo-argumentativo, exigido pelas universidades brasileiras para obtenção de título de doutor pelo estudante de pós-graduação *stricto sensu*, cujo assunto relevante se liga a áreas científica, artística, doutrinária, etc. Difere-se da dissertação de mestrado (v.), principalmente pelo grau de profundidade da discussão do assunto. A dissertação de mestrado, como trabalho monográfico, demonstra os resultados de uma investigação, contudo não se exige dela o caráter de originalidade característico da tese de doutoramento.

**TESTAMENTO:** no discurso jurídico, enunciado que se caracteriza por ser um ato unilateral, personalíssimo, gracioso, solene e revogável, mediante o qual uma pessoa capaz, de conformidade com a lei, dispõe de seus bens, no todo ou em parte, para depois de sua morte. Pode ainda fixar determinações relativas à tutoria dos filhos, ao reconhecimento da filiação, à deserdação, ou declarar outras disposições de última vontade. Para ter valor legal, deve ser lavrado e registrado em cartório (v. Registro).

**TESTE:** v. EXAME e PROVA.

**TESTEMUNHO:** mesmo que DEPOIMENTO. (v. também DECLARAÇÃO).

**TEXTO-LEGENDA (v. CABEÇA-DE-CLICHÊ, CHAMADA, LEGENDA):** texto objetivo, mais amplo e mais detalhado que a legenda (v.), serve para acrescentar informações à imagem publicada ou ratifica a informação dada visualmente. Pode conter o resumo da notícia (v.), de tal modo que o leitor tenha uma boa compreensão do assunto apenas lendo a imagem, o título (v.) e o próprio texto-legenda.

Às vezes, é usado com a mesma função de chamada (v.) de primeira página.

**TIJOLINHO (v. TIJOLO):** notas (v. NOTA) ou anúncios (v. anúncio) de pequeno formato, publicados em jornais, geralmente nas seções de lazer, apresentando programações diversas de cinema, teatro, etc. Nessa acepção chama-se também TIJOLO.

**TIJOLO:** o mesmo que TIJOLINHO.

**TIRA/TIRINHA (v. BANDA DESENHADA, *COMICS*, DESENHO ANIMADO, GIBI, HISTÓRIA EM QUADRINHOS – HQs –, MANGÁ):** segmento ou fragmento de HQs, geralmente com três ou quatro quadros, apresenta um texto sincrético que alia o verbal e o visual no mesmo enunciado e sob a mesma enunciação. Circula em jornais ou revistas, numa só faixa horizontal de mais ou menos 14cm x 4cm, em geral, na seção "Quadrinhos" do caderno de diversões, amenidades ou também conhecido como recreativo, onde se podem encontrar Cruzadas (v.), Horóscopo (v.), HQs (v.), etc. Uma tira/tirinha pode conter uma historieta completa, como acontece com as tiras cômicas ou humorísticas (*comic strips*), como as do famoso gato Garfield, ou de historinhas didáticas ou ainda histórias seriadas de aventuras, que geralmente são publicadas em capítulos.

**TÍTULO (v. CHAMADA, ENTRADA, MANCHETE, RUBRICA, VINHETA):** enunciado que se coloca no começo de um livro, em seus capítulos, revista, artigo (v.), em publicação jornalística, peça teatral (v.), filme, composição musical, programa de televisão, etc. para indicar o assunto tratado ou simplesmente para identificar, distinguir, individualizar a obra ou o trabalho em questão. Trata-se, pois, de enunciado curto e objetivo que sintetiza, com precisão, a informação mais importante do texto. Sempre deve procurar o aspecto mais específico do assunto, não o mais geral. Por essa característica fundamental, o título é uma espécie de *link* (v.) que o leitor tem e pelo qual decide se vai ler ou não o texto integral, já que é um elemento composicional do gênero. Isto é, o título deve contemplar o significado global ou total do texto produzido e não constituir um mero enfeite cujo "objeto referencial" é uniforme e imutável.

Há algumas orientações para a construção de títulos jornalísticos que podem, de certa maneira, servir para a construção de títulos de outros tipos textuais.

Por exemplo, a Folha de S. Paulo (v. *site* na bibliografia) orienta os jornalistas a, em geral, em títulos:

(i) não usar ponto, dois pontos, ponto de interrogação, ponto de exclamação, reticências, travessão ou parênteses;

(ii) evitar ponto e vírgula;

(iii) jamais dividir sílabas em duas linhas e evitar fazer o mesmo com nomes próprios de mais de uma palavra;

(iv) preencher todo o espaço destinado ao título no diagrama;

(v) evitar a reprodução literal das palavras iniciais do texto.

Já nos textos noticiosos, o título deve, em geral:

a) conter verbo, de preferência, na voz ativa;

b) estar no tempo presente, exceto quando o texto se referir a fatos distantes no futuro ou no passado;

c) empregar siglas com parcimônia.

Quanto a editoriais e textos opinativos, podem-se usar frases nominais em títulos. Ex. Rombo na Previdência.

**TÓPICO:** sinônimo de SUELTO no discurso jornalístico.

**TORPEDO (v. BATE-PAPO VIRTUAL, BILHETE, *CHAT, CHAT TV,* MENSAGEM INSTANTÂNEA, PITACO, RECADO, *SCRAP*):** tradicionalmente, torpedo é um bilhete (v.), escrito à mão, que uma pessoa envia, entrega ou manda entregar a outra em bares, restaurantes, *dancings,* etc., geralmente com intenções amorosas. Como se trata de um bilhete, a linguagem é coloquial e o texto breve, numa interlocução direta. Muitas vezes, o emitente não se dá a conhecer diretamente, dando "dicas" para que o destinatário o descubra.

Atualmente, é muito comum, na mídia, um tipo de mensagem curta que recebeu também o nome de torpedo ou pitaco (v.). Telespectadores participam de programas dos canais da TV aberta, não só assistindo, mas também enviando essas mensagens de texto pelo SMS[42] (*Short Message System*), as quais são exibidas geralmente ao "pé" da tela. Assim, o conteúdo dos torpedos geralmente relaciona-se à votação em enquetes (v.), solicitação de vídeos e opiniões sobre temas diversos. Tudo feito como muito humor e brincadeira. Como o tempo é limitado, as mensagens são breves e, muitas vezes, em linguagem telegráfica e cheia de abreviações, como a dos *chats* (v.). Nessa onda da TV interativa, os canais têm como objetivo uma participação "divertida" do público na programação. Por isso as emissoras que utilizam os torpedos possuem *softwares* e funcionários responsáveis por uma triagem, para que o canal não exiba textos com palavrões e mensagens ofensivas.

A popularização desse tipo de teletexto está ligada a dois fatores: praticidade e mobilidade. Para enviar uma mensagem a programas de TV, o usuário não precisa ligar o micro, conectar-se à internet e escrever um *e-mail*, pois a conexão é feita via celular, que sempre está à mão, utilizando-se uma tecnologia própria (SMS) para o envio de mensagens de texto desse tipo. A cada torpedo enviado para programas de TV –

---

[42] SMS (Serviço de Mensagens Curtas, do inglês *Short Message Service*) é um serviço disponível na maioria dos telefones celulares (e em outros dispositivos móveis, como PCs de bolso ou até computadores de mesa) que permite o envio de mensagens curtas (também conhecidas como mensagens de texto) entre telefones celulares, outros dispositivos portáteis e até telefones fixos. Outros usos do SMS podem ser: compra de *ringtones* e papéis de parede ou para entrar em competições. Há também vários serviços disponíveis na internet que permitem que os usuários mandem mensagens de graça. (Fonte: http://wikipedia.org)

com exceção daqueles relacionados a promoções que dão prêmios –, o telespectador paga uma taxa, não muito alta, mais impostos.

Hoje, boa parte das empresas, substituindo o envio de cartas (v.) pelo correio ou mesmo ligações telefônicas, que gera altos custos operacionais, passou a usar também os "torpedos" como parte do processo que permite atingir os consumidores de forma direta e, sobretudo, discreta. O mesmo tem acontecido com empresas especializadas em cobranças. A grande vantagem dessa tecnologia está na redução de custos, uma vez que o custo de envio de torpedos chega a ser de três a cinco vezes menor do que o custo de correio ou ligação para telefones celulares. No que se refere à correspondência empresarial, o conteúdo dos torpedos está relacionado com o que a empresa vende, mas o estilo breve, curto e objetivo das mensagens é comum aos tipos de torpedo descritos acima.

**TRABALHO:** v. DEVER, DEVER DE CASA, TAREFA.

*TRACKING*: tipo de pesquisa (v.) que, por suas peculiaridades, permite apontar a tendência da opinião pública, como, por exemplo, nas prévias eleitorais.

*TRAILER* **(v.** *DEMO***, DEMONSTRAÇÃO):** montagem constituída de curtos excertos de filme (v), novela (v.), programa, etc., com objetivos comerciais, geralmente exibida, como anúncio (v.), antes do lançamento.

**TRAMA (v. ARGUMENTO, ENREDO, INTRIGA, ROTEIRO):** no discurso literário, cinematográfico ou teatral, sucessão de acontecimentos que constituem a ação de uma obra de ficção (romance, filme, etc.). Mesmo que enredo (v.).

**TRANSPORTE (v.** *BIKEDOOR, BUSDOOR, OUTBUS, OUTDOOR, TAXI-DOOR***):** propaganda (v.) realizada em meios de transporte. V. maiores detalhes em *OUTDOOR*.

**TRATADO (v. ARTIGO, ARTIGO CIENTÍFICO, DISCURSO, DISSERTAÇÃO, PROTOCOLO, TESE):** enunciado que expressa: (i) um objeto de discussão (v.), estudo, exposição (v.) ou (ii) o que foi acordado ou combinado. No primeiro caso, trata-se de um texto expositivo-argumentativo formal que expõe de forma didática um ou vários assuntos a respeito de uma ciência, arte, etc. No segundo, um texto legal ou diplomático, também em estilo formal, que contém o resultado da convenção entre dois ou mais países referente a comércio, paz, etc.

**TROCADILHO:** jogo de palavras, ou partes de palavras, de sons semelhantes, mas com significados diferentes, que provocam equívocos, brincadeiras, jocosidades, humor etc. Por exemplo, brinca-se até com a palavra trocadilho e caralho: "Ele faz trocadalho pra carilho", quando alguém gosta de fazer muito trocadilho. Outro exemplo interessante: Alguém importante visitou um amigo e na despedida disse: "Adeus, insigne partinte!" No que ao amigo respondeu, com humor: "Adeus, insigne ficante."

**TROVÃO (v. RELÂMPAGO):** legenda (v.) de foto que se usa como chamada (v.) ou mesmo como matéria (v.) autônoma. Nesse caso dispensa texto complementar e também título (v.). Quando o título acontece acima da foto com trovão, recebe o nome de relâmpago (v.).

***TWICTIONARY*** **(v. BLOGÁRIO, CIBERBLOGÁRIO, CIBERGLOSSÁRO, DICIONÁRIO, DICIONÁRIO ELETRÔNICO, ENCICLOPÉDIA, GLOSSÁRIO, NUPÉDIA, VOCABULÁRIO, WEBOPÉDIA, WIKIPÉDIA):** dicionário específico dos "twitteiros", usando a ferramenta wiki (v. NR 42). Gabriela Zago, no *site* http://www.twitterbrasil.org/, em 20/02/09, escreveu "Toda hora aparecem no Twitter termos e expressões próprias da ferramenta que só quem convive algum tempo nela consegue entender. É "baleiando" para cá, "retweet" para lá, e muitos outros termos. Foi para acompanhar o surgimento desses termos que o usuário @ahocley criou o twictionary, um wiki no qual se tem uma lista dessas palavras pouco usuais próprias do Twitter, indicando quem a mencionou pela primeira vez".

**TWITIQUETA (v. ETIQUETA, NETIQUETA):** Twitter + Etiqueta: regras implícitas (muitas vezes não escritas) de conduta no Twitter.

**VADE-MÉCUM:** livro, guia, manual (v. todos) de uso muito frequente, que o usuário costuma carregar consigo para consultar. Geralmente nesse livro estão resumidas as fórmulas, os dados e as noções indispensáveis em qualquer parte, ciência ou ofício, etc. É uma espécie de enciclopédia (v.), pois os verbetes se organizam em ordem alfabética ou temática, de maneira ordenada e metódica.

**VÁRIA:** sinônimo de SUELTO e TÓPICO no discurso jornalístico.

**VERBETE (v. ARTIGO, CHAMADA, ENTRADA, RUBRICA, TÍTULO):** em lexicografia, cada entrada (v.) de dicionário (v.), enciclopédia (v.), glossário (v.), etc. constitui um verbete. Cada verbete se caracteriza pelo conjunto das acepções, das definições, exemplos e outras informações específicas. Predomina a linguagem referencial das definições, feita de maneira objetiva, com correferências a vários campos do conhecimento, as chamadas rubricas (v.)

**VERSÍCULO:** em lei, regimento (v.) ou estatuto (v.), cada subdivisão de um artigo ou parágrafo, em forma de verso curto. Na Bíblia, alguns livros sagrados são divididos em capítulos e versículos e estes, na liturgia católica, são empregados no ofício litúrgico, geralmente cantados.

**VÍDEO:** forma abreviada de VIDEOCLIPE (v.).

**VIDEOCHARGE** (v. CARICATURA, *CARTOON*, CARTUM, CARTUM ELETRÔNICO, *CHARGE*, *CHARGE* ELETRÔNICA, *COMICS*, HQs, TIRA/ TIRINHA): com as mesmas características de conteúdo e estilo da *charge* (v.), apresenta uma linguagem multissemiótica, produzida na interface de várias mídias (verbais, textuais, sonoras, visuais), pois faz uso de recursos de animação da computação gráfica, do cinema de animação, das HQs. (v.) e mesmo do rádio (sonorização).

**VIDEOCLIPE (v. CLIPE, VÍDEO):** curta-metragem em filme (v.) ou vídeo que ilustra uma música e/ou apresenta o trabalho de um artista.

**VIDEOCONFERÊNCIA (v. AUDIOCONFERÊNCIA, CIBERCONFERÊNCIA, CONVERSA/CONVERSAÇÃO, *E-FÓRUM*, FÓRUM, FÓRUM DE DISCUSSÃO, FÓRUM ELETRÔNICO OU VIRTUAL, GRUPO DE DISCUSSÃO, LISTA DE DISCUSSÃO, LISTA DE DISTRIBUIÇÃO, NEWSGROUP, TELECONFERÊNCIA):** conversação (v.), debate (v.), discussão (v.) entre mais de dois interlocutores, em ambiente de áudio e vídeo síncronos, realizada(o) por meio de computador ou telefone celular com internet. É muito usada em ensino à distância, reuniões, entretenimento, trabalhos coletivos, etc.

***VIDEO-RELEASE* (v. *AUDIO-RELEASE*, *PRESS RELEASE*, *RELEASE*):** com as mesmas características de conteúdo e estilo do *release* (v.), diferencia-se por ser gravado no suporte de vídeo, em linguagem multissemiótica (recursos verbais, textuais, sonoros, visuais).

**VINHETA (v. CHAMADA, CORTINA, ENTRADA, *FLASH*, FRASE-TÍTULO, OLHO, PROMO, PROMOBOXE, REMISSÃO, RUBRICA, TÍTULO):** originalmente, pequenos elementos decorativos desenhados por miniaturistas medievais nas margens dos manuscritos. Por serem motivos de plantas como videiras, receberam esse nome (*vignette*, em francês, é o diminutivo de *vigne* = videira ou vinha). Trata-se, hoje, de um pequeno ornamento tipográfico ou ornamental, que ilustra um texto, um livro, um capítulo, etc. No discurso jornalístico, científico ou técnico, refere-se à forma gráfica usada para caracterizar uma seção na página de jornal ou revista: Ilustrada, Esporte, Economia, Ciência, Saúde, etc.

Também é empregada em rádio e televisão. Na radiofonia e na televisão, trecho musical ou pequena música que se toca antes do início de um programa de rádio ou televisão, ou separando suas seções, ou identificando o programa, a estação ou o patrocinador. Especificamente, na televisão, pode ser um desenho animado (v.) ou um texto curto ou plano fixo de curtíssima metragem com os objetivos anteriores.

**VOCABULÁRIO (v. BLOGÁRIO, CIBERBLOGÁRIO, CIBERGLOSSÁRIO, DICIONÁRIO, DICIONÁRIO ELETRÔNICO, ENCICLOPÉDIA, GLOSSÁRIO, LÉXICO, NUPÉDIA, *TWICTIONARY*, WEBOPÉDIA, WIKIPÉDIA):** historicamente, na Idade Média e na Renascença, era um registro de uns poucos vocábulos colecionados com determinado fim. Hoje, como o dicionário (v.), é um conjunto parcial ou total dos vocábulos de uma língua, apresentado também em ordem alfabética. Quando acresce as significações respectivas de cada palavra ou locução registrada, equivale ao dicionário (v.). Como conjunto de termos que são característicos de determinado campo de conhecimento ou atividade, e sua codificação, com ou sem definições, equivale ao glossário (v.).

**VOLANTE (v. FILIPETA, FÔLDER, FOLHETO, PANFLETO, PROSPECTO, SANTINHO):** texto publicitário (v. anúncio, comercial, propaganda, reclame) impresso em um ou em ambos os lados do papel, sem dobras, de pequeno formato, para distribuição pública.

Nos jogos de loteria, o impresso em que são anotadas as apostas que serão transpostas eletronicamente para o comprovante do apostador.

# W

**WEBLOG**: v. *BLOG*, BLOGUE, CIBERCONVERSA, DIARIOSFERA, DIÁRIO DIGITAL, DIÁRIO ELETRÔNICO, DIÁRIO ÍNTIMO, DIÁRIO PESSOAL, MINIBLOG, *FOTOBLOG(UE)*, WEBLOGUE.

**WEBLOGUE**: v. *BLOG*, BLOGUE, CIBERCONVERSA, DIARIOSFERA, DIÁRIO DIGITAL, DIÁRIO ELETRÔNICO, DIÁRIO ÍNTIMO, DIÁRIO PESSOAL, *FOTOBLOG(UE)*, MINIBLOG, *WEBLOG*.

**WEBOPÉDIA (v. BLOGÁRIO, CIBERBLOGÁRIO, CIBERGLOSSÁRIO, DICIONÁRIO, DICIONÁRIO ELETRÔNICO, ENCICLOPÉDIA, GLOSSÁRIO, NUPÉDIA, VOCABULÁRIO, *TWICTIONARY*, WIKIPÉDIA)**: dicionário/enciclopédia *on-line*.

**WEBSITE**: v. *SITE*/SÍTIO.

**WEB-ZINE (v. BLOG, BLOGZINE, FANZINE, E-ZINE, ZINE)**: versão eletrônica do *FANZINE* (v.).

**WIKIPÉDIA (v. BLOGÁRIO, CIBERBLOGÁRIO, CIBERGLOSSÁRIO, DICIONÁRIO, DICIONÁRIO ELETRÔNICO, ENCICLOPÉDIA, GLOSSÁRIO, NUPÉDIA, VOCABULÁRIO, *TWICTIONARY*, WEBOPÉDIA)**: o que diferencia basicamente a Wikipédia de uma enciclopédia comum (v.) é o fato de ser uma enciclopédia digital (não papel) livre, aberta a modificações diárias (edição livre, comunitária e pública), que usa ferramentas *wikis*[43] (v.) e circula na internet. No mais, define-se como qualquer enciclopédia-papel, seguindo o critério de apresentação alfabético ou temático dos verbetes (v.) ou artigos (v.), reunindo, de maneira muito abrangente, os conhecimentos humanos ou apenas um domínio deles e expondo-os de maneira ordenada e metódica.

---

[43] A própria Wikipédia (v.) define *wikis* (vem de *wikiwiki* = rápido, na língua havaiana) como uma coleção de muitas páginas (v.) interligadas e cada uma delas pode ser visitada e *editada* por qualquer pessoa, pois o que caracteriza as ferramentas Wiki é a facilidade de edição e a possibilidade de criação de textos de forma coletiva e livre, assim como se faz na Wikipédia e em outros projetos que utilizam Wikis.

# Z

**ZINE (v. BLOG, BLOGZINE, FANZINE, E-ZINE, WEB-ZINE):** mesmo que *E-ZINE* ou forma abreviada de *FANZINE*.

# Referências

ADAM, J. M. *Les textes: types et prototypes*. Paris: Nathan, 1992.

ANIS, J. *Texte et ordinateur. L'écriture réinventée?* Paris, Bruxelles: De Boeck Université, 1988.

ANIS, J. Modifications dans les pratiques d'écriture. *Le Français Aujourd'hui*, n. 129, 3, Paris: AFEF, 2000, p. 59-69.

ARAÚJO, J. C.; BIASI-RODRIGUES, B. (Orgs.). *Interação na internet: novas formas de usar a linguagem*. Rio de Janeiro: Lucerna, 2005. Parte I.

ARAÚJO, J. C. Chat na web: um estudo de gênero hipertextual. In: CAVALCANTE *et al. Teses & Dissertações: Grupo Protexto*. Fortaleza: Protexto, 2007.

ASKEHAVE, I.; NIELSEN, A. E. *Web-mediated genres: a challenge to traditional genre theory*. Working Papers, n. 6, p. 1-50, 2004.

BAKHTIN, M. (Volochinov). (1929) *Marxismo e filosofia da Linguagem*. São Paulo: Hucitec: 1973.

BAKHTIN, M. (1953) Os gêneros do discurso. In: *Estética da criação verbal*. São Paulo: Martins Fontes, 1994. p. 327-358.

BENEDITO, J. *Dicionário da internet e do telemóvel*. Lisboa: Centro Atlântico, 2003.

BEZERRA, B. G. Gêneros introdutórios mediados pela Web: o caso da homepage. In: ARAÚJO, J. C.; BIASI-RODRIGUES, B. (Orgs.). *Interação na internet: novas formas de usar a linguagem*. Rio de Janeiro: Lucerna, 2005. p. 112-125.

BEZERRA, M. A. Gêneros textuais e PCN. In: DIONÍSIO, A. P.; BEZERRA, M. A. (Orgs.). *O livro didático de português: múltiplos olhares*. Rio de Janeiro: Lucerna, 2001, p. 36-37.

BHATIA, V. *Words of written discourse: a genre-based view*. London: Continuum, 2004.

BOND, F. F. *Introdução ao jornalismo: uma análise do quarto poder em todas as suas formas*. 2. ed. Rio de Janeiro: Agir, 1962.

BRONCKART, J. P. *Atividade de linguagem, textos e discursos: por um interacionismo sociodiscursivo*. São Paulo: Educ, 1999.

COSTA, S. R. Oralidade e escrita e novos gêneros na internet. In: *CD-ROM da III Conferência Sócio-Cultural*. Campinas: FE/UNICAMP, 2000.

COSTA, S. R. (2005a). Oralidade e escrita e novos gêneros (hiper)textuais na internet. In: FREITAS, M. T. A.; COSTA, S. R. (Orgs.). *Leitura e escrita de adolescentes na internet e na escola*. Belo Horizonte: Autêntica, 2005. p. 19-27.

COSTA, S. R. (2005b). Leitura e escrita de hipertextos: implicações didático-pedagógicas e curriculares. In: FREITAS, M. T. A.; COSTA, S. R. (Orgs.). *Leitura e escrita de adolescentes na internet e na escola*. Belo Horizonte: Autêntica, 2005. p. 37-43.

COSTA, S. R. (2005c). (Hiper)textos ciberespaciais: mutações do/no ler-escrever. In: FREITAS, M. T. A.; SOUZA, S. J. (Orgs.). *Televisão, internet e educação. Estratégias metodológicas com crianças e adolescentes*. Cad. Cedes, Campinas, v. 25, n. 65, p. 102-116, jan./abr. 2005.

COSTA, S. R. (2006a). *A construção/apropriação da escrita nas salas de aula da escola fundamental e nas salas de bate-papo na internet*. PUC-SP: DELTA, 22:1, 2006, p. 159-175.

COSTA, S. R. (2006b). Gêneros discursivos e textuais: uma pequena síntese teórica. In *Recorte, Revista de Linguagem, Cultura e Discurso*, v. 3, n. 5, Art. 3, Unincor, Três Corações, 2006.

COSTA, S. R. (2006c). Pequeno vocabulário de discurso eletrônico-digital. In: SILVA, G.; ROCHA, L. F. M. (Orgs.) *Discurso e Cultura*. Juiz de Fora: Edições Feme, 2006.

COSTA, S. R. *Dicionário de gêneros textuais*. Belo Horizonte: Autêntica, 2008a.

COSTA, S. R. A "grande quebra" da "grande divisão" entre oralidade e escrita na mídia impressa e eletrônica. In: *Recorte, Revista de Linguagem, Cultura e Discurso*, v. 5, n. 9, art. 4, Unincor, Três Corações, 2008b.

COSTA, S. R. *Dicionário de gêneros textuais*. 2. ed. Belo Horizonte: Autêntica, 2009a.

COSTA, S. R. *Minidicionário do discurso eletrônico-digital*. Belo Horizonte: Autêntica, 2009b.

COSTA, S. R. Produção e recepção de gêneros de texto do/no discurso cibercultural. *Revista Eutomia*, Recife: Departamento de Letras da UFPE, ano III, volume 1, julho/2010.

DEJOND, A. *La cyberl@ngue française*. Tournai: La Renaissance Du Livre, 2002.

DICIONÁRIO ELETRÔNICO HOUAISS DA LÍNGUA PORTUGUESA (UOL HOUAISS), 2005. (<http://www.houaiss.uol.com.br>)

DIONÍSIO, A. P.; MACHADO, A. R.; BEZERRA, M. A. *Gêneros textuais & Ensino*. Rio de Janeiro: Lucerna, 2002.

DISCINI, N. *Comunicação nos textos*. São Paulo: Contexto, 2005.

DOLZ, J.; PASQUIER, A.; BRONCKART, J. P. Argumenter... pour convaincre. Une séquence dicactique 6P. *Cahiers du Service du Français*, n. 31, Génève, D.I.P, 1993.

DOLZ, J.; SCHNEUWLY, B. *Genres et progression en expression orale et écrite. Éléments de réflexions à propos d'une expérience romande*. Enjeux, 1996. p. 31-49.

DOLZ, J.; SCHNEUWLY, B. *Pour un enseignement de l'oral. Initiation aux genres formels à l'école*. Paris: ESF Éditeur, 1998.

FERRARI, M. H.; SODRÉ, M. *Técnica de Redação; o texto nos meios de comunicação*. Rio de Janeiro: Francisco Alves, 1977.

FREITAS, M. T. A.; COSTA, S. R. (Orgs.). *Leitura e escrita de adolescentes na internet e na escola*. Belo Horizonte: Autêntica, 2005.

KABATEK, J. *Tradiciones discursivas y cambio linguístico*. Disponível em: <www.kabatek.de/discurso>. Acesso em: 25 nov. 2008.

MAINGUENEAU, D. *Análise de textos de comunicação*. 2. ed. São Paulo: Cortez, 2002. p. 85.

MAINGUENEAU, D. Ethos, scénographie, incorporation. In: *Images de soi dans le discourse: la construction de l'éthos*. Direction Amossy, Lausanne, Delachaux e Niestlé, 1999, p. 82-83.

MARCUSCHI, L. A. Gêneros textuais emergentes no contexto da tecnologia digital. In: MARCUSCHI, L. A.; XAVIER, A. C. X. (Orgs.). Hipertexto e gêneros digitais. Novas formas de construção de sentido. Rio de Janeiro: Lucerna, 2004. p. 13-67.

MARCUSCHI, L. A.; XAVIER, A. C. (Orgs.). *Hipertexto e gêneros digitais. Novas formas de construção de sentido*. Rio de Janeiro: Lucerna, 2004.

MARTINS FILHO, E. L. *Manual de redação e estilo de O Estado de S. Paulo*. 3. ed. revista e ampliada. O Estado de S. Paulo; Moderna, 2003.

MEURER, J. L.; BONINI, A.; MOTTA-ROTH, D. *Gêneros: teorias, métodos, debates*. São Paulo: Parábola, 2005.

MICHAELIS – MODERNO DICIONÁRIO DE LÍNGUA PORTUGUESA (UOL MICHAELIS), 2005. Disponível em <http://www2.uol.com.br/michaelis> Acesso em 2005, 2006, 2007, 2008 e 2009.

OLIVEIRA, R. M. C. *Diários públicos, mundos privados: diário íntimo como gênero discursivo e suas transformações na contemporaneidade*. Mimeografado. Universidade Federal da Bahia, 2002. Disponível em <http://bocc.ubi.pt/pag/oliveira-rosa-meire-diarios-publicos-mundos-privados.html> Acesso em: out. 2006.

OLSON, D. R. A escrita e a mente. In: WERTSCH, J. V. *et al. Estudos socioculturais da mente*. Porto Alegre: Artmed, 1998, p. 89-111.

PEDROSA, C. E. F. "Frase": caracterização do gênero e aplicação pedagógica. In: DIONÍSIO, A. P.; MACHADO, A. R.; BEZERRA, M. A. *Gêneros textuais & Ensino*. Rio de Janeiro: Lucerna, 2002. p.151-165.

POSSENTI, S. *Os humores da língua: agenda estudantil 2003*. Campinas: Mercado de Letras, 2002.

RABAÇA, C. A., BARBOSA, G.G. *Dicionário de Comunicação*. 6. ed. Rio de Janeiro: Campus, 2002.

REIS, C.; LOPES, A. C. M. *Dicionário de narratologia*. 2. ed. Coimbra: Almedina, 1990.

REIS, C.; LOPES, A. C. M. *Dicionário de teoria da narrativa*. São Paulo: Ática, 1988.

ROJO, R. Gêneros do discurso e gêneros textuais: questões teóricas e aplicadas. In: MEURER, J. L., BONINI, A.; MOTTA-ROTH, D. *Gêneros: teorias, métodos, debates*. São Paulo: Parábola, 2005. p. 184-207.

RODRIGUES, E. *Mágico folhetim. Literatura e jornalismo em Portugal*. Lisboa: Editorial Notícias, 1998.

SCHNEUWLY, B.; DOLZ, J. e colaboradores. *Gêneros orais e escritos na escola*. Campinas: Mercado de Letras, 2004. Tradução de Roxane Rojo e Glaís Sales Cordeiro.

XAVIER, A. C.; SANTOS, C. F. E-forum na internet: um gênero digital. In: ARAÚJO, J. C.; BIASI-RODRIGUES, B. (Orgs.) *Interação na internet: novas formas de usar a linguagem*. Rio de Janeiro: Lucerna, 2005, p. 30-38.

WALLACE, P. *The Psychology of the Internet*. Cambridge: Cambridge University Press, 1999.

ZANOTTO, N. *E-mail e carta comercial: estudo contrastivo de gênero textual*. Rio de Janeiro: Lucerna; Caxias do Sul: EDUCS, 2005.

ZAVAM, Á. E-Zine: uma instância da voz do E-xcluídos. In: ARAÚJO, J. C. *Internet & Ensino. Novos Gêneros, outros desafios*. Rio de Janeiro: Lucerna, 2007. p. 93-112.

ZINK, R. *Literatura gráfica. Banda desenhada portuguesa contemporânea*. Oeiras: Celta, 1999.

# Sítios/*Sites*

<http://www.libraryjournal.com>, 2006.
<http://bocc.ubi.pt/pag/oliveira-rosa-meire-diarios-publicos-mundos-privados.html>, 2006.
<http://www.houaiss.uol.com.br>, 2005, 2006, 2007, 2008 e 2009.
<http://www2.uol.com.br/michaelis>, 2005, 2006 e 2007.
<http://www.revistaescola.abril.com.br>, 2005.
<http://tecnologia.uol.com.br>, 2005, 2006 e 2008.
<http://www1.folha.uol.com.br/folha/informatica/ult124u20216.shtml>, 2006.
<http://en.wikipedia.org/wiki/Short_message_service>, 2006, 2007 e 2008.
<http://pt.wikipedia.org>, 2006, 2007 e 2008.
<http://www1.folha.uol.com.br/folha/circulo/manual_edicao_t.htm>, 2006.
<http://www.direitonet.com.br/dicionario_juridico>, 2007.
<http://lidiabel.tripod.com/emotic.html>, 2008
<http://www.emprimeiro.com.br/termos-e-siglas>, 2008
<http://www.magickriver.net/assicons.htm>, 2009
<http://www.netlingo.com>, 2007, 2008, 2009
<http://www.twitterbrasil.org> 2009
<http://kplus.cosmo.com.br/materia.asp?co=41&rv=Literatura> 2009

# Adendo

## Lista de algumas palavras estrangeiras e (sugestões de) aportuguesamento

| | |
|---|---|
| ABSTRACT | ABSTRATO |
| AUDIOBANNER | AUDIOBÂNER |
| BANNER | BÂNER (BANDEIRA) |
| BLOG | BLOGUE |
| BLOGZINE | BLOGUEZINE |
| BRIEFING | BRIFE (BRIFAR = FAZER BRIFE) |
| BUTTON | BOTÃO |
| CASE | CASO |
| CASE HISTORY | RELATO DE CASO |
| CARTOON | CARTUM |
| CHARGE | CHARGE |
| CHAT | BATE-PAPO (VIRTUAL) |
| CHAT (TO) | CHATEAR |
| COMICS | HQs = HISTÓRIAS EM QUADRINHOS |
| CYBERBLOG | CIBERBLOGUE |
| CYBERPAPER | CIBERARTIGO |
| CYBERSPOT | CIBERESPOTE |
| E-BOOK | E-LIVRO |
| E-MAIL | IMEIO, ENDEREÇO/CORREIO ELETRÔNICO |

| | |
|---|---|
| ENQUÊTE | ENQUETE |
| E-ZINE | E-ZINE |
| FAIT DIVERS/FAITS DIVERS | FATOS DIVERSOS |
| FANZINE | FÂZINE ou FANZINE |
| GOSSIP | MEXERICO, FOFOCA |
| GRAFITTI | GRAFITE ou GRAFITO |
| HANDOUT | RENDEAUTE |
| HIPERLINK | HIPER/SUPERLINQUE |
| HOAX | BOATO/MEXERICO (BRINCADEIRA) |
| HOME PAGE/HOMEPAGE | PÁGINA DE ABERTURA/PORTA DE ENTRADA |
| HOTLIST | LISTA DE FAVORITOS |
| HOTSITE | SÍTIO FAVORITO |
| INTER(NET) | INTER(NETE) |
| INTRANET | INTRANETE |
| JINGLE | JINGO |
| LAYOUT | LEIAUTE |
| LEAD | LIDE |
| LINK | LINQUE (LINCAR) |
| MANCHETTE | MANCHETE |
| (MANU)SCRIPT | MANUSCRITO |
| NICK(NAME) | APELIDO |
| NEWSGROUP | GRUPO DE NOTÍCIAS |
| NEWSLETTER | BOLETIM INFORMATIVO/BOL. DE NOTÍCIAS |
| NETIQUETTE | NETIQUETA |
| OUTDOOR | PAINEL, AUTEDOR |

| | |
|---|---|
| PAPER | ARTIGO |
| PLOT | ENREDO |
| POST (verbo) | POSTAR |
| POST (subst.) | COMENTÁRIO (MENSAGEM POSTADA) |
| POSTER | PÔSTER |
| RECLAME | RECLAMO |
| RELEASE | RELISE |
| VIDEORELEASE | VÍDEO-RELISE |
| SCRAP | ESCRAPE |
| SCRIPT | ESCRIPTE |
| SITE | SÍTIO |
| SPOT | ESPOTE |
| STORYBOARD | CINEMINHA |
| TAG | TAGUE (PALAVRA-CHAVE) |
| TRAILER | TRÊILER |
| TWITTER | TUÍTER |
| TWICTIONARY | TUITEDICIONÁRIO/TUITECIONÁRIO |
| TWITIQUETTE | TUITIQUETA |
| VIDEOZINE | VIDEOZINE |
| ZINE | ZINE |

Este livro foi composto com tipografia Frutiger
e impresso em papel Off Set 75g/m² Formato Artes Gráficas.